"十三五"国家重点图书出版规划项目
交通运输科技丛书·公路基础设施建设与养护
港珠澳大桥跨海集群工程建设关键技术与创新成果书系
国家科技支撑计划资助项目（2011BAG07B01）

钢桥面板抗疲劳关键技术

Key Technology for Anti-fatigue of
Orthotropic Steel Bridge Deck

孟凡超　张清华　谢红兵
　　　张　梁　李军平　等著

内 容 提 要

本书主要依据港珠澳大桥国家科技支撑计划项目课题研究成果编写而成。首先综述了正交异性钢桥面板疲劳问题的研究现状和进展,然后重点介绍了钢桥疲劳问题的理论基础、疲劳性能评估方法、疲劳荷载确定、正交异性钢桥面板抗疲劳设计对策与关键制造技术的相关问题及其在港珠澳大桥中的应用,在此基础上阐述了港珠澳大桥钢箱梁正交异性钢桥面板疲劳模型试验结果,讨论了正交异性钢桥面板的质量验收标准。

本书可供桥梁设计、施工和管理人员使用,亦可供桥梁工程等相关专业的科研人员及高等院校师生参考使用。

Abstract

The contents included in the book are based on research results of the Hong Kong-Zhuhai-Macao Bridge Project, funded by National Science and Technology Support Plan. The present status and progress of research on the fatigue of orthotropic steel bridge deck is reviewed. Theoretical basis for fatigue problems of steel deck, fatigue resistance evaluation method, determination of fatigue load, countermeasures for anti-fatigue design and key fabrication technologies of orthotropic steel bridge deck are expounded. The application of key technologies on the Hong Kong-Zhuhai-Macao Bridge is introduced. Research findings of the fatigue model test are provided and fabrication quality acceptance criteria of orthotropic steel bridge deck are discussed.

This book can be used by bridge engineers in design, construction and management. It is also available as references for researchers, teachers and students at college in relevant field.

交通运输科技丛书编审委员会

(委员排名不分先后)

顾　　问：陈　健　周　伟　成　平　姜明宝

主　　任：庞　松

副 主 任：洪晓枫　袁　鹏

委　　员：石宝林　张劲泉　赵之忠　关昌余　张华庆

　　　　　郑健龙　沙爱民　唐伯明　孙玉清　费维军

　　　　　王　炜　孙立军　蒋树屏　韩　敏　张喜刚

　　　　　吴　澎　刘怀汉　汪双杰　廖朝华　金　凌

　　　　　李爱民　曹　迪　田俊峰　苏权科　严云福

港珠澳大桥跨海集群工程建设关键技术与创新成果书系编审委员会

顾　　　问：冯正霖
主　　　任：周海涛
副　主　任：袁　鹏　朱永灵

执 行 总 编：苏权科
副　总　编：徐国平　时蓓玲　孟凡超　王胜年　柴　瑞

委　　　员：（按专业分组）
　　岛隧工程：孙　钧　钱七虎　郑颖人　徐　光　王汝凯
　　　　　　　李永盛　陈韶章　刘千伟　麦远俭　白植悌
　　　　　　　林　鸣　杨光华　贺维国　陈　鸿
　　桥梁工程：项海帆　王景全　杨盛福　凤懋润　侯金龙
　　　　　　　陈冠雄　史永吉　李守善　邵长宇　张喜刚
　　　　　　　张起森　丁小军　章登精
　　结构耐久性：孙　伟　缪昌文　潘德强　邵新鹏　水中和
　　　　　　　丁建彤
　　建设管理：张劲泉　李爱民　钟建驰　曹文宏　万焕通
　　　　　　　牟学东　王富民　郑顺潮　林　强　胡　明
　　　　　　　李春风　汪水银

《钢桥面板抗疲劳关键技术》编写组

组　　长：孟凡超
副 组 长：张清华　谢红兵　张　梁　李军平
编写人员：卜一之　车　平　苏权科　魏云祥　张劲文
　　　　　胡广瑞　方明山　高文博　苏宗贤　崔　闯
　　　　　黄　云　杨绍林　王一莹　曹　志　王问笔
　　　　　刘何亮　吴月峰　赵志刚　刘明虎　吴伟胜
　　　　　张革军　周山水　张顺善　邓　科　李国亮
　　　　　赵英策　张　鹏　常志军　文　锋　金秀男
　　　　　于高志　刘治国　张剑峰　王志翔　裴雪峰
　　　　　徐向军　刘　申　杨洪志　曹东威　张鸣功
　　　　　朴　龙

总 序
General Preface

科技是国家强盛之基,创新是民族进步之魂。中华民族正处在全面建成小康社会的决胜阶段,比以往任何时候都更加需要强大的科技创新力量。党的十八大以来,以习近平同志为总书记的党中央作出了实施创新驱动发展战略的重大部署。党的十八届五中全会提出必须牢固树立并切实贯彻创新、协调、绿色、开放、共享的发展理念,进一步发挥科技创新在全面创新中的引领作用。在最近召开的全国科技创新大会上,习近平总书记指出要在我国发展新的历史起点上,把科技创新摆在更加重要的位置,吹响了建设世界科技强国的号角。大会强调,实现"两个一百年"奋斗目标,实现中华民族伟大复兴的中国梦,必须坚持走中国特色自主创新道路,面向世界科技前沿、面向经济主战场、面向国家重大需求。这是党中央综合分析国内外大势、立足我国发展全局提出的重大战略目标和战略部署,为加快推进我国科技创新指明了战略方向。

科技创新为我国交通运输事业发展提供了不竭的动力。交通运输部党组坚决贯彻落实中央战略部署,将科技创新摆在交通运输现代化建设全局的突出位置,坚持面向需求、面向世界、面向未来,把智慧交通建设作为主战场,深入实施创新驱动发展战略,以科技创新引领交通运输的全面创新。通过全行业广大科研工作者长期不懈的努力,交通运输科技创新取得了重大进展与突出成效,在黄金水道能力提升、跨海集群工程建设、沥青路面新材料、智能化水面溢油处置、饱和潜水成套技术等方面取得了一系列具有国际领先水平的重大成果,培养了一批高素质的科技创新人才,支撑了行业持续快速发展。同时,通过科技示范工程、科技成果推广计划、专项行动计划、科技成果推广目录等,推广应用了千余项科研成果,有力促进了科研向现实生产力转化。组织出版"交通运输建设科技丛书",是推进科技成果公开、加强科技成果推广应用的一项重要举措。"十二五"期间,该丛书共出版72册,全部列入"十二五"国家重点图书出版规划项目,其中12册获得国家出版基金支持，6册获中华优秀出版物奖图书提名奖，行业影响力和社会知名度不断扩大，逐渐成为交通运输高端学术交流和科技成果公开的重要平台。

"十三五"时期，交通运输改革发展任务更加艰巨繁重，政策制定、基础设施建设、运输管理等领域更加迫切需要科技创新提供有力支撑。为适应形势变化的需要，在以往工作的基础上，我们将组织出版"交通运输科技丛书"，其覆盖内容由建设技术扩展到交通运输科学技术各领域，汇集交通运输行业高水平的学术专著，及时集中展示交通运输重大科技成果，将对提升交通运输决策管理水平、促进高层次学术交流、技术传播和专业人才培养发挥积极作用。

当前，全党全国各族人民正在为全面建成小康社会、实现中华民族伟大复兴的中国梦而团结奋斗。交通运输肩负着经济社会发展先行官的政治使命和重大任务，并力争在第二个百年目标实现之前建成世界交通强国，我们迫切需要以科技创新推动转型升级。创新的事业呼唤创新的人才。希望广大科技工作者牢牢抓住科技创新的重要历史机遇，紧密结合交通运输发展的中心任务，锐意进取、锐意创新，以科技创新的丰硕成果为建设综合交通、智慧交通、绿色交通、平安交通贡献新的更大的力量！

杨传堂

2016 年 6 月 24 日

序 Preface

2003年,港珠澳大桥工程研究启动。2009年,为应对由美国次贷危机引发的全球金融危机,保持粤、港、澳三地经济社会稳定,中央政府决定加快推进港珠澳大桥建设。港珠澳大桥跨越珠江口伶仃洋海域,东接香港特别行政区,西接广东省珠海市和澳门特别行政区,是"一国两制"框架下粤、港、澳三地合作建设的重大交通基础设施工程。港珠澳大桥建设规模宏大,建设条件复杂,工程技术难度、生态保护要求很高。

2010年9月,由科技部支持立项的"十二五"国家科技支撑计划"港珠澳大桥跨海集群工程建设关键技术研究与示范"项目启动实施。国家科技支撑计划,以重大公益技术及产业共性技术研究开发与应用示范为重点,结合重大工程建设和重大装备开发,加强集成创新和引进消化吸收再创新,重点解决涉及全局性、跨行业、跨地区的重大技术问题,着力攻克一批关键技术,突破瓶颈制约,提升产业竞争力,为我国经济社会协调发展提供支撑。

港珠澳大桥国家科技支撑计划项目共设五个课题,包含隧道、人工岛、桥梁、混凝土结构耐久性和建设管理等方面的研究内容,既是港珠澳大桥在建设过程中急需解决的技术难题,又是交通运输行业建设未来发展需要突破的技术瓶颈,其研究成果不但能为港珠澳大桥建设提供技术支撑,还可为规划研究中的深圳至中山通道、渤海湾通道、琼州海峡通道等重大工程提供技术储备。

2015年底,国家科技支撑计划项目顺利通过了科技部验收。在此基础上,港珠澳大桥管理局结合生产实践,进一步组织相关研究单位对以国家科技支撑计划项目为主的研究成果进行了深化梳理,总结形成了"港珠澳大桥跨海集群工程建设关键技术与创新成果书系"。书系被纳入了"交通运输科技丛书",由人民交通出版社股份有限公司组织出版,以期更好地面向读者,进一步推进科技成果公开,进一步加强科技成果交流。

值此书系出版之际,祝愿广大交通运输科技工作者和建设者秉承优良传统,按照党的十八大报告"科技创新是提高社会生产力和综合国力的战略支撑,必须摆在国家发展全局的核心位置"的要求,努力提高科技创新能力,努力推进交通运输行业转型升级,为实现"人便于行、货畅其流"的梦想,为实现中华民族伟大复兴而努力!

港珠澳大桥国家科技支撑计划项目领导小组组长

本书系编审委员会主任

2016年9月

前 言
Foreword

正交异性钢桥面板作为20世纪中期桥梁工程领域具有里程碑意义的创新结构,其广泛应用有力地推动和促进了现代桥梁结构的发展。目前,全球范围内已建成了采用正交异性钢桥面板结构的各类桥梁超过1500座。20世纪90年代初我国高速公路建设进入了快速发展时期,建造了大量的大跨度公路钢箱梁桥。钢箱梁具有轻质高强、适用范围广、便于工厂化制造、施工速度快、整体性好等突出优点,在大跨度桥梁和城市桥梁中得到了广泛应用。我国大跨度公路桥梁中使用最多的梁体形式是扁平流线型钢箱梁,其桥面板通常采用正交异性钢桥面板结构。我国正交异性钢桥面板的应用较晚,但发展迅猛,正在运营和规划中采用该类型桥面板的桥梁已达200多座。我国对扁平流线型钢箱梁的受力特性、结构构造、制造施工积累了较多的经验,但对钢箱梁尤其是正交异性钢桥面板的结构疲劳问题认识还不够深刻、全面,疲劳问题仍是制约正交异性钢桥面板发展的关键症结所在。

构造和受力特点决定了正交异性钢桥面板结构疲劳问题较为突出,且疲劳开裂等病害一旦出现,修复困难,并将直接影响桥梁结构的运营质量和耐久性,甚至导致工程事故的发生。长期以来,疲劳问题作为最重要的核心研究课题之一,贯穿了正交异性钢桥面板应用和发展的全过程。国内外学者及工程技术人员就正交异性钢桥面板的疲劳问题进行了理论及试验研究,但涉及理论研究、试验研究、抗疲劳设计方法、关键制造技术及技术标准的系统性研究仍较为欠缺,相关理论及关键技术成果仍滞后于正交异性钢桥面板的应用和发展,亟须就关键课题开展深入系统的研究,以期为正交异性钢桥面板钢箱梁的发展提供理论和技术支撑。

港珠澳大桥工程的特殊区位、建设条件、质量要求和多重功能决定了它将面对四大挑战,即建设管理的挑战、工程技术的挑战、施工安全的挑战和环境保护的挑战。

港珠澳大桥作为我国首座采用"大型化、工厂化、标准化、装配化"施工方案的海上超长桥梁,连续钢箱梁作为其主梁的主要形式,其设计使用寿命为120年。围绕港珠澳大桥高质量长寿命这一核心目标,立项开展了国家科技支撑计划项目(课题编号:2011BAG07B03)"海上装配化桥梁建设关键技术——连续钢箱梁正交异性钢桥面板抗疲劳性能关键技术"的研究,在钢箱梁结构抗疲劳机理、设计方法、结构模型试验、制造技术及工艺等方面对正交异性钢桥面板的疲劳问题开展了较为系统的研究,取得的主要创新成果包括:提出了基于荷载谱、构造细节、制造工艺、检验标准和试验验证的长寿命正交异性钢桥面板抗疲劳系统解决方法;研发了钢箱梁正交异性钢桥面板板单元制造关键技术,突破了钢箱梁U肋与桥面板焊接熔深控制及检测的技术瓶颈;建立了钢箱梁板单元制造自动化、智能化生产线。这些科技成果在大桥建造中得到了全面成功的应用。

港珠澳大桥正交异性钢桥面板及连续钢箱梁结构的总体制造精度达到了毫米级,制造过程中完全杜绝了火工矫正。本书是根据国家科技支撑计划项目(课题编号:2011BAG07B03)"海上装配化桥梁建设关键技术——连续钢箱梁正交异性钢桥面板抗疲劳性能关键技术"的研究成果编写而成,本书的研究成果反映了正交异性钢桥面板的发展水平和发展趋势,其成果为港珠澳大桥建造提供了直接支撑,并可为同类型桥梁建设提供参考和借鉴。

工程实践证明,正交异性钢桥面板的疲劳性能主要受疲劳荷载标准(应计入超载系数)、制造质量水平、结构构造合理性、应力水平与集中程度、钢材强度等级及品质等因素控制;一般来讲,构造细节设计越合理、应力水平与集中程度越低、顶板与U肋的焊缝熔透率和各部位受力焊缝熔透率越高、制造加工精度越高、钢材强度等级与品质越高,钢箱梁桥面板抗疲劳的性能就越优越。

由于时间仓促且水平有限,书中难免有不足之处,敬请读者批评指正和交流探讨。

作 者
2016年8月

目 录
Contents

第1章 绪论 ··· 1
  1.1 国内外技术与应用现状 ··· 1
    1.1.1 正交异性钢桥面板疲劳问题的提出 ·· 1
    1.1.2 正交异性钢桥面板疲劳问题的研究现状 ·· 3
  1.2 关键技术的提出与分析 ··· 9
    1.2.1 正交异性钢桥面板疲劳病害 ··· 9
    1.2.2 正交异性钢桥面板疲劳成因 ·· 10
    1.2.3 关键技术的提出 ·· 12
  1.3 主要技术成果 ·· 12
  本章参考文献 ·· 13

第2章 理论基础 ··· 15
  2.1 疲劳损伤理论 ·· 15
    2.1.1 钢桥疲劳损伤机理 ·· 15
    2.1.2 疲劳累积损伤理论及其计算模型 ·· 17
  2.2 钢桥疲劳计算方法 ·· 23
    2.2.1 抗疲劳设计原理 ·· 23
    2.2.2 荷载谱与应力谱 ·· 29
    2.2.3 抗疲劳设计的常用方法 ·· 31
  2.3 正交异性钢桥面板疲劳性能评估方法 ··· 32
    2.3.1 常用的疲劳评估方法 ··· 33
    2.3.2 国内外规范的相关规定 ·· 38
    2.3.3 港珠澳大桥正交异性钢桥面板所采用的疲劳评估方法 ···················· 48
  2.4 小结 ··· 51
  本章参考文献 ·· 52

第3章 正交异性钢桥面板疲劳荷载 ·· 54
  3.1 交通荷载调研 ·· 54

  3.1.1 公路桥梁标准荷载谱调研 ·· 54
  3.1.2 港珠澳大桥交通荷载调研 ·· 59
 3.2 港珠澳大桥标准疲劳车辆荷载的确定 ····································· 61
  3.2.1 分析模型的建立 ··· 61
  3.2.2 标准疲劳车辆荷载模型 ·· 67
 3.3 小结 ··· 79
 本章参考文献 ·· 80

第4章 正交异性钢桥面板抗疲劳设计 ··· 81
 4.1 抗疲劳设计对策及关键部位设计方案 ····································· 81
  4.1.1 抗疲劳设计对策 ··· 81
  4.1.2 关键部位设计方案 ·· 87
 4.2 正交异性钢桥面板构造细节的疲劳性能理论 ······················· 89
  4.2.1 横隔板(横肋板)弧形开口部位的疲劳性能 ················ 89
  4.2.2 横隔板(横肋板)与U肋焊缝部位的疲劳性能 ············ 89
  4.2.3 U肋与顶板焊缝的疲劳性能 ····································· 90
  4.2.4 U肋纵向对接部位疲劳性能 ····································· 91
 4.3 重要设计参数对于关键疲劳易损部位疲劳性能的影响 ········ 91
  4.3.1 横隔板(横肋板)弧形开口形状及其对该部位疲劳性能的影响 ····· 95
  4.3.2 顶板厚度 ·· 97
  4.3.3 U肋设计参数 ··· 98
  4.3.4 横隔板(横肋板)设计参数 ······································· 99
 4.4 港珠澳大桥正交异性钢桥面板的抗疲劳设计 ····················· 101
  4.4.1 U肋开孔形状的抗疲劳设计 ··································· 101
  4.4.2 U肋与顶板焊缝抗疲劳设计 ··································· 102
  4.4.3 U肋连接方式的抗疲劳设计 ··································· 104
 4.5 小结 ··· 105
 本章参考文献 ·· 106

第5章 正交异性钢桥面板单元合理构造及制造工艺 ················· 108
 5.1 正交异性钢桥面板单元构造 ··· 108
  5.1.1 钢桥面板构造 ·· 108
  5.1.2 横隔板构造 ·· 112
  5.1.3 钢桥面板现场连接 ··· 113
 5.2 正交异性钢桥面板单元制造工艺 ··· 115

5.2.1	纵肋及面板加工	115
5.2.2	钢桥面板组装	119
5.2.3	钢桥面板焊接	122
5.2.4	现场施工技术	131
5.2.5	制造细节施工技术	135

5.3 小结 ... 137

本章参考文献 ... 137

第6章 正交异性钢桥面板的疲劳模型验证试验 ... 139

6.1 正交异性钢桥面板疲劳易损部位有限元仿真分析 ... 139
    6.1.1 有限元仿真分析模型 ... 139
    6.1.2 标准疲劳车辆加载位置 ... 142
    6.1.3 理论分析与计算 ... 145

6.2 正交异性钢桥面板试件模型试验 ... 149
    6.2.1 试验模型设计 ... 149
    6.2.2 试验模型制作 ... 156
    6.2.3 试验模型的加载与测试 ... 156
    6.2.4 主要试验结果 ... 170

6.3 正交异性钢桥面板大型足尺节段模型疲劳验证试验 ... 182
    6.3.1 试验模型设计 ... 183
    6.3.2 试验模型制作 ... 195
    6.3.3 试验模型的加载与测试 ... 195
    6.3.4 主要试验结果 ... 203

6.4 小结 ... 217

本章参考文献 ... 218

第7章 钢箱梁正交异性钢桥面板质量验收标准 ... 219

7.1 国内外现行正交异性钢桥面板质量验收标准对比分析 ... 219
    7.1.1 原材料 ... 219
    7.1.2 零件机加工 ... 221
    7.1.3 零件矫正及弯曲 ... 222
    7.1.4 组装 ... 223
    7.1.5 焊接 ... 224
    7.1.6 正交异性钢桥面板允许偏差 ... 231
    7.1.7 高强度螺栓连接 ... 231

 7.2 正交异性桥面板质量验收标准 ·· 232
  7.2.1 材料及材料管理 ··· 232
  7.2.2 零件制造 ·· 233
  7.2.3 组装 ·· 237
  7.2.4 焊接 ·· 239
  7.2.5 焊接检验 ·· 242
  7.2.6 矫正 ·· 245
  7.2.7 包装、存放与运输 ··· 246
 7.3 小结 ··· 246
  本章参考文献 ·· 247

第8章 工程应用 ··· 248
 8.1 工程简介 ··· 248
  8.1.1 工程概况 ·· 248
  8.1.2 工程特点和难点 ··· 250
 8.2 新技术在工程中的应用 ·· 251
  8.2.1 动态应变测量和采集技术 ··· 251
  8.2.2 基于光纤技术的动态应变测量 ··· 252
  8.2.3 焊缝质量和裂纹现代无损检测技术 ··· 253
  8.2.4 试件模型和足尺节段模型相结合的疲劳试验研究 ··························· 255
  8.2.5 采用正交试验法进行抗疲劳设计的优化 ····································· 256
  本章参考文献 ·· 258

索引 ·· 260

第1章 绪 论

1.1 国内外技术与应用现状

钢箱梁是现代大跨度桥梁最为常用的主梁形式之一,同时也是桥梁工程中新材料、新技术和新设计理念的集中体现。正交异性钢桥面板作为连续钢箱梁桥面板的首选结构形式,具有轻质高强、承载能力高、适用范围广、施工方便快捷以及整体性和经济性好等突出优点,广泛应用于国内外大跨度钢箱梁或钢桁梁斜拉桥、悬索桥和系杆拱桥、梁式桥等多种类型的桥梁结构中。正交异性钢桥面板起源于德国,与斜拉桥、组合梁以及预应力混凝土节段施工方法一起成为20世纪中期桥梁工程领域具有里程碑意义的四大创新理念,其应用与发展极大地促进了大跨度桥梁的设计和建造。

据统计,目前世界各国已建成的采用正交异性钢桥面板结构的各类桥梁已超过1 500座。我国正交异性钢桥面板的应用相对较晚,但近20年来发展势头迅猛,正在运营和规划中的该类型桥梁数量达200余座,其中舟山西堠门大桥、西陵长江大桥、虎门大桥、江阴长江大桥、苏通大桥等大量典型的现代大跨度桥梁以及建设中的我国第一座海上装配化桥梁——港珠澳大桥和世界最大跨度的钢箱梁悬索桥——虎门二桥均采用正交异性钢桥面板结构。

作为现代大跨度钢箱梁桥的主要组成部分,正交异性钢桥面板的耐久性对于确保桥梁结构的安全性、可靠性和长寿命高质量"服役"具有至关重要的作用。正交异性钢桥面板的受力特性和板件连接构造极为复杂,疲劳特性受多种因素的影响,其关键疲劳易损部位的抗疲劳性能研究是涉及多个领域的系统工程。随着现代大跨与超大跨度桥梁工程对耐久性、安全性和舒适性要求的进一步提高,面对我国正交异性钢桥面板应用突飞猛进的现状,迫切需要从荷载特性、构造细节优化、板件参数合理匹配、钢材品质性能、加工制造工艺、疲劳损伤机理、设计规范和标准制定等各方面对正交异性钢桥面板疲劳的核心课题开展深入系统的研究,并在参考和借鉴国外先进的抗疲劳设计理念的基础上,形成正交异性钢桥面板抗疲劳设计及制造的成套关键技术和方法体系。

1.1.1 正交异性钢桥面板疲劳问题的提出

正交异性钢桥面板是由相互垂直的顶板、纵肋和横隔(肋)板通过焊接方式连接而成的共同承受车轮荷载的结构。由于纵肋与横隔(肋)板间刚度的差异,正交异性钢桥面板在横向与纵向的受力性能呈现出典型的正交异性特征。纵肋与横隔（肋）板共同形成的网格结构作为桥面板的补强构造，顶板悬臂部分则作为纵肋与横隔（肋）板的翼缘，特殊的结构方式使正交异性钢桥面板兼具桥面板和梁体结构的作用，从而使其成为一种效率较高的桥面板结构形式。

对于正交异性钢桥面板受力特性的分析，通常根据其使用功能和受力特点划分为主梁、桥面和面板三层结构体系进行研究。由正交异性钢桥面板的受力体系和构造形式所决定，构造细节本身是影响其关键疲劳易损部位疲劳性能的内因。纵肋、横隔（肋）板和顶板等相关几何参数的匹配、板件交叉部位的连接方式以及纵肋穿过横隔（肋）板的弧形开孔形状都将导致关键疲劳易损部位产生不同程度的应力集中，进而影响各部位的疲劳性能。

就构造形式和参数组合对关键疲劳易损部位疲劳性能的影响效应进行系统研究，该研究是确定合理构造细节和参数匹配的重要基础，也是正交异性钢桥面板抗疲劳设计的重要研究内容。正交异性钢桥面板的另一显著特征是其疲劳性能与设计、加工制造和现场拼接全过程息息相关。设计成桥状态是正交异性钢桥面板疲劳性能的理想状态，但由于正交异性钢桥面板焊缝众多，局部构造细节连接复杂以及现场拼接接头施焊困难而难以确保焊接质量，不可避免地存在焊接缺陷和装配误差，同时纵肋和横隔（肋）板与面板的焊接连接部位存在较高的焊接残余应力和显著的应力集中，导致实际成桥状态与设计理想状态间存在偏差，并显著影响关键疲劳易损部位的抗疲劳性能。大跨度桥梁新型构造形式的发展，对正交异性钢桥面板的制造工艺提出了更高的要求。正交异性钢桥面板的应用水平已成为衡量一个国家钢桥设计和制造水平的重要标志之一。

相对于影响正交异性钢桥面板结构疲劳性能的内部因素而言，反复作用的车辆荷载作为外部因素也会对其疲劳性能产生显著影响。各种车辆的反复作用将引起正交异性钢桥面板关键疲劳易损部位的累积损伤。由于应力影响线较短，一辆车通过会在同一疲劳易损部位引起数次循环加载，对于重载及超载车辆，其较少次数加载即可能在构造细节部位引起不可恢复的致伤效应。随着疲劳损伤的不断累积，正交异性钢桥面板极易在应力集中与焊接缺陷的部位发生疲劳开裂。疲劳裂纹一旦出现，修复困难且费用高昂；同时，疲劳裂纹的开展将直接影响正交异性钢桥面板的使用寿命和耐久性，降低桥梁结构的运营质量和可靠性，甚至导致工程事故的发生。国外正交异性钢桥面板疲劳开裂的早期典型桥梁为英国的 Severn 桥（1971 年），此后世界各国的钢桥面板结构相继出现了大量的疲劳裂纹和铺装层破坏案例。针对其疲劳问题，欧洲、日本、美国等陆续制定了相应的抗疲劳设计规范，但对于正交异性钢桥面板结构，相关规范仍不够系统完善，且各规范的相关条文仍存在显著差异。我国于 20 世纪 70 年代引进正交异性钢桥面板技术，限于当时的整体认知水平，部分典型桥梁在运营过程中出现了大量不同程度的疲劳裂纹，并且表现出早发性、多发性、再现性的特征，导致了重大的经济损失和不良的社会影响。

内部与外部多重因素的耦合影响导致正交异性钢桥面板疲劳问题频发。国内外众多的疲劳损伤案例表明：正交异性钢桥面板的疲劳损伤机理、疲劳强度以及疲劳寿命评估等关键问题的研究仍严重滞后于该类结构的广泛应用和发展。为确保大跨度桥梁正交异性钢桥面板结构在设计使用期内的抗疲劳性能，保障其安全运营，开展关键疲劳易损部位的疲劳性能研究和抗疲劳设计方法研究是非常必要的。疲劳问题作为影响正交异性钢桥面板设计使用寿命的关键问题，其抗疲劳设计研究应以既有疲劳研究成果与工程应用实践的积累为重要基础，分析疲劳损伤的产生机理，探究疲劳问题产生的本质原因，通过构造优化和参数影响效应分析，提出抗疲劳性能良好的新型构造形式，采取卓有成效的合理控制方法和技术措施改进制造加工工艺，提高焊接质量和装配精度，在此基础上通过开展相关试验研究、工程实践验证以检验关键疲劳易损部位的抗疲劳性能，确保其满足设计使用寿命要求，建立可靠的结构疲劳寿命预测与评估体系，通过不断改进和反馈，对抗疲劳设计方法进行改善，形成抗疲劳设计的规范和标准，以指导新建桥梁结构的抗疲劳设计以及既有桥梁的疲劳加固和修复。目前国内正交异性钢桥面板的抗疲劳设计与制造主要借鉴国外相关规范及设计理念，在我国交通荷载环境与国外相应规范所依据的交通荷载背景存在显著差异的情况下，制定适应于我国交通荷载环境的疲劳设计规范和相关标准，是推动和促进正交异性钢桥面板结构应用和发展的基础和关键。

1.1.2 正交异性钢桥面板疲劳问题的研究现状

正交异性钢桥面板疲劳问题的研究主要包括三个方面的内容：正交异性钢桥面板的抗疲劳设计，疲劳性能评估与寿命预测以及既有正交异性钢桥面板结构的维修加固。早期由于对正交异性钢桥面板的疲劳问题缺乏深入系统的认识，大量钢箱梁疲劳损伤和破坏几乎与其运营同时产生，引起了研究者与运营管理者的广泛关注。鉴于正交异性钢桥面板使用过程中出现的疲劳病害问题，欧美各国进行了钢桥面板的理论与试验研究，所取得的研究成果不断反馈于正交异性钢桥面板的抗疲劳设计中，显著改善了关键疲劳易损部位的疲劳性能。与国外相对系统的抗疲劳设计研究相比，我国正交异性钢桥面板的使用时间较短，对其疲劳性能的理论与试验仍较为欠缺，相关关键问题的研究远滞后于其在现代各类型大跨度桥梁中的工程应用与迅猛发展。鉴于正交异性钢桥面板疲劳问题研究的难度和复杂性，近年来国内外研究者主要围绕正交异性钢桥面板疲劳问题的理论与试验研究、疲劳设计规范与标准制定、疲劳性能评估与寿命预测以及损伤桥梁的修复与加固等方面的关键技术问题，开展了大量的研究工作，较为成熟的研究成果直接应用于工程实践并纳入相关抗疲劳设计规范，为大跨度桥梁的安全运营提供了重要保障。

1）理论与试验研究

为提高正交异性钢桥面板的抗疲劳性能，国内外研究学者从疲劳荷载、受力性能、结构特性与制造工艺等多个方面就正交异性钢桥面板的疲劳损伤机理、关键疲劳易损部位的损伤累积特性、不同类型疲劳裂纹的成因以及疲劳裂纹萌生与扩展的力学特征等方面进行了系统的研究,并从金属材料微观结构性能和线弹性断裂力学的角度将结构疲劳破坏过程分为三个阶段(疲劳裂纹萌生、疲劳裂纹稳定扩展以及疲劳裂纹迅速扩展直至结构发生疲劳断裂);在此基础上分析了不同阶段疲劳裂纹的扩展形态和裂纹区域的受力特征。J. W. Fisher 通过对实际桥梁结构的测试,计算了正交异性钢桥面板各板件的疲劳应力幅和疲劳寿命。系统理论分析表明:正交异性钢桥面板的疲劳寿命主要与应力幅有关,而与所采用的钢材种类、应力比等没有必然联系,在平均应力远低于屈服强度的条件下也可能发生疲劳破坏。Bignonnet 等通过断裂力学模型对疲劳裂纹的扩展进行了分析,在实桥应用中取得了较好的结果;童乐为等学者在对正交异性开口肋钢桥面板的内力计算和疲劳分析的基础上,提出了相应的疲劳验算方法。国内外研究者取得的一系列研究成果在大量工程实践应用中得到了验证,奠定了正交异性钢桥面板疲劳研究的理论基础。当前国内关于正交异性钢桥面板疲劳的理论研究相对较少,在相关研究、规范制定及工程应用等方面主要依赖国外的研究成果。

  试验研究与理论研究相结合是进行正交异性钢桥面板疲劳研究的有效途径。试验研究的目的在于通过疲劳加载近似模拟正交异性钢桥面板关键疲劳易损部位在车辆反复作用下的疲劳损伤累积过程,基于试验结果验证所研究构造细节以及新构造形式的抗疲劳性能,分析某些不利因素对抗疲劳性能的影响。针对桥梁结构运营过程中不断出现疲劳裂纹的现状,欧洲、日本、美国等先后开展了正交异性钢桥面板的疲劳试验研究,所进行的疲劳试验可大致分为两类:试件模型试验与足尺节段模型试验。试件模型一般针对特定疲劳易损部位疲劳性能开展研究,需要设计试验模型并进行试验研究,试验模型尺寸可得到有效控制;足尺节段模型的规模和尺度相对较大,其突出优势在于能有效模拟待研究部位的实际受力和疲劳特性、关键板件的加工和焊接工艺以及车辆轮载与面板的接触效应等。国外研究者采用两类试验模型进行了大量的正交异性钢桥面板疲劳试验研究。M. H. Kolstein 等学者通过顶板与纵肋组成的足尺模型试验,研究焊接节点的疲劳性能,为 Eurocode 3 提供了参考;Leigh 大学与巴西分别开展大型足尺节段模型试验对 Williamsburg 桥和 Rio-Niteroi 桥的抗疲劳性能进行验证;D. E. Nunn 和 Beales 通过试件模型试验分析了带 U 肋正交异性钢桥面板的应力分布。近年来,我国新建的多座各类型大跨度桥梁均采用不同尺度的试验模型对其抗疲劳性能进行了验证。中国铁道科学研究院等相关单位以西江大桥为研究背景,对正交异性钢桥面板参与主桁工作时的结构特性进行了较为全面的分析和试验研究;周建林等学者通过对苏通大桥钢箱梁桥面板关键构造细节的疲劳性能试验研究,确定了正交异性钢桥面板在现行制造和焊接工艺条件下的疲劳容许应力幅;正在建设中的港珠澳大桥和虎门二桥也开展了较为系统的试件与足尺节段模型试验研究以对关键疲劳易损部位的抗疲劳性能进行综合验证。国内外具有代表性的正交异性钢桥面板的疲劳试验研究如图 1-1a)~f)所示。为更好地模拟车轮作用于正交异性钢桥面板的接触效应,试验研究中除采用固定点加载和多点异步加载外,还发展了与实际车辆轮载作用更为接近的动轮载试验机和卷扬机牵引实车加载等多种加载方式,如图 1-1c)和图 1-1e)所示。由于正交异性钢桥面板疲劳试验结果的离散性通常较大,一些结论是在试验数据较少的条件下得到的,其应用具有一定的局限性。同时,国内对于正交异性钢桥面板的理论研究仍相对欠缺,而国外规范不能完全适用于我国各类型桥梁结构中正交异性钢桥面板的抗疲劳设计,尚需开展系统的试验和理论研究,以期不断丰富和完善正交异性钢桥面板抗疲劳设计理论。

a) 纵肋与横肋交叉细节试件模型(Nunn,1974/Beales,1990)

b) 足尺节段模型疲劳试验(Leigh大学)

c) 足尺节段模型室内试验(Rio-Niteroi桥)

d) 足尺节段模型疲劳试验(M.H.Kolstein)

e) 足尺节段模型疲劳试验(滚动与定点加载)

图 1-1

f) 试件模型与足尺节段模型试验(港珠澳大桥，2013)

图 1-1　正交异性钢桥面板典型试件模型与足尺节段模型疲劳试验

2) 规范与标准制定

规范与标准是正交异性钢桥面板抗疲劳设计的基本依据。基于长期理论研究和试验研究成果以及工程实践经验，欧洲、美国与日本等相继制定了各自的钢结构桥梁疲劳设计规范，如英国 BS 5400 规范，欧洲 Eurocode 3 规范，美国 AASHTO 规范以及日本《道路桥示方书》（2002 年）和《钢构造物的疲劳设计指针·同解说》（2011 年）。各规范均对疲劳细节进行了分类，并基于 Miner 线性疲劳累积损伤理论给出了相应的疲劳验算方法。由于各国规范主要根据本国的交通环境和正交异性钢桥面板的实际应用情况制定，在构造细节分类、疲劳强度等级、荷载谱、冲击系数、具体构造形式等方面存在一定的差异，并且具有各自的特色。其中，BS 5400 编制了较为全面的疲劳荷载谱和应力谱；AASHTO 规范针对正交异性钢桥面板给出了具体的设计条文和疲劳构造细节的相应分类；日本《钢构造物的疲劳设计指针·同解说》对于桥面板及加劲肋的纵向连接、横向连接，纵肋与横隔板的连接作了较为详细的规定。随着正交异性钢桥面板结构形式的发展和各国交通环境的变化，部分疲劳设计规范作了相应的修订以适应现代大跨度钢结构桥梁发展的需要。工程应用与运营实践表明，现代正交异性钢桥面板的结构形式较以往发生了较大变化，但工程实际中的疲劳裂纹案例屡见报道，当前的设计规范难以反映正交异性钢桥面板疲劳研究的最新进展和正交异性钢桥面板设计理念的发展趋势。

我国正交异性钢桥面板疲劳问题设计规范亟待进一步完善，国内《公路桥涵钢结构及木结构设计规范》（JTJ 025—1986）和《钢结构设计规范》（GB 50017—2003）均没有对正交异性钢桥面板各部位的疲劳细节等级进行划分，同时仍将应力比作为抗疲劳设计的主要参数，这与国外以应力幅作为重要依据的主流规范是不相符的。由于港珠澳大桥设计时，《公路钢结构桥梁设计规范》（JTG D64—2015）尚未颁布，我国公路桥梁荷载环境复杂、制作工艺和安装水平与国外存在差异、施工质量控制、检测能力以及管理养护水平与国外先进国家存在差距，国外规范并不能完全适用于我国的交通环境状况，早期参考和借鉴国外规范修建的部分桥梁在运营数年后即出现了严重的疲劳开裂，同时近年来新的板件和构造形式已突破现有的试验研究和规范适用范围,因此在对我国交通荷载状况进行调查和统计分析的基础上编制适用于港珠澳大桥疲劳设计的车辆荷载谱,开展一系列试验和理论研究,制定适应我国国情的抗疲劳设计规范以指导工程设计,是提高正交异性钢桥面板运营质量与安全性的首要任务。当前,《公路钢结构桥梁设计规范》(JTG D64—2015)已颁布,改变了我国钢桥抗疲劳设计和相关研究长期以来一直依赖国外规范的现状,对于促进我国钢桥发展具有重要意义。

3) 抗疲劳设计优化

正交异性钢桥面板的疲劳问题涉及材料、力学和结构等多个学科门类,其构造形式的多样性和复杂性决定了关键疲劳易损部位的受力特性和疲劳性能与结构自身构造细节和各组成板件的参数取值密切相关。从结构自身的角度考虑,板件连接的复杂性、参数组成、局部开孔形式等集中体现为关键部位的应力集中水平以及焊接的可操作性和最终的焊接质量,通过对构造细节和板件参数进行合理优化,降低焊缝以及应力集中显著区域的疲劳应力幅值,是提高正交异性钢桥面板抗疲劳性能的重要措施之一。

正交异性钢桥面板的抗疲劳设计优化主要包括构造细节优化和参数匹配两个方面。目前对正交异性钢桥面板构造细节的研究主要集中于纵肋与顶板的焊接、纵肋与横隔板的焊接和纵肋现场拼接三个部位。纵肋与横隔板交叉部位是正交异性钢桥面板中形式最多样、构造最复杂的细节之一,正交异性钢桥面板截面形式的变化集中反映于纵向加劲肋与横隔板相交处的开孔形式。早期正交异性钢桥面板的纵肋采用开口截面,纵肋通过焊缝连接对接于横隔板两侧,由于受焊接质量影响而引起两者连接部位开裂,该细节逐渐演变为闭口截面纵肋贯穿横隔板并在交叉处通过焊缝与横隔板相连接的形式。国内外目前采用的开孔形式主要有 Haibach 孔、圆形孔、梯形孔和椭圆形孔 4 种形式,如图 1-2 所示。为补偿横隔板开孔对自身刚度的削弱,J. W. Fisher 提出了在纵肋与横隔板连接处的纵肋内增加小隔板以提高连接处刚度的方法。对于纵肋与横隔板交叉部位,英国运输和道路研究试验所(TRRL)、欧洲铁路研究所(ERRI)、颜飞、陶晓燕等对纵肋形式及其与横隔板的连接、开孔形状等开展了理论分析与试验研究。纵肋与面板的疲劳性能主要通过两者间焊缝的熔透率来保证,国外大多数规范均对该细节的熔透率作出了详细规定。纵肋现场拼接接头的连接方式在正交异性钢桥面板的发展过程中也发生了显著变化,在近年来建造的桥梁结构中一般都采用栓焊结合的连接方式代替早期通过嵌补段与纵肋腹板焊接连接的方式,且该连接方式目前尚未有发生疲劳开裂的相关报

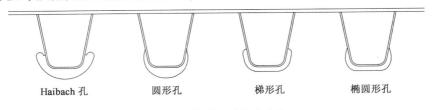

图 1-2 横隔板开孔构造形式

道。另一方面,组成板件设计参数的合理匹配有助于最大限度发挥各板件的力学特性,是提高关键疲劳易损部位疲劳性能以及结构经济性的有效措施,也是抗疲劳设计优化方法研究的重要内容。正交异性钢桥面板的关键设计参数主要包括顶板厚度、纵肋截面尺寸、纵肋间距、横隔板厚度、横隔板间距、横隔板弧形开孔尺寸等。设计参数之间的合理匹配能有效提高正交异性钢桥面板的疲劳寿命,是正交异性钢桥面板抗疲劳优化设计的重要研究内容。当前单参数分析是进行设计参数敏感性分析的主要方法,但多个最优单参数的组合往往不是结构整体抗疲劳性能最优的参数组合方案。关键疲劳易损部位的疲劳性能一般是多参数共同影响的结果,因此多参数分析更适合于正交异性钢桥面板的疲劳性能优化。为降低试验与理论分析的复杂性,正交试验法、均匀试验法以及响应面法等数学方法逐步被引入多参数问题的研究中,文献[22]采用正交试验法选取面板厚度、纵肋间距与厚度、横隔板间距与厚度5个参数对港珠澳大桥关键疲劳易损部位的疲劳性能进行优化,取得了较为理想的板件参数匹配方案。随着对正交异性钢桥面板力学特性和疲劳性能认识的深入,正交异性钢桥面板的构造细节和板件参数取值较发展初期发生了显著的变化,尽管相关规范对构造细节的具体形式以及组成板件的参数范围规定了设计时的建议取值,但新的结构与构造形式不断在工程实践中得到应用,同时桥梁结构正由大跨度向超大跨度方向发展,探究构造细节的合理形式、受力特征和适用范围以及板件参数的合理取值仍是从结构自身角度提高关键疲劳易损部位疲劳性能的有效手段。

4)疲劳性能评估与寿命预测

正交异性钢桥面板的疲劳寿命是设计人员与运营管理者最为关心的问题,疲劳研究的最终目的是确定结构或构件的疲劳寿命。正交异性钢桥面板的疲劳问题属于变幅、低应力、高循环的疲劳问题范畴,为准确确定关键疲劳易损部位的疲劳寿命,必须具有精确的荷载谱、材料特性或构件 S-N 曲线以及适用的疲劳累积损伤理论和裂纹扩展理论,同时还应考虑影响疲劳寿命的主要因素(如应力幅、加工工艺等)。对于复杂构造细节或复杂疲劳荷载作用下的疲劳寿命问题,当前的预测或估算精度仍有待进一步提高。

工程上广泛应用的疲劳寿命评估方法主要有基于 S-N 曲线的评估方法、基于断裂力学的评估方法和基于损伤力学的评估方法。在结构疲劳寿命评估中,应力一般分为3类:名义应力、热点应力和切口应力等。相应地,基于 S-N 曲线的疲劳寿命评估方法据此分为名义应力法、热点应力法和切口应力法。名义应力法预测结构疲劳寿命概念明确,简单方便,应用广泛,但对于受力及构造复杂的结构存在无法考虑由几何不连续导致的应力集中效应以及缺口、焊缝引起的切口应力等诸多不足。热点应力法目前尚未被列入桥梁结构规范,但2007年国际焊接协会给出的焊接接头与板件抗疲劳设计指导意见中,就热点应力应用于焊接接头的疲劳性能评估给出了具体的评估方法。热点应力法考虑了应力集中和焊接接头类型等因素,与名义应力法相比更适用于复杂焊接细节的疲劳分析。断裂力学评估方法立足于结构当前的使用状况，描述具有初始裂纹缺陷的结构在交变荷载作用下的裂纹扩展过程，该方法在评估服役结构的疲劳裂纹扩展寿命方面具有广泛的适用性。损伤力学法作为一种全新的疲劳分析方法，逐步在疲劳寿命预测中得到了应用和推广，目前主要应用于分析和描述疲劳裂纹萌生阶段的疲劳损伤演化机理，预测疲劳裂纹萌生寿命。与传统的疲劳分析方法相比，基于损伤力学的疲劳寿命预测方法的优点在于可跟踪构件疲劳失效的整个过程。随着损伤演化模型与疲劳损伤因子的进一步完善，该方法具有广阔的应用前景。

国内外学者围绕钢桥的疲劳性能评估和寿命预测方法进行了大量研究，发展了多种评估方法。目前欧洲、日本与美国等相关规范均采用名义应力法对正交异性钢桥面板的疲劳寿命进行评估。但名义应力法无法准确反映正交异性钢桥面板的疲劳损伤机理，且采用该方法进行正交异性钢桥面板疲劳性能评估时存在实际困难，评估结果可能存在较大偏差。为改善正交异性钢桥面板疲劳寿命预测的现状，应根据正交异性钢桥面板的疲劳特性，引入包括断裂力学、损伤力学、可靠度等理论以及热点应力方法等，对正交异性钢桥面板疲劳性能评估和寿命预测的关键问题开展系统深入的试验及理论研究，发展适用于该类结构疲劳寿命预测和性能评估的高精度理论与方法。

1.2 关键技术的提出与分析

1.2.1 正交异性钢桥面板疲劳病害

正交异性钢桥面板的疲劳问题一直是困扰其应用和发展的关键问题，国内外大量疲劳病害案例引起了设计者与研究者的广泛关注。鉴于正交异性钢桥面板疲劳问题的复杂性，欧洲、日本和美国投入大量的人力和物力进行了系统的研究，但目前其疲劳问题仍无法完全避免，部分桥梁的疲劳开裂屡见报道。对于已出现疲劳裂纹的正交异性钢桥面板结构，通过对其病害进行调查与统计分析，确定易发生病害的部位并明确其疲劳特征，可为构造细节的改进、加工工艺和现场组装的质量控制以及既有桥梁的疲劳加固提供依据。

国内外学者对于实桥案例的调研表明，早期修建的大量桥梁结构由于缺乏可供参考的设计规范或指南，多个国家采用正交异性钢桥面板结构的桥梁均出现了不同程度的疲劳裂纹，较为典型的如 Severn 桥、Van Brienenoord 桥、Haseltal 桥以及日本部分高速公路和东京市内高架桥等。我国从 20 世纪 90 年代开始建造了大量采用正交异性钢桥面板的钢结构桥梁，部分桥梁如虎门大桥、海沧大桥等在运营数年后即出现了疲劳开裂现象。由正交异性钢桥面板的构造形式和受力特征所决定，采用闭口 U 肋的正交异性钢桥面板的疲劳开裂主要集中于纵肋贯穿横隔板的交叉焊接与开孔区域以及纵肋现场组装拼接的接头部位。随着交通量和使用年数的增长以及运营中的超载车辆,裂纹的产生表现出提前的倾向,严重缩短了正交异性钢桥面板的使用寿命。目前,正交异性钢桥面板产生的代表性疲劳损伤裂纹在结构中所处的部位和主要类型如图1-3和表1-1所示。研究者对日本东京市内两个代表性高速公路中以U肋钢桥面板为对象的约7 000个工程实例的调查发现,主要的疲劳损伤构成如图1-4所示。国内的正交异性钢桥面板结构发展较晚,已出现疲劳开裂桥梁的损伤类型与国外大量实桥案例的损伤类型基本一致,国外典型疲劳案例的调查和统计分析结果对于我国正交异性钢桥面板的发展具有重要的参考和借鉴价值。

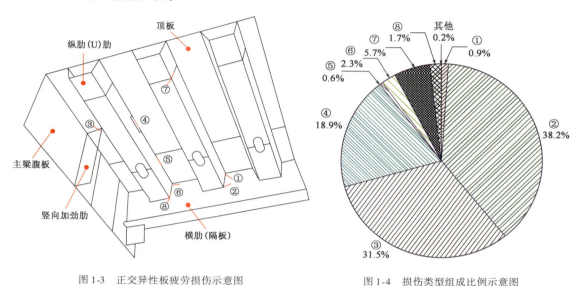

图1-3 正交异性板疲劳损伤示意图   图1-4 损伤类型组成比例示意图

疲劳损伤开裂部位   表1-1

序号	疲劳开裂部位	序号	疲劳开裂部位
①	纵肋与横肋(隔)板焊接部分(过焊孔)	⑤	U肋现场接头过焊孔焊接部分
②	纵肋与横肋(隔)板焊接部分(切口)	⑥	顶板与横肋(隔)板焊接部分
③	顶板与竖向加劲肋焊接部分	⑦	纵肋对接焊缝
④	顶板与纵肋焊缝连接部位	⑧	纵肋与边横隔板焊接部分

1.2.2 正交异性钢桥面板疲劳成因

正交异性钢桥面板是由纵肋、横肋与顶板等构件组成的受力结构,因力学特性复杂、局部应力集中问题突出、焊缝较多而导致其疲劳问题突出。19世纪早期因缺乏系统的研究和认知水平有限,疲劳问题被认为属于工程问题的范畴,20世纪初电子显微镜的出现使研究者能够从微观与宏观两个方面探索疲劳问题的本质属性,研究结果表明疲劳问题属于材料问题。随着正交异性钢桥面板结构在桥梁结构中的广泛应用,关键疲劳易损部位的疲劳裂纹在多国的钢桥面板中相继出现。宏观与微观角度的理论与试验研究逐步揭示了关键疲劳易损部位的疲劳特性与损伤机理,并进一步将影响正交异性钢桥面板疲劳性能的关键因素归结为4类:材料、结构、荷载和环境。

上述4类关键影响因素中,材料与结构因素属于内因,荷载与环境属于外因。钢桥面板的疲劳裂纹是内外因共同作用的结果。作为正交异性钢桥面板的制作原料,材料主要通过其基本特性(如材料类型、工艺条件、内部缺陷、屈服强度等)影响结构的疲劳强度;对于结构自身,其几何构造形式决定着结构的应力水平,从而影响疲劳寿命,同时制造缺陷、残余应力的存在也会降低结构的疲劳性能和寿命。荷载效应的相关研究表明:处于拉伸平均应力状态以及双轴或多轴变幅疲劳状态的结构构件,比零平均应力状态和简单的单轴常幅疲劳具有更短的疲劳寿命。此外,严重的超载将引起板件较大的面外变形和次应力,从而加速正交异性钢桥面板的疲劳破坏。

因正交异性钢桥面板构造复杂,横向刚度较弱,致使其产生疲劳裂纹的因素较多。根据荷载作用引起板件应力的原因不同,可以将正交异性钢桥面板疲劳裂纹分为两类:一类是由荷载引起的开裂(Load-induced Cracking);另一类是由面外变形引起的开裂(Distortion-induced Cracking),前者也称主应力引起的开裂,后者也称次应力引起的开裂。

由荷载引起的开裂主要是受力构件连接部位在主应力循环作用下引起的疲劳裂纹,包括以下三种情况:

(1)采用了疲劳强度较低的连接细节。

(2)制造中存在超容限的缺陷、不适当的焊接修补或加固造成过大的缺陷。

(3)架设或运营中因结构构件自身状态或边界条件发生变化,产生与设计预想不符的受力。

因各类细节的疲劳强度在Eurocode 3设计规范中已有明文规定,一般不会在短时期内产生裂纹,往往是在结构经过长期运营或接近实际采用的细节疲劳设计寿命终止时产生,此时,只需一个稍大的外荷载就能在短时间内导致很大的疲劳裂纹扩展。此外,如果以上三种情况在某一细节同时存在,将可能很快出现裂纹萌生并快速扩展。

因受外荷载或振动引起的面外变形产生次应力而导致的裂纹,是由于在早期的桥梁设计中往往采用平面分析方法,对纵、横向构件之间的相互影响往往未加以考虑,但当这种相互影响造成面外变形,且受到大于预期的约束时,小间隙处就会产生循环应力的几何放大作用,从而导致疲劳开裂。同时,正交异性钢桥面板构造复杂,焊缝数量多,施焊难度大,工厂制造、现场的组装精度和焊接质量(特别是某些焊缝的熔深、咬边和焊接缺陷)等方面的误差和缺陷均会形成潜在的裂纹源,在多次重复荷载作用下,微细裂纹逐步形成并缓慢扩展,最终导致疲劳开裂。正交异性钢桥面板的疲劳开裂与其设计、制造以及安装的各个环节密切相关,除用改进构造细节的形式以提高其抗疲劳性能外,还需对制造与安装过程的每个环节实施有效的质量控制。

1.2.3 关键技术的提出

正交异性钢桥面板疲劳问题研究的主要目标在于探索通过改善结构设计、提升焊接质量和构件加工精度等措施,寻找提高关键疲劳易损部位的抗疲劳性能的有效途径,确保桥梁结构在设计使用期限内的安全性和耐久性。国内正交异性钢桥面板技术正处于迅猛发展之中,相关的各类型桥梁相继在设计和建造,但关于正交异性钢桥面板疲劳问题较为系统深入的研究却仍较为欠缺。为推动我国正交异性钢桥面板技术的应用和发展,尚需在开展系统的试验和理论研究的基础上,发展正交异性钢桥面板抗疲劳设计制造关键技术,以提升我国的正交异性钢桥面板的抗疲劳设计建造水平。

工程实践和理论研究均表明,由交通荷载状况所决定的疲劳荷载谱、板件间不同连接方式形成的结构构造特征、加工工艺水平以及现场组装拼接形式和精度等是影响正交异性钢桥面板疲劳性能的关键因素。针对钢箱梁正交异性钢桥面板的抗疲劳设计及重大工程技术问题,应在广泛调查、收集国内外钢箱梁正交异性钢桥面板的规范、文献、运营阶段疲劳病害等相关资料、关键制造技术及焊接工艺的基础上,结合我国现代各类型桥梁结构中正交异性钢桥面板的应用和发展状况,以疲劳荷载谱、关键构造细节优化、板单元合理构造、制造工艺研究以及工艺质量验收标准研究作为切入点,根据交通荷载调研与统计分析编制适用于我国交通荷载状况的疲劳荷载谱,通过理论研究和不同尺度模型的疲劳试验、工艺试验研究,基于研究成果制定相关规范或设计指南,对正交异性钢桥面板设计、施工和运营的全过程进行跟踪和控制,从而形成系统性的正交异性钢桥面板抗疲劳设计关键技术。

1.3 主要技术成果

正交异性钢桥面板的疲劳问题由结构抗疲劳设计、关键板件加工和制造工艺、结构的局部受力特性、荷载环境等因素共同决定。钢桥面板因板件众多、构造及受力特性较为复杂而导致系统地认识其疲劳问题并在此基础上提出抗疲劳设计方法具有较高的难度和挑战性。本书以港珠澳大桥为研究对象,围绕连续钢箱梁正交异性钢桥面板抗疲劳性能的关键技术问题,基于国内外既有研究成果的广泛调研,通过病害调研、仿真分析、荷载特性研究、疲劳试验研究、设计方法研究、制造工艺研究,对港珠澳大桥的荷载特性、抗疲劳设计、制造工艺与现场连接方式等关键问题进行了深入系统的研究,在此基础上采用试件模型试验与足尺节段模型试验对所提出的关键技术成果进行了综合验证,这些研究成果最终形成了正交异性钢桥面板的抗疲劳设计成套技术。主要技术成果如下:

(1)以《港珠澳大桥工程可行性研究报告》中的交通量调研与预测、青屿干线交通荷载实测数据统计分析以及基于 Monte Carlo 法获得的随机交通荷载数据为依据和线性疲劳累积损伤理论,通过国内外相关规范标准疲劳车的推算方法,建立了适用于港珠澳大桥正交异性钢桥面板疲劳研究的车辆类型及代表车型荷载谱。

(2)在对正交异性钢桥面板疲劳耐久性进行深入研究的基础上,结合以往的工程实践,系统介绍了钢桥面板的构造细节设计和制造技术,并提出了顶板、横隔板、现场连接等的合理构造形式,形成了钢桥面板制作过程中的下料加工、组装、焊接以及制造细节处理等关键技术。

(3)通过试件模型试验,验证并揭示了重要构造细节及设计参数对于正交异性钢桥面板受力特性的影响。在试件模型疲劳试验研究的基础上,采用理论研究与试验研究相结合的方法,通过足尺节段模型疲劳验证试验对所提出的关键技术成果进行了综合验证。研究成果可为港珠澳大桥120年长寿命抗疲劳设计提供科学依据,并可为我国钢箱梁正交异性钢桥面板的疲劳研究和抗疲劳设计提供参考和借鉴。

(4)以我国现行标准为依据,通过对国外先进、成熟规范的系统调研,结合当前国内外板单元制作机械化、自动化技术的发展水平,依托港珠澳大桥的钢箱梁制作,制定了可满足港珠澳大桥120年设计使用寿命的质量验收标准,该质量验收标准可为钢箱梁正交异性钢桥面板的制作提供切实可行的依据。

本章参考文献

[1] Roman Wolchuk, Fellow, ASCE. Lessons from weld cracks in orthotropic decks on three European bridges[J]. Journal of Structural Engineering, 1990, 116, 75-84.

[2] F. B. P. de Jong. Renovation techniques for fatigue cracked orthotropic steel bridge decks[D]. Netherlands: Delft University of Technology, 2007.

[3] British Standard Institution. BS 5400 Part 10: code of practice for fatigue[S]. London: British Standard Institution, 1980.

[4] AASHTO L. LRFD bridge design specifications[J]. Washington, DC: American Association of State Highway and Transportation Officials, 1998.

[5] European Committee for Standardization. Eurocode 3. Design of steel structures, Part 1-9: Fatigue strength of steel structures[S]. 2003.

[6] 日本道路协会. 道路桥示方书·同解说[S]. 日本东京: 丸善株式会社, 2002.

[7] Fisher J W, Albrecht P, Yen B T, et al. Fatigue strength of steel beams with welded stiffeners and attachments[J]. NCHRP report, 1974 (147).

[8] A. Bignonnet, B. Jacob, J. Carraeilli and M. Lafranee. Fatigue resistance of orthotropic steel decks[C], Remaining Fatigue Life of Steel Structures, LABSE WORKSHOP LAUSANNE 1990:227-236.

[9] 童乐为, 沈祖炎. 正交异性钢桥面板疲劳验算[J]. 土木工程学报, 2000, 33(3): 16-21.

[10] Kolstein M H. Fatigue classification of welded joints in orthotropic steel bridge decks[M]. 2007.

[11] Tsakopoulos P A, Fisher J W. Full-scale fatigue tests of steel orthotropic decks for the Williamsburg Bridge

[J]. Journal of Bridge Engineering, 2003, 8(5): 323-333.

[12] Daniels J H, Yen B T, Fisher J W. Stresses in Orthotropic Deck of Rio-Niteroi Bridge Under Traffic[J]. Transportation Research Record, 1976 (607).

[13] Nunn D E. An investigation into the fatigue of welds in an experimental orthotropic bridge deck panel [R]. 1974.

[14] Beales C. Assessment of trough to crossbeam connections in orthotropic steel bridge decks[R]. 1990.

[15] 林国雄. 正交异性板与桁梁结合式桥梁第一系统应力及有效宽度计算[J]. 桥梁建设, 1978, 4: 51-64.

[16] 周建林, 刘晓光, 张玉玲. 苏通大桥钢箱梁桥面板关键构造细节疲劳试验[J]. 桥梁建设, 2007 (4): 17-20.

[17] 中华人民共和国行业标准. JTG D64—2015 公路钢结构桥梁设计规范[S]. 北京: 人民交通出版社股份有限公司, 2015.

[18] S. J. Maddox. The fatigue behavior of trapezoidal stiffener to deck plate welds in orthotropic bridge decks[R]. TRRL Supplementary Report 96 UC.

[19] L Fryba, L Gajdos. Fatigue properties of orthotropic decks on railway bridges[J]. Engineering Structures, 1992, 21: 639-652.

[20] 颜飞, 刘林. 正交异性钢桥面板不同闭口纵肋疲劳寿命分析[J]. 中国市政工程, 2009 (2): 22-23.

[21] 陶晓燕, 刘晓光, 张玉玲. 正交异性钢桥面板受力特征研究[J]. 钢结构, 2010, 25(7): 12-15.

[22] 张先. 正交异性钢桥面板抗疲劳设计研究[D]. 成都: 西南交通大学, 2013.

[23] Hobbacher A. Recommendations for Fatigue Design of Welded Joints and Components[M]. Springer International Publishing, 2016.

[24] 曾志斌. 正交异性钢桥面板疲劳裂纹的维修加固方法[J]. 钢结构, 2013 (4): 20-24.

[25] Buitelaar P, Braam R, Kaptijn N. Reinforced high performance concrete overlay system for rehabilitation and strengthening of orthotropic steel bridge decks[C]//Orthotropic Bridge Conference, Sacramento, USA. 2004: 384-401.

[26] Kennedy D J L, Dorton R A, Alexander S D B. The sandwich plate system for bridge decks[C]//Proc., 2002 Int. Bridge Conf. 2002.

[27] 曾志斌. 正交异性钢桥面板疲劳裂纹分类和加固技术[R]. 北京: 中国铁道科学研究院铁道建筑研究所, 2008.

[28] 刘梦麟, 邵旭东, 张哲, 等. 正交异性钢板-超薄RPC组合桥面板结构的抗弯疲劳性能试验[J]. 公路交通科技, 2012, 10: 46-53.

[29] 曾志斌. 正交异性钢桥面板典型疲劳裂纹分类及其原因分析[J]. 钢结构, 2011, 26(143): 9-15.

第 2 章 理 论 基 础

2.1 疲劳损伤理论

2.1.1 钢桥疲劳损伤机理

疲劳现象是钢材在反复荷载或由此引起的应力脉动作用下,由于缺陷或疵点处局部微细裂纹的形成和发展直到最后发生脆性断裂的一种进行性破坏过程。钢材的疲劳破坏必须有拉应力、应力反复和塑性应变三者的同时作用。桥梁结构中的应力脉动主要是指由活载(车辆荷载、风荷载等)及其引起的桥梁振动。对于港珠澳大桥钢桥面板而言,风荷载对结构疲劳损伤的贡献可以忽略不计。以下从金属材料微观结构性能和线弹性断裂力学两个角度分析钢桥疲劳的损伤机理。

疲劳过程可以分为裂纹成核、微观裂纹扩展、宏观裂纹扩展和最终断裂四个阶段。其中,裂纹成核是疲劳过程的第一步;裂纹扩展阶段是第二步。如图 2-1 所示,裂纹成核始于稳定滑移带中的最高应力集中区域。裂纹扩展阶段又可以分为第一和第二两个裂纹扩展阶段。在第一阶段,认为裂纹成核和扩展是初始微观裂纹在局部最大剪切应力面上沿着几个晶粒的有限长度扩展。第二阶段裂纹扩展是宏观裂纹扩展,主要在主拉应力面法向扩展,部分沿着最大剪切应力方向扩展。两阶段的裂纹相比,第一阶段的宏观裂纹特性受显微结构特性的影响较小,而第二阶段裂纹的裂纹尖端塑性区域要远大于材料的显微结构。

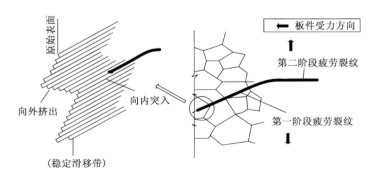

图 2-1 结构疲劳机理示意图

工程中,将结构裂纹成核和微观裂纹扩展阶段的寿命称为裂纹萌生阶段寿命,将宏观裂纹扩展阶段寿命称为裂纹扩展寿命。通常对从裂纹萌生到扩展的过渡阶段无法做出精确的定义。但对钢材而言,萌生阶段结束时的裂纹尺寸 a_0 大约为钢材的几个晶粒大小,尺寸为 0.1 ~ 1.0mm。1998 年 Dowling 提出的光滑试样线弹性断裂力学,可以估算萌生阶段裂纹尺寸:

$$a_0 = \frac{1}{\pi}\left(\frac{\Delta K_{\text{th}}}{\Delta S_e}\right) \tag{2-1}$$

断裂力学为钢桥疲劳裂纹的扩展分析提供了有效方法:钢桥疲劳裂纹尖端塑性区尺寸很小,在断裂分析中忽略塑性区影响能够满足工程精度的要求,因此一般都使用线弹性断裂力学分析钢桥疲劳裂纹的扩展过程。线弹性断裂力学方法认为结构损伤是不可避免的,这一方法将结构中与裂纹相似的原始缺陷偏于安全的简化为裂纹,即认为它们尖端处曲率半径为零。线弹性断裂力学方法将结构疲劳寿命定义为在反复荷载作用下结构主裂纹从原始状态扩展到某一临界尺寸所需要的荷载循环作用次数。与结构疲劳裂纹扩展三个阶段相对应,线弹性断裂力学通过引入应力强度因子 K 这一概念,按照结构疲劳裂纹扩展速率 da/dN 的大小将结构疲劳裂纹扩展过程分为三个分区,如图 2-2 所示。

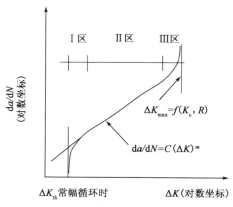

图 2-2 结构裂纹扩展曲线

分区 Ⅰ:该分区裂纹尖端强度因子幅值 ΔK 小于门槛值 ΔK_{th},为疲劳裂纹萌生阶段:

$$\frac{da}{dN} = C[(\Delta K)^m - (\Delta K_{\text{th}})^m] \tag{2-2}$$

分区 Ⅱ:该分区属于疲劳裂纹稳定扩展阶段,疲劳裂纹扩展速率满足 Paris 公式:

$$\frac{da}{dN} = C(\Delta K)^m \tag{2-3}$$

分区 Ⅲ:该分区应力强度因子 K 接近结构断裂韧性 K_c,属于疲劳裂纹快速扩展阶段,下式也称为 Forman 公式:

$$\frac{da}{dN} = \frac{C(\Delta K)^m}{(1-R)K_c - \Delta K} \tag{2-4}$$

上述式中：ΔK——应力强度因子幅值 $\Delta K = K_{\max} - K_{\min}$，MPa·m$^{\frac{1}{2}}$；

$K_{\max}$、$K_{\min}$——反复荷载作用下结构应力强度因子的最大值与最小值，MPa·m$^{\frac{1}{2}}$；

ΔK_{th}——疲劳裂纹扩展的门槛值，即当 $\Delta K \leqslant \Delta K_{th}$ 时，裂纹不会扩展，此时的裂纹称为安全裂纹，MPa·m$^{\frac{1}{2}}$；

K——应力强度因子，对常见的张开型裂纹 $K = \gamma\sigma\sqrt{\pi a}$，MPa·m$^{\frac{1}{2}}$；

K_c——结构断裂韧性，MPa·m$^{\frac{1}{2}}$；

γ——校正系数，该系数需要考虑板厚、裂纹形状等多种因素；

σ——裂纹位置上按照无裂纹计算的应力，MPa；

a——裂纹深度，m；

N——反复荷载作用次数；

da/dN——反复荷载作用一次裂纹扩展长度，m；

C、m——与材料和环境相关的系数；

R——结构应力比。

综上所述，从金属材料微观结构角度易于理解钢桥的疲劳机理。断裂力学从实际材料及施工工艺缺陷等方面入手，综合结构裂纹的受力模式，能够实现疲劳裂纹扩展全过程的完整描述。线弹性断裂力学方法则基于结构材料在疲劳裂纹整个扩展阶段（包括失稳扩展）内均处于线弹性变形阶段的假设，简化处理结构初始缺陷，从而建立疲劳寿命评价的计算公式。

影响结构疲劳性能的关键因素主要包括材料性能、应力集中程度以及外荷载作用情况等。对于钢桥而言，导致其疲劳破坏的内因是钢材的材料性能和钢材局部的应力集中程度；外因则是应力反复的循环和作用次数。20世纪美国NCHRP第102号和147号试验报告证实了对于焊接桥梁结构而言，不同钢种对结构疲劳强度影响不大。钢材局部应力集中程度主要取决于板件截面形式和结构板件构造形式，这些因素将会决定钢桥结构板件内应力流的通畅性。此外，对钢结构工作不利的环境（如高温，腐蚀介质等）也会加剧结构疲劳损伤，甚至直接导致结构发生疲劳破坏。

2.1.2 疲劳累积损伤理论及其计算模型

结构疲劳破坏是反复荷载多次作用的结果，其破坏机理与静力破坏存在显著差异。反复荷载单独一次作用在结构上会对结构产生一定的疲劳损伤，结构疲劳寿命期内所有荷载对结构造成的疲劳损伤不断累积，直至结构不能或不适合继续承载。按照疲劳累积损伤规律，当前常用的结构疲劳累积损伤理论可归纳为三类：非线性、线性和双线性疲劳累积损伤理论。

1）非线性疲劳累积损伤理论

假定结构初始裂纹长度为 a_0，发生疲劳破坏时对应的疲劳裂纹长度为 a_f，在给定的常幅

应力幅值 σ 作用 n 次后,结构的疲劳裂纹长度为 a,将结构对应的疲劳损伤度 D 定义为 a 与 a_f 的比值。Manson 与 Halford 建立的裂纹扩展方程如下:

$$a = a_0 + (a_f - a_0)\left(\frac{n}{N_f}\right)^{a_f} \quad (2-5)$$

式中:N_f——达到最终断裂的裂纹长度 a_f 时,外加荷载的循环作用次数;

a_f——根据经验公式确定的指数,其计算方法为:

$$a_f = \frac{2}{3}N_f^{0.4} \quad (2-6)$$

假定有两个循环应力幅值 σ_1、σ_2、$(\sigma_1 > \sigma_2)$ 分别单独作用并造成结构疲劳破坏时的作用次数为 $N_{1,f}$ 和 $N_{2,f}$,如图 2-3 所示。若先在结构上作用应力幅值 σ_1,作用次数为 n_1,对结构造成的疲劳损伤为 D,对应于图中曲线段 OA。在此基础上继续加载应力幅 σ_2,直至结构发生疲劳破坏为止,对应的作用次数为 $n_{2,f}$,对应于图中曲线段 $A'B'$。图中 A 与 A' 两点对应的结构疲劳损伤度相同。由图 2-3 可知,当结构发生疲劳破坏时,结构承受的循环比值之和小于 1。反之,若先作用 n_2 次应力幅值 σ_2,再加载应力幅值 σ_1 直至结构发生疲劳破坏,结构承受的循环比值之和大于 1。由此可见,非线性疲劳累积损伤理论可以考虑荷载加载顺序对疲劳性能的影响。

图 2-3 中 A 与 A' 两点对应的结构疲劳损伤度相同,均为 D,因此分别单独按常幅疲劳加载应力幅值 σ_1、σ_2 达到这一损伤时,结构疲劳裂纹长度 a_1、a_2 相同,按照式(2-5)和式(2-6)可以得到:

$$\frac{n_1}{N_{1,f}} = \left(\frac{n_2}{N_{2,f}}\right)^{(N_{2,f}/N_{1,f})^{0.4}} \quad (2-7)$$

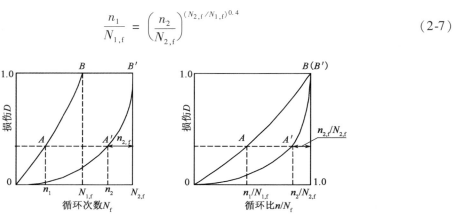

图 2-3 非线性疲劳累积损伤理论示意图

为便于推广应用,可以将结构疲劳损伤度 D 从反复荷载作用次数循环比的角度重新定义。取较大的应力幅值 σ_1 作为基准参考值,将 σ_1 疲劳累积损伤理论曲线简化为直线,σ_1 作用 n_1 次对应的结构损伤度为:

$$D_1 = \frac{n_1}{N_{1,f}} \quad (2-8)$$

应力幅值 σ_2 作用 n_2 次对结构的损伤度为 D_2,图 2-3 中所示 $D_1 = D_2$:

$$D_2 = \left(\frac{n_2}{N_{2,\mathrm{f}}}\right)^{(N_{2,\mathrm{f}}/N_{1,\mathrm{f}})^{0.4}} \qquad (2\text{-}9)$$

对于多个不同的应力幅值 $\sigma_1, \sigma_2, \sigma_3, \cdots, \sigma_i$，选取幅值最大的应力幅值作为基准参考值，其疲劳累积损伤计算式取为式(2-7)，其他应力幅值对应疲劳累积损伤计算式取为式(2-8)。在确定的应力历程作用下，结构疲劳损伤累积值需要按照每一步加载应力幅值及其作用次数依次确定。每一步计算之前应首先确定当前加载之前的应力加载历史，将其对结构造成的疲劳损伤等效转换到当前步应力幅值作用下对应的等效作用次数，按照这一作用次数累加上当前步应力幅值作用次数，计算出新的结构疲劳损伤累积值，如此循环，直至应力历程加载完毕或结构发生疲劳破坏。

2）线性疲劳累积损伤理论

根据非线性疲劳累积损伤理论计算结构疲劳损伤必须按照结构应力加载历程单步计算，直至计算结束。这样虽然更贴近实际，但过程过于繁杂，不便于实际工程应用。若将非线性疲劳累积损伤理论中的结构疲劳损伤曲线改为直线，即为线性疲劳累积损伤理论。线性疲劳累积损伤理论是指在循环载荷作用下，疲劳损伤是可以线性地累加的，各个应力之间相互独立且互不相关，当累加的损伤达到某一数值时，试件或构件发生疲劳破坏，如图 2-4 所示，图中相应符号含义与图 2-3 相同。

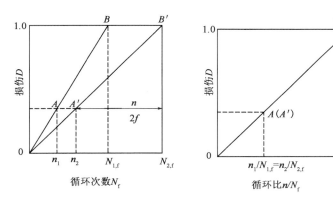

图 2-4 线性疲劳累积损伤理论示意图

线性疲劳累积损伤理论在三种疲劳累积损伤理论中最早被提出并广泛应用。Palmgren 于 1924 年首先提出了疲劳累积损伤是线性的假设。其后 Miner M. A. 于 1945 年又将此理论公式化，形成了 Palmgren-Miner 线性疲劳累积损伤理论。

Palmgren-Miner 线性疲劳累积损伤理论认为：

（1）结构在相同的应力幅值作用下每一次循环加载对结构造成的疲劳损伤都是相同的。

（2）结构上作用的所有应力幅及其对应作用次数对结构造成的疲劳损伤度可以线性叠加。

对于多个不同的应力幅值 $\sigma_1,\sigma_2,\sigma_3,\cdots,\sigma_i$，其循环作用次数分别为 $n_1,n_2,n_3,\cdots,n_i$，分别单独作用在结构上造成结构疲劳破坏时对应加载次数依次为 $N_{1,\mathrm{f}},N_{2,\mathrm{f}},N_{3,\mathrm{f}},\cdots,N_{i,\mathrm{f}}$。每一个应力幅值对结构造成的疲劳损伤为：

$$D_i = \frac{n_i}{N_{i,\mathrm{f}}} \tag{2-10}$$

所有应力幅值对结构造成的疲劳损伤为：

$$D = \sum_{i=1}^{\infty} D_i = \frac{\sum_{i=1}^{\infty} n_i}{N_{i,\mathrm{f}}} \tag{2-11}$$

Palmgren-Miner 线性累积损伤理论假定：当 $D \geqslant 1$ 时构件发生疲劳破坏，当 $D < 1$ 时结构尚未破坏。D 的大小由构件以往的应力历程确定。大量试验研究表明，结构疲劳破坏时其临界损伤度 D_1 并不一定等于 1.0。这是由于该理论没有考虑不同应力幅作用的先后次序对构件疲劳寿命的影响，并把低于常幅疲劳极限 $\Delta\sigma_\mathrm{L}$ 的应力幅视为无损伤作用所导致的。因此 Palmgren-Miner 线性累积损伤理论可能得到偏于不安全的评估结果。鉴于此，有学者建议将临界损伤度 D_1 改为一个不等于 1 的其他常数。赵少汴等学者建议将 D_1 值取为 0.7 时，得到的结构寿命估算结果相对安全，精度也会有所提高。也有研究者发现通过在类似荷载谱下由同类零件得到的试验值进行寿命估算，可以大大提高其寿命估算精度。

3）双线性疲劳累积损伤理论

鉴于线性疲劳累积损伤理论在损伤评估方面的不足，同时考虑到非线性疲劳累积损伤理论较为复杂且不利于实际工程应用，将疲劳过程中的裂纹形成阶段和裂纹扩展阶段分开，在不同的阶段分别运用线性累积损伤规律，由此可建立双线性疲劳累积损伤理论。

双线性疲劳累积损伤理论将结构疲劳累积损伤历程分为两个阶段，如图 2-5 所示，图中相应符号含义与图 2-3 相同。与非线性疲劳累积损伤理论相同，首先将较大的应力幅值 σ_1 作为基准参考值，将 σ_1 疲劳累积损伤理论曲线简化为直线。需要说明的是阶段一与阶段二的拐点并没有明确含义，但与比值 $n_{1,\mathrm{f}}/N_{2,\mathrm{f}}$ 具有良好的相关性，其坐标根据经验公式确定：

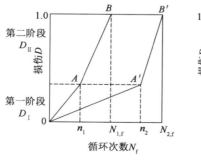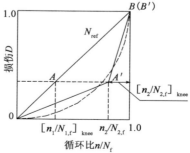

图 2-5　双线性疲劳累积损伤理论示意图

$$[n_1/N_{1,f}]_{knee} = 0.35\left(\frac{N_{1,f}}{N_{2,f}}\right)^{0.25} \tag{2-12}$$

$$[n_{2,f}/N_{2,f}]_{knee} = 0.65\left(\frac{N_{1,f}}{N_{2,f}}\right)^{0.25} \tag{2-13}$$

双线性疲劳累积损伤理论中，总疲劳寿命由第一阶段疲劳寿命(N_1)和第二阶段疲劳寿命(N_f)组成。参考非线性疲劳累积损伤理论中计算式(2-9)，N_1与N_f之间关系可表示为：

$$N_1 = N_f \exp(ZN_f^\phi) \tag{2-14}$$

将σ_1，σ_2两个应力幅值作用下结构损伤曲线对应第一阶段疲劳寿命表达式代入上式，可以得到ϕ与Z这两个待求系数的值：

$$\phi = \frac{1}{\ln(N_{1,f}/N_{2,f})}\ln\left\{\frac{\ln[0.35(N_{1,f}/N_{2,f})^{0.25}]}{\ln[1-0.65(N_{1,f}/N_{2,f})^{0.25}]}\right\} \tag{2-15}$$

$$Z = \frac{\ln[0.35(N_{1,f}/N_{2,f})^{0.25}]}{N_{1,f}^\phi} \tag{2-16}$$

对于多个不同的应力幅值σ_1，σ_2，σ_3，…，σ_i，选取最大的应力幅值作为基准参考值，将其疲劳累积损伤理论曲线简化为直线。选取最小的应力幅值与最大应力幅值一起代入式(2-12)和式(2-13)，确定双线性疲劳累积损伤理论两阶段拐点的坐标，并根据式(2-14)至式(2-16)确定第一阶段疲劳寿命N_1与总疲劳寿命N_f之间的关系，由此确定其他应力幅值第一阶段的疲劳寿命。在此基础上根据结构承受的应力历程，按照第一阶段和第二阶段分别计算其疲劳寿命，最后将两者相加即可确定结构的疲劳寿命。

4）疲劳累积损伤理论的应用

线性、双线性和非线性疲劳累积损伤理论具有以下共同点：

(1)均认为结构应力历程对结构造成的疲劳损伤可以叠加直至结构发生疲劳破坏。

(2)理论前提均为单个应力幅值常幅加载条件下的结构疲劳损伤度曲线。

线性、双线性和非线性疲劳累积损伤理论的区别在于：单个应力幅值常幅疲劳加载直至结构发生疲劳破坏这一过程中，应力幅值循环作用次数与结构疲劳累积损伤度的关系曲线是线性、双线性还是非线性，如图2-6所示。

非线性疲劳累积损伤理论根据相关试验确定经验公式，在此基础上通过理论推导得出较为通用的疲劳累积损伤计算模型。它将结构应力历程中数值最大的应力幅值作为基准参考值，并将该应力幅值对应的结构疲劳损伤曲线设定为直线，然后依据应力幅值与结构疲劳寿命的相互关系推导结构疲劳损伤计算值，按照疲劳损伤等效原则，根据结构应力历程逐步求解。试验证明非线性疲劳累积损伤理论及其计算模型所得结果与实际测量值吻合较好，但由于其计算过程复杂，不便于工程实际应用。

双线性疲劳累积损伤理论是非线性疲劳累积损伤理论的拟合简化，其计算模型由结构应力历程中数值最大和最小的两个应力幅值确定。相对于非线性疲劳累积损伤理论而言，双线性疲劳累积损伤理论计算过程大为简化，同时能够保证计算结果与非线性疲劳累积损伤理论计算模型所得结论相一致。但由于双线性疲劳累积损伤理论所划分的疲劳损伤累积过程两个阶段的拐点没有实质含义，其理论支撑相对薄弱。

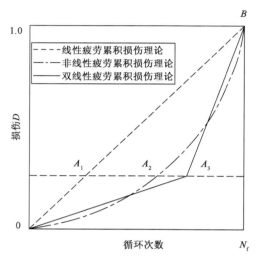

图 2-6　三种疲劳累积损伤理论曲线对比示意图

线性疲劳累积损伤理论形式简单，使用方便，在相关疲劳规范中仍被广泛应用，但该理论没有考虑应力之间的相互作用，使预测结果与试验值相差较大，也有试验资料表明该理论对结构发生疲劳破坏的判定准则可能不符合实际而使之受到非议。但是，美国各州公路和运输工作者协会（AASHO）所进行的货车交通荷载作用下桥梁的寿命试验以及焊接细节的随机变幅试验证明，累积损伤率变量和变荷载试验数据均不大于常幅循环试验数据变量。Barson 关于疲劳扩展的研究和焊接细节试验表明，采用线性累积损伤理论可与常幅循环试验资料建立较好的相关性。同时，裂纹萌生阶段疲劳寿命是总疲劳寿命最主要的构成部分；钢桥疲劳属于变幅、低应力、高循环、长寿命的范畴，使用非线性疲劳累积损伤理论估算结构疲劳寿命较为困难；双线性疲劳累积损伤理论可以用于钢桥对应某一疲劳细节疲劳寿命的估算，但双线性疲劳累积损伤理论理论基础不明确，故在钢桥疲劳研究中较少采用。因此，在当前情况下采用线性累积损伤理论作为钢桥疲劳问题的理论基础仍是可行的。

港珠澳大桥正交异性钢桥面板在 120 年设计寿命期内，单个疲劳细节承受车辆荷载模型加载次数超过 1×10^8 次。由于结构疲劳试验具有试验周期长、费用高等特点，在试验研究中需将加载次数控制在一定的合理范围内。当前结构疲劳试验加载次数一般为 200 万 ~500 万次，试验加载设计为常幅加载。因此，港珠澳大桥正交异性钢桥面板疲劳试验研究中采用 200 万次常幅疲劳加载进行试验验证研究。相关研究中首先通过仿真分析确定正交异性钢桥面板对应疲劳易损部位在设计寿命期内的应力历程,然后将应力历程对待研究疲劳易损部位所造成的疲劳损伤按照 Palmgren-Miner 线性累积损伤理论等效折算为 200 万次常幅疲劳加载对应的等效应力幅值,并根据所确定的应力幅值进行试验研究。

2.2 钢桥疲劳计算方法

传统的疲劳计算方法是根据小尺寸试件的试验室加载结果,确定某一细节的 S-N 曲线,然后根据验算截面上的应力比,用强度设计所用标准荷载加以折算。该方法存在严重缺陷和不足:

(1) 焊接结构中,钢材疲劳强度与应力幅直接相关,而非应力比。

(2) 桥梁结构中的实际应力重复是变幅循环,而不是常幅循环。因此,在深入研究钢桥疲劳破坏的原因及机理的基础上,制定更符合实际的荷载折算标准是非常必要的。

近 20 年来,基于断裂力学原理的分析方法在钢桥疲劳研究中发挥了重要作用,为传统的疲劳分析方法提供了有力的理论依据和补充。该法的最大特点是可以根据初始存在的裂纹确定裂纹扩展到指定裂纹长度所具有的剩余疲劳寿命,且可以判定在给定的应力状况下初始裂纹是否会扩展,故广泛适用于焊接钢结构的疲劳分析。

目前,疲劳研究的方向是使断裂力学的分析方法能像传统的 S-N 曲线分析方法一样应用于钢桥疲劳计算,阐述疲劳裂纹的产生和扩展机理;并准确地进行疲劳寿命评估。但目前而言,便于工程应用、为工程技术人员所接受且运用最广泛的仍是传统的 S-N 曲线分析方法。

2.2.1 抗疲劳设计原理

1) 疲劳应力

桥梁结构在使用过程中所承受的荷载都是变化的,相应的应力也是变化的。这种变化的荷载称为疲劳荷载,疲劳荷载导致的应力称为疲劳应力。荷载和应力随时间变化的历程分别称为荷载谱和应力谱。荷载谱和应力谱一般来说是规则的、随机的。应力谱主要有常幅应力谱和变幅应力谱两类,如图 2-7 所示。

图中: σ_{max}——最大应力,MPa;

σ_{min}——最小应力,MPa;

$\sigma_m = \dfrac{1}{2}(\sigma_{max} + \sigma_{min})$——平均应力,MPa;

$\Delta\sigma = \sigma_{max} - \sigma_{min}$——应力幅,MPa;

$\sigma_a = \dfrac{1}{2}(\sigma_{max} - \sigma_{min})$——半应力幅,MPa。

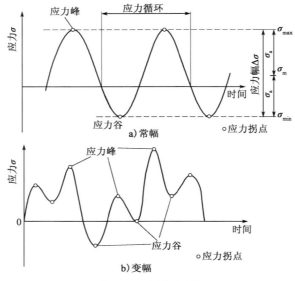

图 2-7 应力循环历程

2)疲劳强度

(1)常幅疲劳强度

传统的疲劳分析方法通过大量的疲劳试验确定常幅疲劳荷载下试件的疲劳强度,并根据此强度进行抗疲劳设计和计算。常幅疲劳强度的力学特性指标主要包括最大应力 σ_{max} 和应力比 $\xi = \pm\sigma_{min}/\sigma_{max}$。

当前广泛采用的常幅疲劳强度计算方法公式如下:

$$\sigma_{max} \leqslant [\sigma_n] = \frac{[\sigma_0]}{1 - K\xi} \tag{2-17}$$

式中:σ_{max}——构件验算截面处因主力组合(恒载、车辆荷载、冲击力及离心力等)而产生的最大应力,MPa;

$[\sigma_n]$——疲劳容许应力或称材料疲劳抗力,是常幅疲劳试件在 $N = 2 \times 10^6$ 次重复应力时的疲劳强度并取一定的安全系数所得应力,MPa;

$[\sigma_0]$——$\xi = 0$ 时的材料疲劳抗力,MPa;

K——Goodman 疲劳图中疲劳强度曲线的斜率。

式(2-17)由 Goodman 疲劳图得出,由此式确定的疲劳细节强度与应力比 ξ 有关,其主要不足如下:

①应力上下限 σ_{max} 和 σ_{min} 按桥梁设计标准荷载与恒载作用得出,实际上桥梁运营过程中的常遇荷载一般小于规范中为强度验算而规定的标准荷载,因而桥梁经常是在所谓"欠载"的情况下运营的,疲劳的计算应力同实际情况存在较大差异。

②疲劳容许应力是按小尺寸试件对应于常幅应力循环 $N = 2 \times 10^6$ 次的疲劳强度再取一定

的安全系数所确定的。实际上，在桥梁基准使用期内，大部分构件的应力循环次数大大超过 $N=2\times10^6$ 次。

③过去由于费用及试验条件的限制，疲劳试验大多以尺寸较小的缩尺构件作为研究对象，并将试验结果推广应用于足尺桥梁构件。20世纪70年代以来，考虑到以往的疲劳试验常采用的缩尺小型光滑或焊接试件不能真实地反映实际结构的受力行为特征、焊接质量、残余应力等诸多因素对细部疲劳强度的影响，世界各国均采用足尺试件进行疲劳试验。结果发现，在焊接试件中，细部的疲劳强度与应力幅 $\Delta\sigma=\sigma_{man}-\sigma_{min}$ 有关，而与应力比 ξ 无关。且随着试件尺度的增加，同样细部的疲劳强度相对于缩尺试件大幅度下降。表明足尺试件的疲劳强度受初始缺陷和焊接残余应力等因素的影响比缩尺试件更为显著。

(2) 变幅疲劳强度

钢桥疲劳属于变幅、低应力、高循环、长寿命疲劳问题的范畴。这种在变幅重复荷载作用下的疲劳强度（或使用寿命）计算，关键在于如何建立变幅疲劳强度和常幅疲劳强度之间的联系。对此，各国学者曾先后提出过多种假设。最早提出而且目前已被桥梁界普遍接受的假设源于 Palmgren 和 Miner 两人的工作，Miner 于1945年发表的"线性累积损伤律"准则为钢桥的疲劳分析奠定了基础。该准则为疲劳破坏所指定的条件为：

$$\sum \frac{n_i}{N_i} = \frac{n_1}{N_1} + \frac{n_2}{N_2} + \cdots + \frac{n_n}{N^n} = 1 \tag{2-18}$$

式中：n_i——应力幅 $\Delta\sigma_i$ 作用的次数；

N_i——用 $\Delta\sigma_i$ 作常幅应力循环试验时的疲劳破坏次数，或常幅疲劳强度曲线"$\Delta\sigma$-N"中相应于 $\Delta\sigma_i$ 时的疲劳寿命（循环次数）。

由式(2-18)所表达的 Miner 准则认为，变幅疲劳中各个应力幅 $\Delta\sigma_i$ 所造成的损伤可用 n_i/N_i 来定量表示，且可以线性叠加。因此，对于任意构件在变幅应力循环($\Delta\sigma_i, n_i, i = 1,2,3,\cdots$)作用下的损伤度可定义为：

$$D = \sum_{i=1}^{\infty} \frac{n_i}{N_i} \tag{2-19}$$

若 $D \geq 1$，表明构件已发生疲劳破坏；若 $D < 1$，则尚未破坏。D 的大小由构件以往的应力历程确定。

大量试验结果表明，疲劳破坏时 D 不一定等于1.0，而是大于或小于1.0。原因是 Miner 定律没有考虑不同应力幅作用的先后次序对构件疲劳寿命的影响，并把低于常幅疲劳极限 $\Delta\sigma_L$ 的应力幅视为对结构无损伤作用。

事实上，当为变幅疲劳时，即使其等效应力幅 $\Delta\sigma_0$ 低于常幅疲劳极限 $\Delta\sigma_L$，但只要在少数循环中有若干应力幅 $\Delta\sigma_i > \Delta\sigma_L$ 仍会导致疲劳裂纹扩展。因此，低应力幅的损伤作用实际上是存在的。

所谓"等效应力幅 $\Delta\sigma_0$"的概念是：对于变幅应力循环 $\Delta\sigma_i$、$n_i (i = 1,2,3,\cdots)$ 的重复荷载

作用,可以运用 Miner 线性累积损伤理论得到一个损伤度相同的常幅循环应力幅 $\Delta\sigma_0$,其循环次数为 $\sum n_i$,则称 $\Delta\sigma_0$ 为"等效应力幅"。

构造细节的常幅疲劳曲线方程为:

$$m\lg\Delta\sigma + \lg N = \lg C \tag{2-20}$$

由此可得该构造细节在 $\Delta\sigma_i$、$n_i = (i=1,2,3,\cdots)$ 重复荷载作用下的损伤度为:

$$D_b = \sum \frac{n_i}{N_i} = \frac{1}{C}\sum n_i(\Delta\sigma_i)^m \tag{2-21}$$

由式(2-20)得该构造细节在"等效常幅 $\Delta\sigma_0$"应力循环作用下的疲劳破坏次数 N_0 为:

$$N_0 = \frac{C}{(\Delta\sigma_0)^m} \tag{2-22}$$

则以 $\Delta\sigma_0$ 重复 $\sum n_i$ 次时的损伤度为:

$$D_0 = \frac{\sum n_i}{N_0} = \frac{1}{C}(\Delta\sigma_0)^m \sum n_i \tag{2-23}$$

令 $D_b = D_0$,则有:

$$\frac{1}{C}\sum n_i(\Delta\sigma_i)^m = \frac{1}{C}\sum(\Delta\sigma_0)^m \sum n_i \tag{2-24}$$

于是

$$\Delta\sigma_0 = \left[\frac{\sum n_i(\Delta\sigma_i)^m}{\sum n_i}\right]^{\frac{1}{m}} \tag{2-25}$$

$\Delta\sigma_0$ 则为等效应力幅。

3) S-N 曲线

疲劳寿命定义为疲劳失效以前所经历的应力或应力循环次数,一般用 N 表示。在一定的平均应力 σ_m(或一定的应力比 ζ),不同应力幅 $\Delta\sigma$(或不同的最大应力 σ_{max})的常幅应力下进行疲劳试验,测出试件断裂时对应的疲劳寿命 N,然后把试验结果画在以 $\Delta\sigma$(或 σ_{max})为纵坐标,以 N 为横坐标的图纸上,连接这些点就得到相应于该平均应力 σ_m(或该应力比 ζ)时的一条 S-N 曲线。由于这种曲线表示中值疲劳寿命与外加常幅应力之间的关系,所以也称为中值 S-N 曲线,或称 Wöhler 曲线。

S-N 曲线一般画在双对数坐标纸上,如图 2-8 所示。对于钢结构而言,该曲线左支通常为一直线,右支为一水平段。S-N 曲线的左支常用下式表达:

$$N = C\sigma^{-m} \tag{2-26}$$

式中的 m 和 C 为材料常数。将上式两边取对数,得:

$$\lg N = \lg C = m\lg\sigma \tag{2-27}$$

可见,式(2-27)在双对数坐标系中为直线,$\frac{1}{m}$ 为 S-N 曲线的负斜率,m 为材料常数。

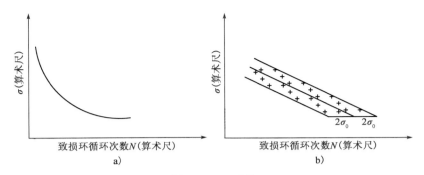

图 2-8 σ-N 曲线

S-N 曲线的测定方法可分为单点法和成组法。单点法在每种应力水平下只试验一根试件，成组法则在每级应力水平下都试验一组试件。单点法主要用来测定疲劳极限，所测出的 S-N 曲线往往是很不精确的。此处仅扼要介绍成组法。

由成组法测定 S-N 曲线时，一般每组包括 3～5 根试样。每组的最少试样数取决于变异系数 v_x 和置信度 r，可根据 v_x 及 r 由图 2-9 确定。当所用试样数满足图 2-9 的要求时，试验有效，否则应增加该组的试样数，直至满足图 2-9 所需的最少试样数为止。

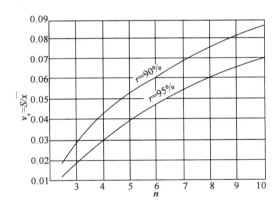

图 2-9 最小试样数 n 的确定

图 2-9 中 v_x 为对数疲劳寿命的变异系数，用下式计算：

$$v_x = \frac{s}{\bar{x}} \tag{2-28}$$

式中：s——对数疲劳寿命的标准差；

$\bar{x}$——对数疲劳寿命的均值。

$\bar{x}$ 和 s 的计算公式为：

$$\bar{x} = \frac{1}{n}\sum_{i=1}^{n} \lg N_i \tag{2-29}$$

$$s = \sqrt{\frac{\sum_{i=1}^{n} x_i^2 - \frac{1}{n}(\sum_{i=1}^{m} x_i)^2}{n-1}} \tag{2-30}$$

式中：n——每组的试样数；

x_i——第 i 个试样的对数疲劳寿命 $\lg N_i$。

变异系数反映了疲劳寿命的相对离散性。变异系数越大，离散性越大，因此试验所需的最少试样也越多。反之，变异系数越小，相对离散性越小，疲劳所需的最少试样数亦越少。r 为置信度，一般取为 90% 或 95%。若取 90%，则意味着有 90% 的把握，对数疲劳寿命的均值 $\bar{x}$ 的误差不超过 δ。这里的 δ 为相对误差，在工程上一般取 $\delta=5\%$，图 2-9 就是根据 $\delta=5\%$ 画出来的。

用式(2-28)、式(2-29)和式(2-30)可计算出各级应力水平下的 $\bar{x}$、s_j 和 v_{xj}，并检查是否满足图 2-9 对最少试样数的规定，接着就可以根据各级应力水平下对数疲劳寿命的均值 $\bar{x}_j$ 和应力水平值 δ_j 绘制 S-N 曲线。

由于 S-N 曲线左支在双对数坐标系中为一直线，因此，可采用直线拟合法拟合这一直线。在用直线拟合数据点时，一般使用最小二乘法确定最佳的拟合直线。最小二乘法得出的拟合方程为：

$$\lg N = a + b\lg\sigma_a \tag{2-31}$$

$$b = \frac{\sum_{j=1}^{l}\lg\sigma_j\lg N_j - \frac{1}{l}(\sum_{j=1}^{l}\lg\sigma_j)(\sum_{j=1}^{l}\lg N_j)}{\sum_{j=1}^{l}(\lg\sigma_j)^2 - \frac{1}{l}(\sum_{j=1}^{l}\lg\sigma_j)^2} \tag{2-32}$$

$$a = \frac{1}{l}\sum_{j=1}^{l}(\lg N_j) - \frac{b}{l}\sum_{j=1}^{l}(\lg\sigma_j) \tag{2-33}$$

式中：σ_j——第 j 级应力水平下的应力幅值（或最大应力）；

$\lg N_j$——σ_j 下对数疲劳寿命的均值；

l——应力水平级数。

S-N 曲线是否可以用直线来拟合，可以用相关系数 r 来检查。相关系数 γ 的定义为：

$$\gamma = \frac{L_{SN}}{\sqrt{L_{SS}L_{NN}}} \tag{2-34}$$

其中：

$$L_{SS} = \sum_{j=1}^{l}(\lg N_j)^2 - \frac{1}{l}(\sum_{j=1}^{l}\lg\sigma_j)^2 \tag{2-35}$$

$$L_{NN} = \sum_{j=1}^{l}(\lg N_j)^2 - \frac{1}{l}(\sum_{j=1}^{l}\lg N_j)^2 \tag{2-36}$$

$$L_{SN} = \sum_{j=1}^{l}\lg\sigma_j\lg N_j - \frac{1}{l}(\sum_{j=1}^{l}\lg\sigma_j)(\sum_{j=1}^{l}\lg N_j) \tag{2-37}$$

γ 的绝对值越接近于 1 说明 $\lg\sigma$ 和 $\lg N$ 的线性相关性越好。表 2-1 中给出了相关系数的起码值 $\gamma_{\min}$。当用以上公式计算出的 $|\gamma|$ 值大于表中所给出的相关系数起码值时，S-N 曲线才能用直线拟合。

相关系数 γ 的起码值 表 2-1

$n-2$	起码值	$n-2$	起码值	$n-2$	起码值
1	0.977	14	0.479	27	0.367
2	0.950	15	0.482	28	0.361
3	0.878	16	0.468	29	0.355
4	0.811	17	0.456	30	0.349
5	0.754	18	0.444	35	0.325
6	0.707	19	0.433	40	0.304
7	0.666	20	0.423	45	0.283
8	0.623	21	0.413	50	0.273
9	0.602	22	0.404	60	0.250
10	0.576	23	0.396	70	0.232
11	0.553	24	0.388	80	0.217
12	0.532	25	0.381	90	0.205
13	0.514	26	0.374	100	0.195

S-N 曲线对铁路桥或公路桥来说，应是统一的。考虑到在变幅应力循环作用下，大于 $\Delta\sigma_0$ 的应力幅作用将会使细部原有的缺陷扩大，导致疲劳极限降至 $\Delta\sigma_0$ 以下，故相关规范中，根据断裂力学原理将 σ_r-N 曲线在 $\Delta\sigma_0$ 以下的部分以更平的斜率 $1/(m+2)$ 向下延伸，其结果接近于预期的疲劳表现，如图 2-10 所示。

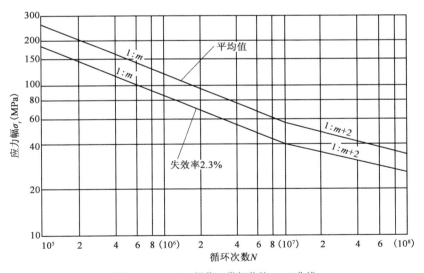

图 2-10　BS 5400 规范 F 类细节的 σ_r-N 曲线

2.2.2　荷载谱与应力谱

1）荷载谱

和结构的静力设计不同，钢桥疲劳设计所采用的荷载不应是进行强度设计时所采用的标准活载,而是采用经常作用的各种实际车辆荷载,计算由这些车辆荷载所引起的各种累积损伤。为此需要研究活载的频谱值,即荷载谱。

所谓荷载谱,即是将设计基准期内桥梁构件所经历的实际运营荷载,按其大小及出现的次数全部开列出来,此即为荷载谱。实际上不同大小的活载出现的先后次序是完全随机的,每年这种不同大小的活载出现的先后次序基本上按相同的规律重复发生。

荷载谱的制定,应将设计基准期内通过桥梁的每一类车型按不同形状的影响线计算出相应的内力历程,然后再将所有内力历程予以累计,即可得到所需要的荷载谱。但要将设计基准期内的每一辆车按不同形状的影响线计算出相应的应力历程,不仅困难,也不便于设计人员进行相关设计。因此,可以将运营荷载用一种"标准车"或几种"典型车辆"编组,即"标准疲劳车"。将标准疲劳车代替实际运营车辆进行抗疲劳设计研究,各标准车或典型车辆编组作用次数需根据实际车辆荷载等效的原则确定。港珠澳大桥荷载谱的制定将在第三章中详述,此处不再赘述。

2) 应力谱和应力历程计算

荷载谱实际上是内力谱,故原则上只要将荷载谱乘上一些系数(如冲击系数、截面几何特性、反映实际应力与计算应力差异的构造系数等)就可以得到设计基准期内运营荷载所产生的按大小和出现次数开列的实际应力集合,或称之为"应力谱"。制定应力谱时,通常需对相应应力影响线加载,然后得到大量不规则的应力历程,乘上累积次数后就形成了一组应力幅$\Delta\sigma_i$、循环次数n_i的数据,通过对这些数据的处理,就可以得到应力谱。

应力历程的计算主要有雨流法和泄水法两种。

雨流法是将应力历程转动90°,如图2-11所示,使时间坐标轴竖直向下,应力历程就像一

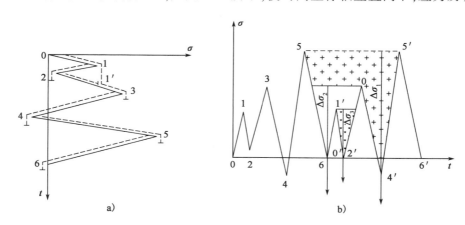

图2-11 雨流计数法与泄水计数法

系列屋面,雨水沿着各层屋面的谷点或峰点往下流动,据此将各应力幅加以调整,具体规则如下:

(1)从谷点开始流动的雨水到达峰点时竖直下滴,流到下层屋面并继续往下流,当流到某一层屋面遇到一个来源比本次谷点更低的谷点的雨水,则停止流动。同理,从峰点开始流动的雨水到达谷点时竖直下滴,流到下一层并继续往下流,当流到某一屋面遇见一个来源比本次峰点更高的峰点的雨水,则停止流动。

(2)任何情况下,在某一层屋面流动的雨水遇见上一层屋面流下的雨水,则停止流动。

(3)每次雨流的起点和终点作为半个循环。

图 2-11a)中,雨水首先从谷点 0 开始流动,到达峰点 1 时往下流到 1′,并继续往下流到峰点 3。由于遇见来源于比本次谷点 0 更低的谷点 4 的雨水,便停止流动,形成 0~1~3 的半个应力循环。雨水再从峰点为 1 开始流动,到达谷点 2 时遇到来源比本次峰点 1 更高的峰点 3 的雨水,便停止流动,形成 1~2 半个应力循环。雨水再从谷点 2 开始流动,到达点 1′时遇到上一层屋面流下的雨水,便停止流动,形成 2~1′半个应力循环,但它可与 1~2 半个应力循环配对,形成一个应力循环。以后继续按以上规则流动并计数得到 3~4、4~5 和 5~6 三个应力半循环。

泄水法的计算规则如下:

(1)将同样的应力历程示例接在图 2-11b)再画一个应力循环图,将两个最大峰值点 5 和 5′用水平虚线相连,把该虚线以下部分图形看作一个水池的横断面。

(2)选择最低的谷点泄水。如果有两个或更多相等的最低谷点,则可以选择任何一个谷点泄水,以水面到该谷点的泄水深度作为一次循环的应力幅 $\Delta\sigma_i$。

(3)对泄不出去的剩余水,重复第(2)步,直到水池的水全部泄完为止,并将每次泄水深度作为一次循环的应力幅 $\Delta\sigma_i$。

泄水法适用于应力历程较小的情况,而雨流法适用于大量应力历程和编程计算。

2.2.3 抗疲劳设计的常用方法

抗疲劳设计方法一般可分为 4 大类:

(1)无限寿命设计

此法限制应力不超过常幅疲劳极限,保证构件永远不发生疲劳破坏,具有无限寿命。对于等幅循环应力,无限寿命设计法的强度条件是构件的工作应力小于或等于常幅疲劳极限;对于变幅循环应力,强度条件是最大应力幅小于构件的等效等幅疲劳强度极限。无限寿命设计法适用于属于规定的构造细部级别并按标准荷载频谱受载的构件。

(2)安全寿命设计

此方法根据疲劳曲线下限和疲劳荷载的上限来计算损伤。它提供了一个较保守的疲劳寿命估计,在使用寿命期内,无需对结构实施检测,故该法也称为有限寿命设计法。目前国际上大都采用这种设计思想进行抗疲劳设计。安全寿命设计法和无限寿命设计法都是采用截面的名义应力,根据细部疲劳的 S-N 曲线进行设计。无限寿命设计法采用 S-N 曲线的常幅水平部分,亦即等幅疲劳极限;安全寿命设计法采用 S-N 曲线的左支,并考虑损伤累积引起的疲劳强度下降,亦即有限寿命部分。

(3) 损伤容限设计

此方法通过多个检测环节监测疲劳裂纹增长,一旦疲劳裂纹达到一个预设尺寸,则对损伤部位或构件进行修补或更换。此方法适用于应用安全寿命设计方法影响结构的经济性,或细部具有较高的疲劳开裂风险的情况。显然,此法将带来比安全寿命设计方法更高的结构失效风险。该方法采用断裂力学原理进行抗疲劳设计。

(4) 依据试验设计

当从规范或其他资料中不能得到确切的受载历程、足够的疲劳强度或裂纹增长数据以及构造细部过于复杂时,则必须通过疲劳试验的结果进行抗疲劳设计。

由于港珠澳大桥需满足 120 年设计使用年限要求,其荷载谱及构造细节较多且复杂,为验证各关键疲劳易损部位的疲劳寿命是否满足设计要求,对于各关键疲劳易损部位的抗疲劳设计方法、制造工艺及验收标准进行了研究,并通过模型试验对各关键疲劳易损部位的疲劳性能进行了试验验证。

2.3 正交异性钢桥面板疲劳性能评估方法

当前结构疲劳性能评估的方法主要有有效切口应力法、断裂力学方法、名义应力法、热点应力法(即 $\Delta\sigma_R$-N 方法)和模型试验等。本节主要参考 Eurocode 规范和国际焊接学会焊接节点或板件疲劳设计意见书对以上方法进行阐述。

切口应力法考虑结构疲劳细节的所有应力,包括焊缝形状等因素的影响。国际焊接学会(IIW)提出的有效切口应力法,选用某有效轮廓来代替实际焊缝的外形轮廓,然后通过有限元模型计算或边界单元法等途径得到有效切口应力,并将之与常用的疲劳抗力曲线比较。这种方法具有一定的局限性,只适用于从焊趾或焊根处开始失效的自然成形焊接节点。

断裂力学方法主要用于分析裂纹状态,认为损伤是结构构件固有的。疲劳寿命主要是指主裂纹从原始尺寸扩展到某一临界尺寸所需要的疲劳荷载循环作用次数。对于钢桥疲劳裂纹分析,断裂力学方法主要以线弹性断裂力学为理论基础,将最常见的开口型裂纹扩展分为三个阶段,并根据相关计算式(如 Paris 公式)确定结构的疲劳寿命。

名义应力法以结构的名义应力为疲劳寿命估算的主要依据,结合对应疲劳强度 S-N 曲线,按线性累积损伤理论估算结构疲劳寿命。名义应力是指采用弹性理论计算得到的在母材或焊缝附近可能出现裂纹部位的应力,它不考虑任何的应力集中效应,但考虑了板件焊接接头附近宏观尺寸变化效应,如较大缺口等。修正名义应力是在名义应力的基础上乘以一个适当的应力集中系数 K_f 得到的。K_f 主要用于考虑特殊结构细节中未考虑的结构几何不连续性的影响。因此,规范认为如果要研究的目标细节在给定的疲劳易损细节列表中未找到对应细节时,应该使用修正名义应力对应力幅值进行修正。目前名义应力法应用最为广泛。

热点应力法最开始用于焊接钢管结构的疲劳寿命评估。热点应力是考虑特殊结构细节整体几何形状导致的应力集中效应时毗邻焊趾的母材上的最大主应力。热点应力不考虑由于焊缝形状等导致的局部应力集中效应。近年来国际上关于钢管结构尤其是焊接连接部位疲劳特性的研究十分活跃。在这些研究中,研究者们大多采用有限元法来对这些焊接结构进行热点应力分析,确定热点区域的应力幅并将其作为疲劳设计的主要依据,同时,进行了相关的疲劳试验对研究成果进行验证。

国际焊接学会(IIW)按照不同焊接节点或板件疲劳评估考虑因素的不同,总结了各种疲劳评估方法的适用范围,如表2-2所示。考虑实际工程应用以及各疲劳性能评估方法的通用性,本节主要介绍名义应力法和热点应力法。

应力集中和缺口效应　　　　　　　　　　　表2-2

类　型	应力集中因素	关　键　应　力	评　估　方　法
A	运用一般的理论如梁理论进行简单的截面应力分析,不考虑应力集中	截面的总的平均应力	不适用于结构的疲劳分析,仅可以用于板件测试
B	A+板件的宏观几何尺寸效应,不包括焊接接头引起的应力集中	名义应力幅(包括改进的或局部的名义应力)	名义应力法
C	A+B+焊接接头处结构细部的不连续性,不包括焊趾处的缺口效应	结构的热点应力幅	热点应力法
D	A+B+C+焊缝形状、裂纹或缺口等引起的切口应力。 (1)实际切口应力; (2)有效切口应力	弹性切口应力幅(总应力)	(1)断裂力学法; (2)有效切口应力法

2.3.1　常用的疲劳评估方法

1)名义应力法

名义应力法是最早建立的疲劳性能评估方法,它以材料或零件的 S-N 曲线为基础,对照试件或结构疲劳危险部位的应力集中系数和名义应力,结合疲劳损伤累积理论,评估结构的疲劳性能。

(1) 名义应力法的基本假设

名义应力法的假定为对于相同材料制成的构件,只要应力集中系数 K_T 相同,荷载谱相同,则它们的疲劳寿命相同,如图 2-12 所示。图中 K_T 为应力集中系数, σ_{nom} 为加在试件上的名义应力。

(2) 名义应力法估算结构疲劳寿命的步骤

名义应力法估算结构疲劳寿命的步骤如下:

① 确定结构中的关键疲劳易损部位。

② 求出疲劳易损部位的名义应力和应力集中系数 K_T。

③ 根据载荷谱确定疲劳易损部位的名义应力谱。

④ 应用插值法求出当前应力集中系数和应力水平下的 S-N 曲线,查 S-N 曲线。

⑤ 应用疲劳损伤累积理论,求出疲劳易损部位的疲劳寿命。

其实施过程如图 2-13 所示。

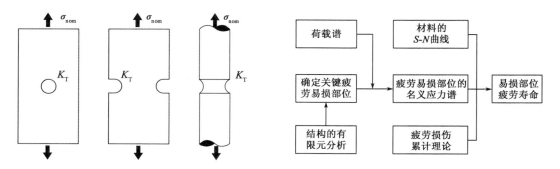

图 2-12 名义应力法的基本假设
(三试件疲劳寿命相同)

图 2-13 名义应力法估算疲劳寿命的步骤

(3) 名义应力的计算

在简单构件中,结构的名义应力可以通过基于线弹性理论的结构力学基本理论方法计算得到。对于复杂的超静定结构或者没有可靠解析方法进行求解的宏观几何不连续结构板件,可以结合有限元方法(FEM),通过有限元模型进行计算。必须注意的是,在求解修正名义应力时必须将构造细节及焊接节点等所有引起应力集中的因素排除在外;在采用单元划分粗糙的有限元模型计算角焊缝的名义应力时,应在沿焊缝长度方向截面上施加节点荷载而不是单元应力,以免计算结果过小。

(4) 名义应力的测量

构造细节疲劳抗力 S-N 曲线是基于名义应力绘制的,未考虑由焊接节点引起的应力集中效应。因此,应变片必须布置在焊接节点对应应力集中区域之外。实际施加时需要首先估计焊接节点对应应力集中区域的范围和应力梯度。

(5) 名义应力法的种类

除了传统的名义应力法外,还出现了应力严重系数(SSF)法、有效应力法、细节额定系数法(DRF)等。

2) 热点应力法

国际焊接学会指出,热点应力法是一种以结构热点应力为参照条件进行细节疲劳试验、细节评定的疲劳评估方法。结构热点是指在结构应力波动和焊缝几何形状以及相似切口综合作用下疲劳裂纹可能萌生的部位。热点应力由薄膜应力和弯曲应力两部分组成,是构件表面热点处薄膜应力和弯曲应力之和的最大值,不包括焊趾处局部切口引起的非线性应力峰值,图2-14 所示热点处的结构应力即为结构的热点应力。

(1) 热点的类型

钢桥中焊接节点的主要形式多为立板与平板的焊接,此种结构中的热点一般可根据热点在主板上的位置及所处焊缝焊趾方向分成以下两类:a 类为位于板表面平面焊趾处的热点,b 类为位于板厚度平面焊趾处的热点,如图2-15 所示。a 类热点附近的应力分布和板厚有关,b 类热点由于裂纹起裂于板的边缘并形成单边穿透裂纹扩展,焊趾处应力分布不依赖于板厚。钢桥构件中的热点主要为 a 类。

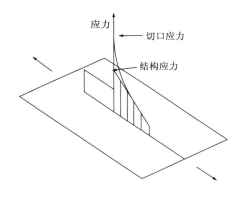

图 2-14　切口应力与结构的热点应力

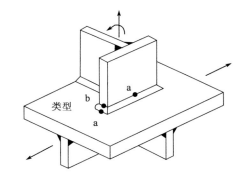

图 2-15　热点的类型

(2) 热点应力的计算

通常而言,结构的非连续部位及局部细节的热点应力分析是无法采用解析方法确定的。因此,当前主要采用有限元方法计算结构的热点应力。事实上,由于模型建立的局部不连续性,无法直接通过有限元模型的节点或单元获取热点应力,通常采用参照参考点应力并外推的方法来确定焊趾处的热点应力,热点应力的计算外推方法如图2-16 所示。

对于 a 类热点,根据国际焊接学会推荐的外推公式可以得到焊趾处的热点应力,外推公式的形式主要有以下几种:

① 在热点处划分的单元长度不超过 $0.4t$,将距焊趾 $0.4t$ 和 $1.0t$ 处的两个节点应力作为参

考点，位置如图 2-17 所示，则线性外推得热点应力为（t 为主板厚度）：

$$\sigma_{hs} = 1.67\sigma_{0.4t} - 0.67\sigma_{1.0t} \qquad (2-38)$$

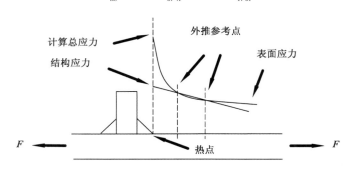

图 2-16　热点应力的确定方法

注：F 为拉力。

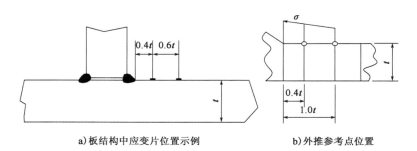

a）板结构中应变片位置示例　　　　b）外推参考点位置

图 2-17　应变片与外推参考点布置

②分别以 $0.4t$、$0.9t$、$1.4t$ 三点处的应力为参考点，用二次曲线拟合外推，这种外推形式主要用于在热点处有明显的结构非线性应力增加、力有突变或者厚壁结构中，参考点位置如图 2-18 所示，外推公式的形式主要为：

$$\sigma_{hs} = 2.52\sigma_{0.4t} - 2.24\sigma_{0.9t} + \sigma_{1.4t} \qquad (2-39)$$

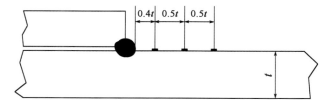

图 2-18　板结构中应变片位置示例

③对于网格划分粗糙、单元长度为板厚的高阶单元热点，在距焊趾 $0.5t$ 和 $1.5t$ 两个参考点处分别用中节点或表面中心估算应力参考点位置，然后线性外推，如图 2-19 所示，其外推公式为：

$$\sigma_{hs} = 1.5\sigma_{0.5t} - 0.5\sigma_{1.5t} \qquad (2-40)$$

对于复杂结构还需要采用有限元方法(FEM)建立有限元模型,结合专业知识来分析热点应力。有限元模型无法模拟焊缝等部位的应力峰值,只能计算由于结构几何尺寸变化导致刚度变化而引起的应力集中,若模型网格划分合理且所求热点处建立了节点,则通过有限元计算可直接得到结构的热点应力。

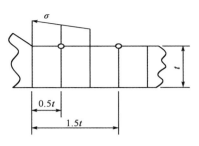

图 2-19 外推参考点位置

对于实体元模型(考虑了焊缝几何形状和尺寸),可直接取相关疲劳细节焊趾处节点的应力作为热点应力,对于板壳元模型(未考虑焊缝几何形状和尺寸),则可偏保守取两板(或三板)相交处相关疲劳细节位置的节点应力为热点应力。

(3)热点应力的测量

应变片数量及其布置位置应考虑较高的壳弯曲应力、板厚和结构应力的类型。第一个应变片中心布置在距离焊趾 $0.4t$ 处,应变片长度不应大于 $0.2t$。如果对于较小的板件厚度这一建议不可能实现时,应变片距离焊趾最近边的距离置应为 $0.3t$,如图 2-20 所示为推荐的应变片布置方法。

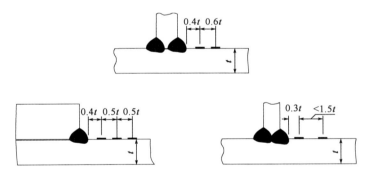

图 2-20 板件结构应变片布置示例

对应结构热点应力根据应变片测量数值按照"热点应力的计算"一节中介绍的外推公式求得目标热点应变值 ε_{hs},然后由应变值计算热点应力 σ_{hs}:

①如果构件受力状态接近于单轴应力状态,结构热点应力可由下式得到:

$$\sigma_{hs} = E \varepsilon_{hs} \tag{2-41}$$

②对于双向应力状态,实际应力会比按照式(2-41)得到的应力大 10% 左右,此时建议使用应变花。如果有限元计算结果能够给出纵向和横向应变的比值 $\varepsilon_y/\varepsilon_x$,假定主应变垂直于焊趾,则热点应力可按下式求得:

$$\sigma_{hs} = E \varepsilon_x \frac{1 + v \varepsilon_y/\varepsilon_x}{1 - v^2} \tag{2-42}$$

(4)应力集中系数计算

应力集中系数 K_f：

$$K_f = \frac{\sigma_{hs}}{\sigma_{ns}} \tag{2-43}$$

式中：σ_{ns}——结构的名义应力，MPa；

σ_{hs}——热点应力，MPa。

不同疲劳细节的结构构造不同，应力集中放大系数也存在差异，为了得到不同疲劳细节的热点应力幅值，不同的疲劳细节均需要通过有限元进行计算。

3) 两种方法的比较

名义应力法和热点应力法基本相同，两者主要的区别在于：

(1)使用的应力类型不同。

(2)对应的疲劳等级分类方式不同，名义应力法侧重于疲劳易损细节的"节点"构造及其相应工艺，热点应力法侧重于焊接方式，例如焊接后是否打磨等。

(3)对应的 S-N 曲线存在差异。

相对而言，名义应力法简单易行，国内外学者通过长时间的研究积累了宝贵经验和较为丰富的试验数据。该方法是在弹性范围内研究问题，不考虑塑性变形、荷载顺序和残余应力等的影响。因此，名义应力法只适用于计算应力水平较低的高周期疲劳问题。

2.3.2 国内外规范的相关规定

就国内外相关重要规范进行对比分析，可为正交异性钢桥面板抗疲劳设计及其疲劳性能评估研究奠定基础。本节主要扼要介绍英国规范(BS 5400)、美国规范(AASHTO)、欧洲规范(Eurocode)及中国规范《公路钢结构桥梁设计规范》(JTG D64—2015)中针对钢桥疲劳的相关规定。主要从疲劳相关的规范概述、基本概念、疲劳评估方法等方面进行概述，基本概念中关于疲劳荷载将在第三章进行详细介绍，此处不再赘述。

1) BS 5400 规范

(1)规范概述

BS 5400 规范第 10 章专门对公路和铁路桥梁的疲劳问题进行了阐述，此处仅列出公路桥梁的相关内容。BS 5400 Part10 中将"疲劳"定义为结构某部分在承受循环应力作用下缓慢开裂的致伤过程，而其中单次应力对应的荷载均不足以一次性使结构损毁失效。规范中没有考虑到风振、涡流激振导致的疲劳和腐蚀疲劳问题。疲劳计算的依据是 Palmgren-Miner 准则。需要注意的是，BS 5400 Part10 特别指出，规范中公路荷载的相关内容可用于焊接正交异性钢桥面板的疲劳性能分析，但此类桥面板的应力分析和疲劳细节规定不在规范适用范围之列。

(2) 基本概念

①疲劳细节等级。

该规范将疲劳细节划分为10级:A、B、C、D、E、F、F2、G、S和W。

②疲劳强度 S-N 曲线。

规范附录中的 S-N 曲线是将可信的试验数据(应力幅和疲劳寿命)以双对数形式通过线性回归分析得出,如图2-21所示。图中应力幅值 σ_r 为某一应力加载循环中最大应力与最小应力的差值。由于实际桥梁的疲劳问题属于变幅疲劳,较大应力幅值加载使某处疲劳细节缺陷进一步放大后,原本不会引起疲劳的较小应力幅加载也变得不可忽略,考虑到这一效应,BS 5400疲劳规范将 S-N 曲线做了适当的修正,如图2-22所示。

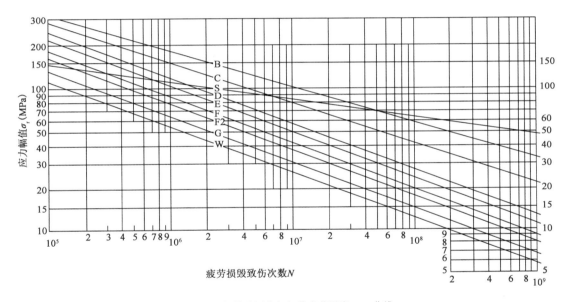

图2-21 规范采用的各细节疲劳强度 S-N 曲线

注:该图不能直接用来计算,当 N 大于等于 10^7 次时各疲劳细节 S-N 曲线必须按照图2-21处理后使用。

③Palmgren-Miner 准则。

Palmgren-Miner 准则认为荷载对结构造成的疲劳损伤可以线性叠加,即 $\sum n/N = (n_1/N_1 + n_2/N_2 + \cdots + n_n/N_n)$,式中 n_i 为荷载谱中某一荷载的作用次数,N_i 为该荷载造成结构疲劳损毁的作用次数,n_i/N_i 为当仅有该荷载加载 n_i 次后对结构造成的损伤程度(称为损伤度),$\sum n/N$ 为所有作用荷载加载后结构的累积损伤度。图2-21和图2-22所示的疲劳强度 S-N 曲线为常幅疲劳曲线,其表达式为 $N \times \sigma_r^m = K_2$,式中,$\sigma_r$、$N$ 为 S-N 曲线中的某一应力幅值及其相应的疲劳损毁致伤次数,m 为 S-N 曲线的反斜率,K_2 为相应于每一疲劳细节的常数,见表2-3。由此可以得到以常幅疲劳极限 σ_0(S-N 曲线中疲劳寿命为 10^7 次时的应力幅值)为界限计算损伤度的表达式：

当 $\sigma_r \geqslant \sigma_0$ 时，

$$n/N = \frac{n\sigma_r^m}{K_2} = \frac{n}{10^7} \times \left(\frac{\sigma_r}{\sigma_0}\right)^m \tag{2-44}$$

当 $\sigma_r < \sigma_0$ 时，

$$n/N = \frac{n\sigma_r^{m+2}}{K_2\sigma_0^2} = \frac{n}{10^7} \times \left(\frac{\sigma_r}{\sigma_0}\right)^{m+2} \tag{2-45}$$

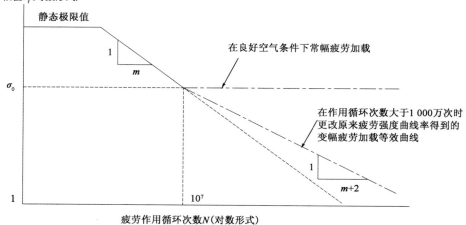

图 2-22 典型疲劳强度 S-N 曲线示意图

注：图中的实线部分是根据试验数据确定的。

常幅疲劳极限相关系数数值表　　　　表 2-3

细节等级	m	K_2	σ_0 (MPa)
W	3.0	0.16×10^{12}	25
G	3.0	0.25×10^{12}	29
F2	3.0	0.43×10^{12}	35
F	3.0	0.63×10^{12}	40
E	3.0	1.04×10^{12}	47
D	3.0	1.52×10^{12}	53
C	3.5	4.23×10^{13}	78
B	4.0	1.01×10^{15}	100
A	8.0	1.08×10^{22}	82

④其他规定。

设计寿命是指一座桥以一个可以接受的失效概率不需要修缮而能够安全使用的时间，标准设计寿命为 120 年。影响线基准长度 L 是含有最大纵坐标的同号区段的底边长度（按行车方向量计），如图 2-23 所示。由于实际细节的影响线长度各不相同以及多车效应的影响，在规范中引入了 Miner 计算调整系数 K_F 这一概念，如图 2-24 所示。

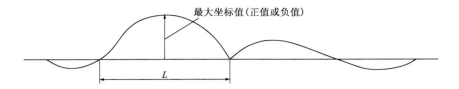

图 2-23 影响线基准长度 L 示例

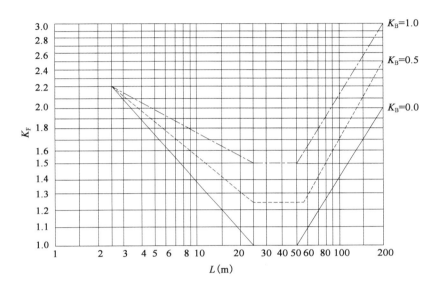

图 2-24 Miner 计算调整系数 K_F 取值示意图

注：1. L 为影响基准长度，K_B 为应力幅值最大的两车道上应力幅值比值，值小于等于 1。

2. 此图仅使用于除 A、S 级以外的疲劳细节。

（3）疲劳评估方法。

该规范主要根据疲劳细节、设计寿命、荷载谱及年交通量评估公路桥梁的疲劳性能，规范中给出了 3 种评估方法：

①不进行损伤度计算的评估方法，该评估方法相对比较保守，其适用条件也较为严格。

②按照单个车辆荷载计算损伤度的评估方法，这种评估方法比方法①更为准确，其适用条件为标准疲劳车荷载作用下的非 S 类疲劳细节。

③按照荷载谱计算损伤度的评估方法，只要目标疲劳细节的 S-N 曲线是确定的，此方法就能依据 Miner 准则进行精确计算。

上述 3 种方法中，第一种是相对保守的疲劳评估方法。规范中有示例表明按照第一种方法估算不能满足疲劳性能要求的桥梁，按照第二种方法估算会得出相反结果。对于港珠澳大桥正交异性钢桥面板的疲劳分析而言，当推算得到标准疲劳车与 BS 5400 规范一致时可以使用上述第二种评估方法，否则可以用第三种评估方法。

2) AASHTO 规范

(1) 规范概述

AASHTO 规范中第 3 章、第 6 章等相关章节对钢结构疲劳问题进行了阐述。规范将"疲劳"定义为受拉板件在反复变化法向应力作用下裂纹萌生扩展的过程。规范根据引起结构细节疲劳的两个原因(荷载与面外变形)分别介绍相关疲劳分析过程,其中荷载引起的疲劳介绍较为详细,面外变形引起的疲劳主要考虑施工偏差对结构疲劳性能的影响,并给出了典型板件的工艺要求。本节主要介绍由荷载引起的疲劳评估的相关内容。规范默认的结构疲劳设计寿命为 75 年。

(2) 基本概念

① 疲劳细节等级。

AASHTO 规范按照易受荷载导致疲劳开裂的结构细节给出 8 个疲劳等级:A、B、B′、C、C′、D、E、E′。

② 疲劳强度 S-N 曲线。

图 2-25 为各疲劳细节对应的疲劳强度 S-N 曲线。需要说明的是,图中各疲劳细节等级水平虚线位置对应的应力幅值为常幅疲劳极限。当结构对应疲劳细节承受的应力幅最大值小于对应常幅疲劳极限时,认为相应结构细节具有无限疲劳寿命,对应 S-N 曲线取用虚线部分;当该疲劳细节所承受的某些应力幅值大于对应常幅疲劳极限时,则认为相应结构细节的疲劳寿命为有限寿命,对应 S-N 曲线应取用实线部分。各疲劳细节等级对应的常幅疲劳极限如表 2-4 所示,对应循环加载 200 万次时结构细节的疲劳抗力如表 2-5 所示,图 2-25 中各个疲劳细节对应的反斜率 $m=3$。

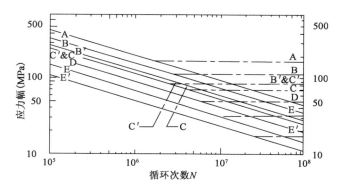

图 2-25 AASHTO 设计疲劳曲线

各疲劳等级对应常幅疲劳极限(单位:MPa) 表 2-4

等级	A	B	B′	C	C′	D	E	E′
疲劳极限	165.0	110.0	82.7	69.0	82.7	48.3	31.0	17.9

各疲劳等级对应 200 万次常幅加载时结构细节疲劳抗力（单位：MPa）　　表 2-5

等级	A	B	B′	C	C′	D	E	E′
疲劳极限	160.1	125.3	100.0	89.6	89.6	71.2	56.5	40.0

(3) 疲劳评估方法

对于荷载引起的疲劳，每个细节应该满足下述条件：

$$\gamma(\Delta f) \leq (\Delta F)_n \tag{2-46}$$

式中：γ——疲劳荷载组合引起的荷载系数，根据规范在疲劳状态时取 0.75；

Δf——疲劳荷载通过时所引起的荷载效应，即活载应力幅，MPa；

$(\Delta F)_n$——名义疲劳抗力，N。

名义疲劳抗力可以用下式计算：

$$(\Delta F)_n = \left(\frac{A}{N}\right)^{\frac{1}{3}} \geq \frac{1}{2}(\Delta F)_{TH} \tag{2-47}$$

$$N = 365 \times 75 \times n(ADTT)_{SL} \tag{2-48}$$

式中：A——表 2-6 中规定的常数；

n——单个卡车通过时的应力循环次数，见表 2-7；

$(ADTT)_{SL}$——在设计寿命期限内平均每天的单车道货车数；

$(\Delta F)_{TH}$——表 2-4 中定义的常幅疲劳强度临界值，N。

不同疲劳等级的常数 A（单位：MPa^3）　　表 2-6

细部分类	A	B	B′	C	C′	D	E	E′
常数，$A(\times 10^{11})$	82.0	39.3	20.0	14.4	14.4	7.21	3.61	1.28

单个卡车通过时的应力循环次数　　表 2-7

纵向构件	跨 长	
	>12 000mm	≤12 000mm
单跨梁桥	1.0	2.0
连续梁桥	—	—
靠近支座内侧	1.5	2.0
其他地方	1.0	2.0
悬臂梁桥	5.0	
桁架桥	1.0	
横向构件	间距	
	>6 000mm	≤6 000mm
	1.0	2.0

3) Eurocode 疲劳规范

(1) 规范概述

Eurocode 规范中，EN 1993-1-2、EN 1993-1-9、EN 1993-2 等分册对钢结构疲劳问题进行了

阐述。规范中所述疲劳计算基础为基于大量试验研究得出的 S-N 曲线。规范假定所研究结构是在正常气候下具有一定抗腐蚀保护措施并且进行正常维护的结构,不考虑海水腐蚀和高温造成的局部损伤。规范将"疲劳"定义为在波动应力作用下结构局部裂纹萌生和发展的过程。疲劳计算准则为 Palmgren-Miner 准则,在 BS 5400 规范已经介绍了这一准则,此处不再赘述。

（2）基本概念

①疲劳细节等级。

EN 1993-1-9 对构件正应力疲劳细节规定有 14 级:36、40、45、50、56、63、71、80、90、100、112、125、140、160。每个疲劳等级所属的数字表示在循环作用次数为 200 万次时疲劳细节发生疲劳破坏的应力幅值,单位为 MPa。

②疲劳强度 S-N 曲线。

图 2-26 为各疲劳细节正应力疲劳强度 S-N 曲线。需要说明的是,图中各疲劳细节等级水平虚线位置对应的应力幅值为常幅疲劳强度 $\Delta\sigma_D$。当结构对应疲劳细节承受的应力幅值均小于 $\Delta\sigma_D$ 时,对应 S-N 曲线应取用虚线部分;当该疲劳细节承受某些应力幅值大于 $\Delta\sigma_D$ 时,对应 S-N 曲线则应取用实线部分。对于未焊接的细节或部分(全部)受压的焊接疲劳细节,其有效应力幅值应取为受拉部分和受压部分的 60% 之和(绝对值)。按照规范附录结构疲劳细节分类表格 S-N 曲线对尺寸会有相关调整。

图 2-26 中各疲劳细节等级对应的疲劳强度 $\Delta\sigma_C$(对应疲劳循环次数为 200 万次)、常幅疲劳极限 $\Delta\sigma_D$(对应疲劳循环次数为 500 万次)、截断疲劳极限 $\Delta\sigma_L$(对应疲劳循环次数为 10^8 次)值如表 2-8 所示。

正应力幅值疲劳强度 S-N 曲线对应特征应力幅值(单位:MPa)　　表 2-8

细节等级	160	140	112	100	90	80	71	63	56	50	45	40	36
$\Delta\sigma_C$	160	140	112	100	90	80	71	63	56	50	45	40	36
$\Delta\sigma_D$	133.2	116.6	93.3	83.3	74.9	66.6	59.1	52.5	46.6	41.6	37.5	33.3	30.0
$\Delta\sigma_L$	49.1	42.9	34.4	30.7	27.6	24.5	21.8	19.3	17.2	15.3	13.8	12.3	11.0

图 2-26 中疲劳强度 S-N 曲线具有 95% 的可靠度,已经考虑了样本数量和残余应力的影响。对于对接焊缝相应疲劳细节使用图示疲劳强度 S-N 曲线时,应适当考虑尺寸影响系数 K_S 以修正疲劳强度,在 U 肋焊缝对接试件板件厚度小于 25mm 时,无须考虑尺寸影响。

（3）疲劳评估方法

规范中介绍了两种疲劳设计思路:损伤容限法和安全寿命法。损伤容限法保证在设计寿命期内结构具有可以接受的安全可靠度,假定结构在设计寿命期内,可依靠检测维修制度将疲劳损伤检测出并且适当修复。安全寿命法要求结构在设计寿命期内无须常规检测就能确保达到可接受的可靠度。如果结构局部一旦形成裂纹便会迅速导致结构毁坏则必须使用安全寿命

方法。规范中对应的疲劳准则为:

①对于疲劳荷载应满足:

$$\lambda_{Ff}\Delta\sigma_{E,2} \leqslant \frac{\Delta\sigma_c}{\lambda_{Mf}}, \lambda_{Ff}\Delta\tau_{E,2} \leqslant \frac{\Delta\tau_c}{\lambda_{Mf}} \qquad (2\text{-}49)$$

②当存在 $\Delta\sigma_{E,2}$ 和 $\Delta\tau_{E,2}$ 组合时必须满足:

$$\left(\frac{\lambda_{Ff}\Delta\sigma_{E,2}}{\Delta\sigma_c/\lambda_{Mf}}\right) + \left(\frac{\lambda_{Ff}\Delta\tau_{E,2}}{\Delta\tau_c/\lambda_{Mf}}\right) \leqslant 1.0 \qquad (2\text{-}50)$$

式中: $\Delta\sigma_{E,2}$、$\Delta\tau_{E,2}$ ——分别为200万次荷载循环等效常幅应力幅值;

$\Delta\sigma_c$、$\Delta\tau_c$ ——分别为200万次循环对应疲劳强度。

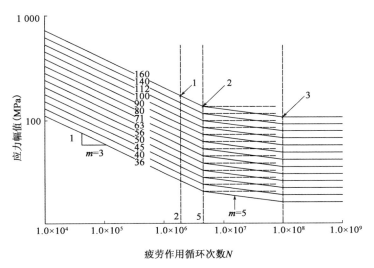

图 2-26　正应力幅值疲劳强度 S-N 曲线

1-疲劳细节等级;2-常幅疲劳极限;3-截断疲劳极限

对于公路桥疲劳荷载的分项系数 γ_{Ff} 取为 1.0;除非另有规定,疲劳抗力的分项系数 γ_{Mf} 按照表2-9取值。对于汽车冲击系数,按照规范对于疲劳荷载模型五的表述,对于桥面铺装良好的桥梁,可以取为1.2。

疲劳强度分项系数建议值　　　　表2-9

评估方法	疲劳失效的后果	
	不严重	严重
损伤容许法	1.00	1.15
安全寿命法	1.15	1.35

4)公路钢结构桥梁设计规范(JTG D64—2015)

(1)规范概述

《公路钢结构桥梁设计规范》(JTG D64—2015)已经开始实施,新规范中有关疲劳的内容将在此进行扼要阐述。

(2) 基本概念

①疲劳细节等级。

规范中相关条文对构件正应力疲劳细节规定有 14 级:36、40、45、50、56、63、71、80、90、100、112、125、140、160。对疲劳细节等级分类的描述与 Eurocode 疲劳规范基本相同。

②疲劳强度 S-N 曲线。

结构疲劳细节正应力疲劳强度 S-N 曲线如图 2-27 所示,标识细节类别的数字代表 2.0×10^6 次循环疲劳强度的参考值 $\Delta\sigma_R$。对于未焊接的细节或部分(全部)受压的焊接疲劳细节,有效应力幅值应取为受拉部分和受压部分的 60% 之和(绝对值)。S-N 曲线按照规范附录结构疲劳细节分类表格对尺寸进行相关调整。此处主要以正应力疲劳强度 S-N 曲线为例进行介绍。疲劳细节类别、常幅疲劳极限、截止疲劳极限等含义参照 Eurocode 疲劳规范相关条文。

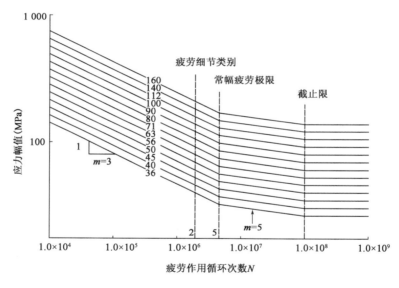

图 2-27 正应力幅疲劳强度曲线

(3) 疲劳评估方法

不同疲劳荷载模型的疲劳抗力计算公式见表 2-10。

不同疲劳荷载模型的疲劳抗力计算公式　　　　表 2-10

疲劳荷载模型	计 算 式	说 明
I	$\gamma_{Ff}\Delta\sigma_p \leq \Delta\sigma_D/\gamma_{Mf}$ $\gamma_{Ff}\Delta\tau_p \leq \Delta\tau_L/\gamma_{Mf}$ $\Delta\sigma_p = (1+\Delta\phi)(\sigma_{pmax}-\sigma_{pmin})$ $\Delta\tau_p = (1+\Delta\phi)(\tau_{pmax}-\tau_{pmin})$	γ_{Ff}——疲劳荷载分项系数,取 1.0; γ_{Mf}——疲劳抗力分项系数,对重要构件取 1.35,对次要构件取 1.15; $\Delta\sigma_p$、$\Delta\tau_p$——按荷载疲劳模型 I 计算得到的正应力幅与剪应力幅; $\Delta\phi$——动力系数; $\Delta\sigma_D$——正应力常幅疲劳极限。

续上表

疲劳荷载模型	计 算 式	说 明
I	$\gamma_{Ff}\Delta\sigma_p \leq \Delta\sigma_D/\gamma_{Mf}$ $\gamma_{Ff}\Delta\tau_p \leq \Delta\tau_L/\gamma_{Mf}$ $\Delta\sigma_p = (1+\Delta\phi)(\sigma_{pmax}-\sigma_{pmin})$ $\Delta\tau_p = (1+\Delta\phi)(\tau_{pmax}-\tau_{pmin})$	$\Delta\tau_L$——剪应力幅疲劳截止限; σ_{pmax}、σ_{pmin}——将疲劳荷载模型I按最不利情况加载于影响线得出的最大和最小正应力(MPa); τ_{pmax}、τ_{pmin}——将疲劳荷载模型I按最不利情况加载于影响线得出的最大和最小剪应力(MPa)
II	$\gamma_{Ff}\Delta\sigma_{E2} \leq \Delta\sigma_c/\gamma_{Mf}$ $\gamma_{Ff}\Delta\tau_{E2} \leq \Delta\tau_c/\gamma_{Mf}$ $\Delta\sigma_{E2} = (1+\Delta\phi)\gamma(\sigma_{pmax}-\sigma_{pmin})$ $\Delta\tau_{E2} = (1+\Delta\phi)\gamma(\tau_{pmax}-\tau_{pmin})$	$\Delta\sigma_c$、$\Delta\tau_c$——疲劳细节类别抗力,为对应于200万次常幅疲劳循环的疲劳应力强度(MPa); $\Delta\sigma_{E2}$、$\Delta\tau_{E2}$——换算为200万次常幅疲劳循环的等效常值应力(MPa); $\Delta\phi$——动力系数; γ——损伤等效系数; σ_{pmax}、σ_{pmin}——将疲劳荷载模型II按最不利情况加载于影响线得出的最大和最小正应力(MPa); τ_{pmax}、τ_{pmin}——将疲劳荷载模型II按最不利情况加载于影响线得出的最大和最小剪应力(MPa)
III	$\gamma_{Ff}\Delta\sigma_{E2} \leq \Delta\sigma_c/\gamma_{Mf}$ $\gamma_{Ff}\Delta\tau_{E2} \leq \Delta\tau_c/\gamma_{Mf}$ $\left(\dfrac{\gamma_{Ff}\Delta\sigma_{E2}}{\Delta\sigma_c/\gamma_{Mf}}\right) + \left(\dfrac{\gamma_{Ff}\Delta\tau_{E2}}{\Delta\tau_c/\gamma_{Mf}}\right)^5 \leq 1.0$ $\Delta\sigma_{E2} = (1+\Delta\phi)\gamma(\sigma_{pmax}-\sigma_{pmin})$ $\Delta\tau_{E2} = (1+\Delta\phi)\gamma(\tau_{pmax}-\tau_{pmin})$	$\Delta\phi$——动力系数; γ——损伤等效系数; σ_{pmax}、σ_{pmin}——将疲劳荷载模型III按最不利情况加载于影响线得出的最大和最小正应力(MPa); τ_{pmax}、τ_{pmin}——将疲劳荷载模型III按最不利情况加载于影响线得出的最大和最小剪应力(MPa)

注:1. 当构件和连接不满足疲劳荷载模型I验算要求时,应按模型II验算。
2. 桥面系构件的疲劳验算采用疲劳荷载模型III。
3. 在对伸缩缝附近构件进行疲劳验算时应考虑额外动力作用的影响,动力系数按下式进行取值:
$$\Delta\phi = \begin{cases} 0.3\left(1-\dfrac{D}{6}\right), D \leq 6 \\ 0, D = 6 \end{cases}, D 为验算截面到伸缩缝的距离,单位为 m。$$
4. 考虑到正交异性钢桥面板在车轮荷载作用下局部的影响线较短,设计车轮荷载冲击影响系数取为0.4。

5) 各国规范的异同

4种规范的对比分析表明,各国规范在下述方面具有共同点:

(1) 规范所述结构细节对应疲劳强度 $S\text{-}N$ 曲线均由相关试验数据得出,对应试验疲劳加载均为常幅加载。

(2) 规范疲劳计算对应理论基础均为线性疲劳累积损伤理论。

(3) 对于实际桥梁结构变幅加载疲劳问题,以上规范均基于线性疲劳累积损伤理论,按照损伤度等效的原则将实际变幅疲劳问题转化为常幅疲劳问题,然后根据相关准则得出待研究部位的疲劳评估结论。

4种规范的对比分析表明,各国规范的区别主要体现在以下几个方面:

(1) 结构疲劳强度 $S\text{-}N$ 曲线不同:这种不同主要表现在某一细节 $S\text{-}N$ 曲线上的特征点疲

劳可靠度不同以及特征点定义及其分布不同。BS 5400 疲劳规范中 S-N 曲线对应安全保证率为 93.7%，而 Eurocode 疲劳规范安全保证率为 95%；BS 5400 疲劳规范 S-N 曲线为两折线图（图 2-22），AASHTO 疲劳规范对应为单折线（图 2-25），Eurocode 疲劳规范和《公路钢结构桥梁设计规范》(JTG D64—2015) 对应为三折线（图 2-26 和图 2-27）。

（2）结构疲劳细节不同：主要表现在疲劳等级的划分不同。BS 5400 疲劳规范分为 10 个等级，AASHTO 疲劳规范分为 8 个等级，Eurocode 疲劳规范和《公路钢结构桥梁设计规范》(JTG D64—2015) 分为 14 个等级（正应力）。

（3）其他不同：如对焊接残余应力的考虑等，AASHTO 疲劳规范将焊接残余应力作为结构疲劳荷载的组成部分；Eurocode 疲劳规范则在结构细节疲劳强度 S-N 曲线中计入残余应力的影响。

对比以上规范，Eurocode 疲劳规范在结构疲劳细节分类、车辆交通荷载模型规定等方面更为完备和系统，该规范也是当前应用最为广泛的疲劳规范之一。《公路钢结构桥梁设计规范》(JTG D64—2015) 的条文规定以及疲劳细节分类与 Eurocode 疲劳规范基本相同。有鉴于此，本书相关研究主要参考 Eurocode 疲劳规范相关条文进行，同时参考和借鉴其他规范相关条文的建议和思路。

2.3.3　港珠澳大桥正交异性钢桥面板所采用的疲劳评估方法

综合比较各国规范后，对于港珠澳大桥正交异性钢桥面板，主要依据 Eurocode 疲劳规范，采用名义应力法评估其疲劳性能，具体的验证流程如图 2-28 所示。正交异性钢桥面板属于焊接结构，焊缝众多，应力集中显著，在焊缝处难免存在初始缺陷。从理论上讲，应依据缺陷部位的局部应力进行疲劳性能评估，但实际应用时存在一定的难度，主要原因在于缺陷往往是随机分布的，各种结构缺陷的尺寸和部位也是变化的，再加上残余应力等的影响，问题本身及其影响因素均较为复杂。在进行疲劳性能评估时，难以对每一个缺陷部位的应力或应变水平都进行理论分析和实际测量。因此，从工程应用的角度出发，名义应力法在应用的便利性方面具有突出优势，仍是当前常用的评估方法。

名义应力法是以结构的名义应力作为其疲劳寿命估算的基础，结合对应的疲劳强度 S-N 曲线，按线性累积损伤理论评估疲劳性能的一种方法。所谓名义应力，是指缺口试样或需计算结构构件的载荷与试件净面积的比值，即净面积上平均分布的应力值。名义应力法仅考虑宏观几何效应对应力的影响，没有考虑缺口根部的局部塑性，而且标准试件和实际结构之间的等效关系很难确定，因此其计算结果偏于不安全，存在较大的误差。但对于正交异性钢桥面板而言，缺口（开孔）和焊缝处存在应力集中，考虑宏观几何效应后承载截面上的最大弹性应力即为名义应力，在面板上距离缺口和焊缝具有一定的距离，且由于缺口效应的影响，缺口和焊缝处均存在应力集中，其应力要大于名义应力。因此，在港珠澳大桥正交异性钢桥面板疲劳试验中,应变片布置在焊接节点对应应力集中区域之内,选取缺口和焊缝附近很小区域内的集中应力作为名义应力评估疲劳性能,试验结果偏于安全。

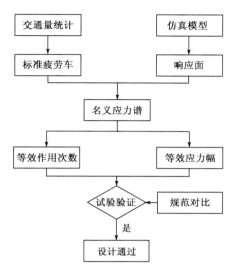

图 2-28　设计基准期内疲劳细节疲劳寿命验证流程图

根据正交异性钢桥面板疲劳病害的调研结果,对于港珠澳大桥正交异性钢桥面板选取5个关键疲劳易损部位作为主要研究对象:

(1)横隔板(横肋板)弧形开口部位。

(2)横隔板(横肋板)与 U 肋焊缝部位。

(3)U 肋与顶板焊缝部位。

(4)U 肋纵向对接(焊接或栓接)部位。

(5)顶板与边腹板连接焊缝部位。

现根据 Eurocode 疲劳规范,对各关键疲劳易损部位的疲劳性能评估,分别进行具体介绍。

1)横隔板(横肋板)弧形开口部位

该疲劳易损部位对应于 Eurocode 疲劳规范的疲劳强度等级为71MPa 或112MPa 的疲劳细节,疲劳试验中取其疲劳强度等级为71MPa。如图 2-29 所示,横隔板具有弧形缺口(开孔),存在应力集中,A 点处的集中应力要大于 B 点处的名义应力。在疲劳试验研究中取距 A 点很小距离区域处的集中应力作为该部位的名义应力进行疲劳性能评价,评估结果偏于安全。

2)横隔板(横肋板)与 U 肋焊缝部位

Eurocode 疲劳规范中,该疲劳易损部位对应的疲劳强度等级为71MPa 或80MPa,港珠澳大桥正交异性钢桥面板横隔板厚度为16mm,故其疲劳强度等级为71MPa。如图 2-30 所示,A 点处存在应力集中,其应力值大于名义应力,试验和相关研究中取 A 点处的集中应力作为该部位的名义应力进行疲劳性能评价,评估结果偏于安全。

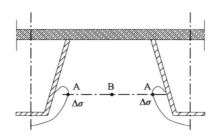

图 2-29 横隔板(横肋板)弧形开口部位

注:疲劳强度等级为 71MPa 或 112MPa，$\Delta\sigma$ 为横隔板开孔处的最大主应力。

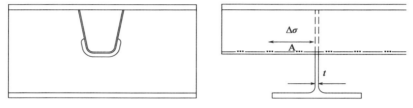

图 2-30 横隔板(横肋板)与 U 肋焊缝部位

注:t 为横隔板厚度，$\Delta\sigma$ 为闭口 U 肋上 A 点的最大主应力；当 $t \leq 12\mathrm{mm}$ 时，疲劳强度等级为 80MPa；$t > 12\mathrm{mm}$ 时，疲劳强度等级为 71MPa。

3) U 肋与顶板焊缝部位

Eurocode 疲劳规范中，该疲劳易损部位对应的疲劳强度等级根据焊缝的形式分别为 71MPa 或 50MPa，疲劳试验和相关研究中取其疲劳强度等级为 71MPa。如图 2-31 所示，A 点焊缝处存在应力集中，其应力值大于名义应力，试验和相关研究中取 A 点处应力作为该部位的名义应力进行疲劳性能评价偏于安全。

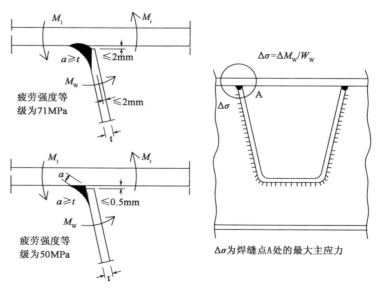

图 2-31 U 肋与顶板焊缝部位

4) U 肋纵向对接(焊接或栓接)部位

Eurocode 疲劳规范中,该疲劳易损部位对应的疲劳强度等级为 71MPa,如图 2-32 所示,A 点焊缝处存在应力集中,其应力值要大于名义应力,取 A 点区域处的最大主应力 $\Delta\sigma$ 作为该部位的名义应力进行疲劳性能评价,评估结果偏于安全。

5) 顶板与边腹板连接焊缝部位

Eurocode 疲劳规范中,该疲劳易损部位对应的疲劳强度等级为 71MPa,如图 2-33 所示,A 点焊缝处存在应力集中,其应力值要大于名义应力,试验和相关研究中取 A 点焊缝处的集中应力作为该部位的名义应力进行疲劳性能评价,评估结果偏于安全。

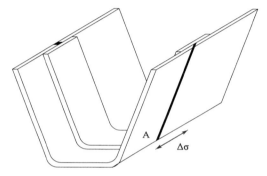

图 2-32　U 肋纵向对接(焊接或栓接)部位

注:疲劳强度等级为 71MPa,$\Delta\sigma$ 为 U 肋焊缝 A 点处的最大主应力。

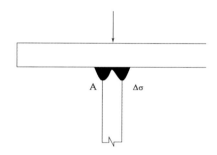

图 2-33　顶板与边腹板连接焊缝部位

注:疲劳强度等级为 71MPa,$\Delta\sigma$ 为焊缝 A 点处的最大应力。

2.4　小　　结

既有理论及试验研究表明:理论研究和试验研究相结合、"试验研究为主,理论研究为辅"是进行正交异性钢桥面板疲劳研究的有效途径。从疲劳损伤机理出发,阐述了正交异性钢桥面板疲劳性能研究的理论方法,可为正交异性钢桥面板抗疲劳关键技术研究提供理论支撑。本章主要内容和结论如下:

(1)拉应力、应力循环和局部塑性应变的共同作用,是钢结构疲劳的必要条件;材料性能、应力集中程度以及外荷载作用情况等是钢结构疲劳性能的主要因素。裂纹成核、微观裂纹扩展、宏观裂纹扩展和最终断裂是疲劳损伤发展的四个主要阶段,其中,前两个阶段占疲劳寿命的绝大部分,断裂力学适用于宏观裂纹扩展过程模拟;对于钢桥疲劳损伤研究而言,Palmgren-Miner 线性累积损伤理论是适用的。

(2)常用的名义应力法成功应用于正交异性钢桥面板的疲劳性能评估的关键在于待评估部位名义应力的准确定义和 S-N 曲线的准确确定。能够反映局部应力集中效应的热点应力法等方法,更适用于正交异性钢桥面板的疲劳性能评估。不同规范对于钢桥疲劳问题的规定条款存在区别,应用时需根据实际情况合理取用。

本章参考文献

[1] 项海帆.高等桥梁结构理论[M].北京:人民交通出版社,2001.

[2] 李永利.疲劳试验测试分析理论与实践[M].张然怡,译.北京:国防工业出版社,2011.

[3] Dowling N E. Mechanical Behavior of Materials:Engineering Methods for Deformation,Fracture,and fatigue[M]. 2nd ed.,Prentice Hall,New York,1998.

[4] Fisher J W.钢桥的疲劳和断裂(实例研究)[M].项海帆,史永吉,潘际炎,等,译.北京:中国铁道出版社,1989.

[5] Fisher J W.钢桥疲劳设计解说[M].钱冬生,译.北京:人民铁道出版社,1980.

[6] Fisher J W, Frank K H, Hirt M A ,et al. Effect of Weldments on the Fatigue Strength of Steel Beams [R]. NCHRP Report 102. Washington DC:Highway Research Board, National Academy of Sciences, 1970.

[7] Fisher J W, Albreicht P A, Yen B T, et al. Fatigue Strength of Steel Beams with Welded Stiffeners and Attachments[R]. NCHRP Report 147. 1974, ibid.

[8] Manson S S, Freche J C, Ensign C R. Application of a double linear damage rule and damage curve approach for testing cumulative fatigue damage[J]. International Journal of Fracture, 1981, 17(2): 169-192.

[9] 姚卫星.结构疲劳寿命分析[M].北京:国防工业出版社,2003.

[10] 赵少汴.抗疲劳设计[M].北京:机械工业出版社,1994.

[11] 赵少汴.常用累积损伤理论疲劳寿命估算精度的试验研究[J].机械强度,2000,22(3):206-209.

[12] 冯胜,程燕平,赵亚丽,等.非线性疲劳损伤累积理论研究[J].哈尔滨工业大学学报,2004,35(12):1507-1509.

[13] 美国各州公路和运输工作者协会.美国公路桥梁设计规范——荷载与抗力系数法[M].辛济平,万国朝,张文,等,译.北京:人民交通出版社,1998.

[14] Barson J M,Rolfe S T. Fatigue Control in Structures[M]. Prentice Hall, Englenod Cliffs U. S. A, 1977.

[15] A. Hobbacher. Recommendations for fatigue design of welded joints and componts[C]. International Institute of Welding, doc. XIII-2151-07/XV-1254-07. Paris, France, May 2007.

[16] British Standard Institution. BS 5400 Part10: code of practice for fatigue[S]. London: British Standard Institution, 1980.

[17] 钢桥、混凝土桥及结合桥,英国标准5400第5-10篇[M].成都:西南交通大学出版社.1987.

[18] AASHTO L. LRFD bridge design specifications[J]. Washington, DC: American Association of State Highway and Transportation Officials, 1998.

[19] European Committee for Standardization. Eurocode 1. Basis of design and actions on structures [S]. 1996.

[20] 中华人民共和国行业标准.JTG D64—2015 公路钢结构桥梁设计规范[S].北京:人民交通出版社股份有限公司,2015.

[21] 中华人民共和国行业标准.JTG D60—2004 公路桥涵设计通用规范[S].北京:人民交通出版社,2004.
[22] 李德勇,姚卫星.缺口件振动疲劳寿命分析的名义应力法[J].航空学报,2011,32(11):2036-2041.
[23] 淳庆,邱洪兴.铁路钢桥基于名义应力法的疲劳寿命预测研究[J].特种结构,2007,24(3):98-101.
[24] 徐承军.基于名义应力法的港口起重机金属结构安全使用期估算[J].武汉理工大学学报:交通科学与工程版,2007,31(2):293-295.

第 3 章　正交异性钢桥面板疲劳荷载

3.1　交通荷载调研

本节主要对目前国外最具代表性的英国 BS 5400 规范、美国 AASHTO 规范、欧洲 Eurocode 1 规范以及国内《公路钢结构桥梁设计规范》(JTG D64—2015)中桥梁疲劳标准荷载谱的计算方法进行系统的分析研究,为制定代表车型荷载谱提供参考并奠定基础。

3.1.1　公路桥梁标准荷载谱调研

1) 英国 BS 5400 规范

英国 BS 5400 规范认为总重量低于 30kN 的汽车不会引起桥梁的疲劳损伤。对于公路桥,BS 5400 根据干线实际营业车辆情况规定了包括 25 种标准运营车在内的英国公路桥梁标准荷载谱。在此基础上以对公路桥梁损伤最严重的一种运营车为基础确定了标准疲劳车,如图 3-1 所示。

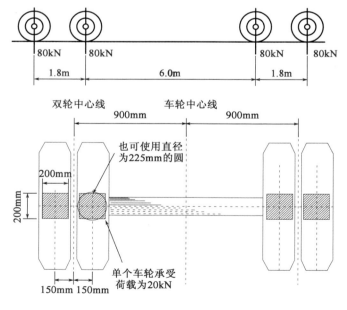

图 3-1　BS 5400 标准疲劳车示意图

BS 5400 要求只能将交通荷载分配在慢车道和邻车道上,如图 3-2 所示。标准疲劳车车轮中心线在平行于车道中心线至偏离车道中心线 300mm 以内加载以确定构件的最不利受力情况。对于双向机动车道,若其单向车道数目为 3 车道时,对应每条慢车道和邻车道的交通车辆数值之比为 2.0∶1.5。荷载冲击系数已经在计算标准疲劳车时考虑在内,而由于车道表面不连续(如伸缩缝等)所造成的汽车冲击效应的处理方式,如图 3-3 所示。

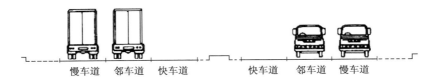

图 3-2　BS5400 双向六车道布置示意图

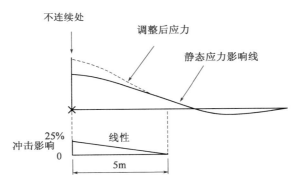

图 3-3　汽车冲击效应处理方式

BS 5400 认为多车效应可以分解为以下几种情况:

(1) 同一车道上同时有多辆车。

(2) 不同车道上的车辆同时影响同一目标区域的应力。

(3) 不同车道上车辆交替连续影响使得同一目标区域应力出现反号,从而使得应力幅值增大。

这些情况在确定 Miner 计算调整系数 K_F 时已经考虑在内。此外 K_F 还考虑了实际疲劳细节的影响线长度各不相同这一因素的影响。

2) 美国 AASHTO 规范

美国 AASHTO 规范规定的标准疲劳车是一辆三轴货车,如图 3-4 所示,冲击系数取为 1.15。与 BS 5400 所给出的通用荷载频值谱不同,AASHTO 规定疲劳荷载的频率应取单车道日平均货车交通量 $ADTT_{st}$。在缺少可靠资料的情况下,单车道日平均货车交通量应取为:

$$ADTT_{st} = p \times ADTT \tag{3-1}$$

式中:$ADTT_{st}$——在设计寿命期限内平均每天的单向货车数;

$ADTT$——在设计寿命期限内平均每天的单车道货车数;

p——单车道内货车交通量占的比率,按表 3-1 取用。

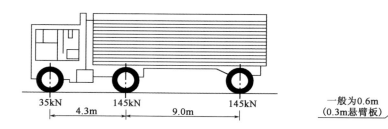

图 3-4　AASHTO 规范标准疲劳车示意图

单车道内货车交通量占的比率 P　　表 3-1

能容纳的车道数	1	2	3 或者更多
比率 P	1.00	0.85	0.80

因为疲劳及断裂极限状态是用累积应力幅进行定义的,所以规范中仅有荷载的规定是不够的,荷载及其出现频率的规定应在规范中一并给出。此外,若能确保运营期间规定的车道保持不变,则将货车布置在使待研究疲劳细节处产生最大应力幅的车道中心更为合适。

$ADTT$ 是大部分货车过桥时所走的那条车道在设计寿命内平均每天的单车道货车数。对于一座附近没有出入匝道的典型桥梁而言,路肩车道承受大部分货车交通。由于将来桥梁上的交通模式不确定,所以假定对单车道疲劳荷载的频率适用于所有车道。在此,货车定义为多于两轴或多于四轮的任何车辆。

研究表明:在正常条件下,日平均交通量 $ADTT$(包括所有汽车,即小汽车和货车)每车道每天的实际上限在 20 000 辆左右。在估计 $ADTT$ 时,应考虑交通的限定值。$ADTT$ 可以用 $ADTT$ 乘以货车在交通量中所占的比率来确定。对于常规桥梁,可以采用表 3-2 中的值。

货车在交通量中的比率　　表 3-2

公路分类	乡村州际公路	其他乡村公路	城市州际公路	其他城市公路
比率	0.20	0.15	0.15	0.10

3) 欧洲 Eurocode 1 疲劳规范

欧洲规范认为桥梁疲劳是由交通荷载对应的应力幅值谱所引起的,其疲劳应力幅值谱由以下因素决定:车辆的形状、轴重、车辆间距、交通车辆组成和车辆动力效应。针对不同的等效处理方法,Eurocode 1 规范中给出了 5 种疲劳荷载模型。港珠澳大桥正交异性钢桥面板疲劳问题研究所采用的标准疲劳车是根据实际交通荷载统计数据推算得到的,对应于欧洲规范中的疲劳荷载模型五。

疲劳荷载模型五是根据实际交通数据确定的荷载模型。Eurocode 1 规范规定：

(1) 模型五加载时必须考虑汽车冲击系数 φ_{fat}，对良好的桥面铺装取为 1.2，对中等桥面铺装取为 1.4。

(2) 在考虑离膨胀节点(将造成行车不平顺)6m 范围以内的相交截面时，必须考虑额外的动力放大因素 $\Delta\varphi_{fat} = 1.30(1 - D/26)$，其中 $\Delta\varphi_{fat} \geq 1$，$D$ 为当前考虑的相交截面与膨胀节点之间的距离，单位为 m。

(3) 如果与疲劳荷载模型四相近，车轮着地面积和车轮横向距离按照表 3-3 取用。

(4) 如果所记录的(交通)数据仅针对一条车道，必须在综合考虑其他车道后根据其他地方相似的交通情况做出假设。

(5) 应力历程必须以单车记录为基础并综合考虑多车效应。

(6) 按已有记录计算累积疲劳损伤时，应将累积疲劳乘以设计寿命与计算持续时间的比值。如果没有可靠数据，建议取重车数量系数为 2、荷载等级系数为 1.4。

欧洲规范还规定对于疲劳荷载模型三、四和五，当荷载横向位置对于待研究的效应非常重要时，必须考虑交通车辆荷载中心线的横向分布概率，如图 3-5 所示。

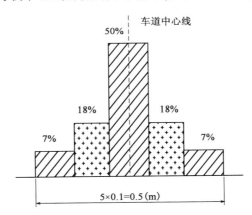

图 3-5 荷载横向分布概率

疲劳荷载模型四对应车轮和车轴示意图(供模型五参考)　　表 3-3

轮/轴类型	A	B	C
几何形状 (单位:mm)	2 000；320；220	2 000；320；540；220 220	2 000；320；270

一座桥上的交通荷载根据慢车道的数目、每年每条慢车道的重车数目 N_{obs}（最大总量大于

100kN)确定。规范规定当使用疲劳荷载模型三和模型四时,一条慢车道的重车数目 N_{obs} 参考值见表3-4。此外,每条快车道上额外考虑10%的 N_{obs}。

虽然表3-4仅适用于疲劳荷载模型三和模型四,但是其确定方法可以推广应用于疲劳荷载模型五:首先,欧洲规范仅将车道分为两类,分别为快车道和慢车道;其次,总重在100kN以下的车辆不会引起桥梁疲劳损伤;再次,所有慢车道之间的重载交通量比值为1,一条快车道与一条慢车道的重载交通量比值为0.1。

一条慢车道上重车数目预估值　　　　　表3-4

	交通类型	每年每条慢车道 N_{obs}
1	单向两个或多个车道,较大重车比例	0.5×10^6
2	中等重车比例	0.5×10^6
3	较小重车比例的干道	0.125×10^6
4	较小重车比例的支路	0.05×10^6

4)公路钢结构桥梁设计规范

对于大多数公路钢结构桥梁,交通荷载是导致疲劳破坏的主要因素。凡承受汽车荷载的结构构件与连接,均应按其对应的疲劳细节类别进行疲劳极限状态验算。《公路钢结构桥梁设计规范》(JTG D64—2015)将疲劳荷载模型分成如下三类:

(1)疲劳荷载模型Ⅰ采用等效的车道荷载,集中荷载为 $0.7P_k$,均布荷载为 $0.3q_k$。P_k 和 q_k 按《公路桥涵设计通用规范》(JTG D60—2015)的相关规定取值。

(2)疲劳荷载模型Ⅱ采用双车模型,两辆模型车轴距与轴重相同,其单车的轴重与轴距布置如图3-6所示。计算加载时,两模型车的中心距不得小于40m。

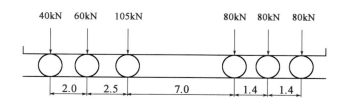

图3-6　疲劳荷载模型Ⅱ(尺寸单位:m)

(3)疲劳荷载模型Ⅲ采用单车模型,模型车轴载及分布规定如图3-7所示。

疲劳荷载模型Ⅰ对应于无限寿命设计方法,这种方法考虑的是构件永不出现疲劳破坏的情况,与其他疲劳荷载模型相比,该模型较为保守。对于桥长超过110m的桥梁来说,为节约材料,可采用疲劳荷载模型Ⅱ进行验算。

疲劳荷载模型Ⅱ为双车模型,该模型车是根据《公路桥梁疲劳设计荷载标准研究》的结果给出的。

疲劳荷载模型Ⅲ车重最重,轮数较少,适用于局部受力构件(包括正交异性钢桥面板、横隔板/梁、纵梁等)的疲劳验算。考虑到这些构件对车轮位置更加敏感,规范给出了这种疲劳车的横向轮距以及轮胎接地面积。

荷载模型Ⅲ不考虑和其他车辆同时出现的情况。采用疲劳荷载模型Ⅲ计算正交异性钢桥面板疲劳应力时,应按图 3-8 考虑车轮在车道上的横向位置概率。

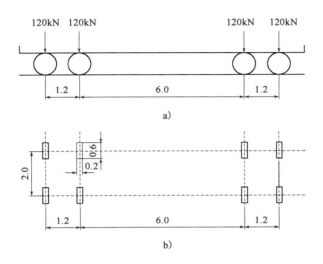

图 3-7 疲劳荷载模型Ⅲ(尺寸单位:m)

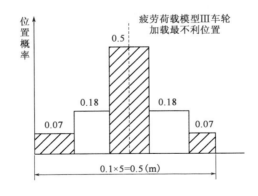

图 3-8 车轮横向荷载概率

3.1.2 港珠澳大桥交通荷载调研

1) 参照《港珠澳大桥可行性研究报告》确定的交通荷载

根据《港珠澳大桥工程可行性研究报告》第三章的交通量预测数据,推测在设计寿命期 120 年内港珠澳大桥日均交通量为 54 995 辆,见表 3-5。

表 3-5 及图 3-9,港珠澳大桥设计寿命期 120 年内预测的各种车型所占比例见表 3-6。

交通量预测结果表　　　　　　　　　　　　　　　　　表 3-5

交通量预测		各车型比率(%)				
年份(年)	实际车辆/日	私家车	出租车	巴士	货柜车	普通货车
2017	8 648	28.2	2.2	4.8	35.8	2
2020	12 767	31.2	2.4	6.2	36.4	23.8
2030	24 057	37.1	2.8	7.3	34.4	18.4
2036	34 062	38.7	2.8	7.5	34.1	16.9

注：2016—2030 年交通量数据摘自《港珠澳大桥工程可行性研究报告》第三章。

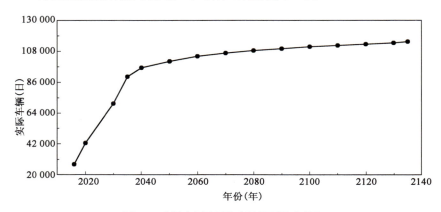

图 3-9　实际车辆日平均交通量预测示意图

车型比例统计表　　　　　　　　　　　　　　　　　表 3-6

车　型	比　例　(%)	车　型	比　例　(%)
私家车(1~2t)	45.70	普通货车(0~30t)	16.20
旅游和穿梭巴士(2~20t)	8.20	货柜车(10~55t)	29.90

2）依据青屿干线交通荷载统计数据确定的交通荷载

香港地区交通干线示意图和港珠澳大桥项目总平面图如图 3-10、图 3-11 所示。大屿山四

图 3-10　香港地区交通干线示意图

面环海,青屿干线是连接大屿山和香港其他地区的唯一通道,而港珠澳大桥也是香港地区通过大屿山与珠海、澳门连接的唯一海上陆路通道。因此,可借鉴青屿干线交通统计数据进行相关研究。

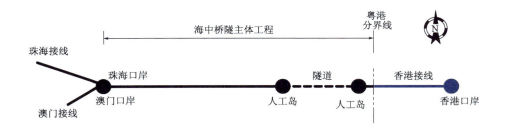

图 3-11　港珠澳大桥项目总平面图

根据香港青屿干线 1998—2011 年的交通量统计数据,其各主要车型在总交通量中所占比例基本保持稳定,各车型在总交通量中所占百分比的平均值见表 3-7。

青屿干线交通荷载车型比例统计表　　　　　表 3-7

车　型	比　例（%）	车　型	比　例（%）
私家车及的士	58.80	私家/公共巴士(双层)	6.20
电单车	1.00	货车(≤5.5t)	16.40
私家/公共小巴	0.20	货车(5.5~23.0t)	9.70
私家/公共巴士(单层)	6.30	货车(≥23.0t)	1.40

3.2　港珠澳大桥标准疲劳车辆荷载的确定

3.2.1　分析模型的建立

以文献资料和实际交通状况调研数据确定的港珠澳大桥实际交通数据概率分布模型及相关参数为基础,在建立各概率分析模型时遵循如下基本假定:

(1)同一车道上所有交通车辆相对位置不变。
(2)同一车道上不考虑两辆及以上车辆并行的情况。
(3)车道之间交通荷载情况是相对独立的。
(4)不考虑对结构疲劳损伤贡献较小的轻车(暂定总重小于 30kN)产生的影响。
(5)车辆载重变化时车轴对应的荷载分配系数不变。

在遵循上述原则的基础上,结合国内外相关规范及参考文献,对各交通荷载关键参数(车型与车辆横向分布、车重、车间距)模型进行了研究。

1) 车型与车辆横向分布模型

为获得适用于港珠澳大桥的代表车辆荷载模型,车型分布采用基于实际运营车辆统计分析所获得的分布模型。根据香港地区交通干线图和拟建港珠澳大桥地理位置图(图3-10、图3-11),青屿干线的车辆数据与港珠澳大桥最为接近,从而可采用青屿干线交通车型统计数据作为分析的车型分布模型。对于车辆横向分布模型,我国目前获得的相关统计数据有限,可参考国外规范 BS 5400 第10章附录中给出的车辆中心线分布概率进行确定。

2) 车重的概率分布模型

20世纪90年代李扬海等学者通过对4条国道连续5天共计60 000多辆机动车的公路交通数据进行分析所得出的部分结论见表3-8、表3-9。相关文献依据单车车重服从极值Ⅰ型分布生成随机车重所获得的结果与实际观测值吻合较好,因此尽管上述4条国道干线远离珠江三角洲地区,但其相关分布规律对港珠澳大桥仍具有重要借鉴和参考价值。

车辆荷载概率分布类型及其参数　　　　表3-8

车辆荷载	样本容量	分布类型	分布参数	
车重(t)	12 462	对数正态[1]	$\hat{\mu}=1.666\ 697$	$\hat{\sigma}=0.816\ 272$
一般运行状态车间距[2](m)	12 462	对数正态	$\hat{\mu}=4.827\ 692$	$\hat{\sigma}=1.115\ 751$
密集运行状态车间距(m)	389	对数正态	$\hat{\mu}=1.561\ 165$	$\hat{\sigma}=0.279\ 707$

注:1. 对数正态分布密度函数为 $f(x)=\frac{1}{\sqrt{2\pi}\sigma x}\exp\left[-\frac{(\ln x-\mu)^2}{2\sigma^2}\right],x>0$。

2. 车间距指首尾相邻的两辆车中前车后轴与后车前轴之间的距离。

车重设计基准期最大值分布及参数　　　　表3-9

车辆运行状态	设计基准期100年最大值分布类型	分布参数
一般运行状态	极值Ⅰ型分布[1]	$u=126.176\ 3,a=0.034\ 56$
密集运行状态	威布尔分布[2]	$\eta=342.179\ 2,m=12.226\ 3$

注:1. 极值Ⅰ型分布函数 $F(x)=\exp\{\exp[-a(x-u)]\}$。

2. 威布尔分布函数 $F(x)=1-\exp[-a(x/\eta)^m],x\geq 0$。

参考上述交通数据统计分析结果可知车重分布满足极值Ⅰ型分布,其分布函数如式(3-2)所示。

$$F(x)=P(X\leq x)=\exp\{\exp[-a(x-u)]\} \tag{3-2}$$

其数学期望为 $E(X)=u+0.577\ 2/a$,标准差为 $\sigma(X)=\pi/(\sqrt{6}a)=1.282\ 55/a$。设 $F(x)$ 为 y,其取值范围为 $[0,1]$,则其反函数如式(3-3)所示,其中 y 按均匀分布取值,参数 a,u 取值见表3-10。

$$x=-\frac{1}{a}\ln\left[\ln\left(\frac{1}{y}\right)\right]+u,Y\sim U(0,1) \tag{3-3}$$

车重随机参数取值 表3-10

车型	代号	装备质量(t)	总质量(t)	数学期望	标准差	u	a
私家车	2A_S	0.0001	0.0001	—	—	—	—
小巴	2A_X	2.25	4.485	2.884	0.338	2.731	2.796
单层巴士	2A_D	7.5	10.26	8.916	0.776	8.567	1.653
双层巴士	3A_S	12.01	21.3	17.263	1.502	16.587	0.854
轻型货车	2A_Q	2.565	4.49	2.553	0.309	2.413	4.150
普通货车	2A_P	5.615	15.8	10.840	0.943	10.415	1.360
普通货车	3A_P	12.5	25	18.913	1.645	18.172	0.779
重型货车	6A_Z	15.2	53	34.591	2.009	32.237	0.426

表3-10中数学期望 = 0.487 × 装备质量 + 0.513 × 总质量,其中0.487和0.513是根据香港运输署2003年跨界交通调查得出的空车率及重车率。变异系数为标准差除以平均值(数学期望),其他条件不变时取值越大数据离散性越大。变异系数取值0.087是任选取一组数据,保证数据量及均值不变时改动相关数据,当得出的数据曲线形状及变化幅值可以接受时所确定的取值。港珠澳大桥标准车型参考数据见表3-11,港珠澳大桥标准车型参考车辆见图3-12。

港珠澳大桥标准车型参考数据 表3-11

车型	品牌	代号	前/后悬 (m)	轴数	轴载系数[1]	轴距 (m)	后轮距 (m)[2]	整备质量 (t)	厂定总质量 (t)
私家车	长安	2A_S	0.8/1.04	2	0.5/0.5	2.64	1.53	<3	<3
小巴	长安	2A_X	1.18/1.51	2	0.5/0.5	2.3	—	2.25	4.485
单层巴士	海格	2A_D	1.78/2.41	2	0.45/0.55	2.8	1.80	7.5	10.26
双层巴士	丹尼士	3A_S	1.95/2.02	3	0.30/0.25/0.45	5.41/1.6	1.89	12.01	21.3
轻型货车	康铃	2A_Q	1.01/1.58	2	0.3/0.7	2.8	1.40	2.565	4.49
普通货车	东风	2A_P	1.4/2.6	2	0.3/0.7	5	1.68	5.615	15.8
普通货车	德龙	3A_P	1.44/1.74	3	0.30/0.35/0.35	2.8/1.35	1.85	12.5	25
重型货车	牵引车+半挂车	6A_Z	1.36/2.25	6	0.105/0.17/0.17/0.185/0.185/0.185	2.150/1.35/7/1.31/1.31	1.86/1.84	15.2	53

注:1. 轴载系数按照力学简化计算得到。
2. 调查数据显示后轮距在1.8~1.9m间较为常见,统一取最常见的1.84m。
3. 表中车型除"双层巴士3A_S"外均为内地汽车厂商产品,与实际交通情况存在差异,仅作本节研究用。

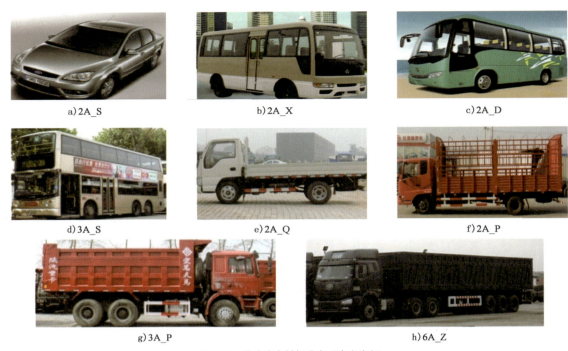

图 3-12　港珠澳大桥标准车型参考车辆

3）车间距的概率分布模型

因交通量调查区域不同,直接采用表 3-8 中对应参量数值说服力较弱。在没有相关统计数据的情况下根据高速摄像系统和雷达测速仪联合确定虎门大桥及青屿干线的交通车辆间距数据,并以此得出港珠澳大桥车间距分布参数值。

虎门大桥及青屿干线交通状况如图 3-13 与图 3-14 所示,虽无法准确判断每一车辆车型、长度等数据,但大桥上行驶车辆是否属于大型车辆、交通车辆多车效应以及车间距等信息可确定的较为准确。根据对同一车间距多次读数对比得出数据的绝对误差在 1m 左右。根据虎门大桥交通量相关调查报告,此区间内虎门大桥交通量处于峰值,因此对车辆车间距分布具有直接指导意义。

图 3-13　虎门大桥实际交通情况高速摄像调查示意图

图 3-14　青屿干线实际交通情况高速摄像调查示意图

通过 χ^2 分布拟合检验可以接受虎门大桥车间距符合对数正态分布，其概率密度函数如式 (3-4) 所示。

$$f(x) = \frac{1}{\sqrt{2\pi}\sigma x}\exp\left[-\frac{(\ln x - \mu)^2}{2\sigma^2}\right] \quad (x>0) \tag{3-4}$$

利用最大似然估计法求得 μ 和 σ 估计值分别为 2.795 3 和 0.894 6。将虎门大桥在[5m, 420m]区间内的车间距数据按照 5m 间距分为 83 份，并统计车间距分布于每一个小区间内的频率，如图 3-15 所示。将确定参数的对数正态分布概率函数按照上述分区方式求出位于每一区间的概率并与对应频率计算值一起标注于图 3-16 中，由此可见两者吻合较好。

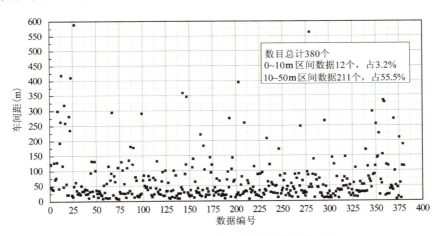

图 3-15　虎门大桥实际交通车辆间距数据散点图

注：车间距指同一车道上相邻两车净距，即前车车尾与后车车前沿之间的距离，下同。

相对于虎门大桥而言，青屿干线车间距较为分散。假定青屿干线车间距符合对数正态分布，通过最大似然估计法获得的 μ 和 σ 的估计值分别为 4.313 0 和 0.785 9。将青屿干线车间距在[5m,305m]区间内的数据按照 10m 间距分为 30 份，并统计车间距分布于每一个小区间内的频率，如图 3-17 所示。并将确定参数的对数正态分布概率函数按照上述分区方式求出位于每一区间的概率并与对应频率计算值一起标注于图 3-18 中。从图中可看出青屿干线行车量小、数据量相对不足，因而两者离散程度较大。青屿干线（双向六车道）上本次车间距统计距

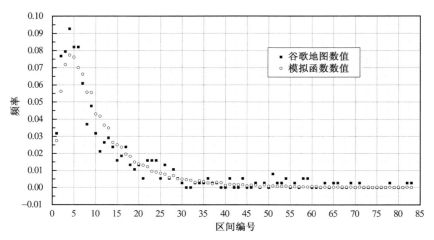

图 3-16　虎门大桥实际交通车辆间距函数拟合对比

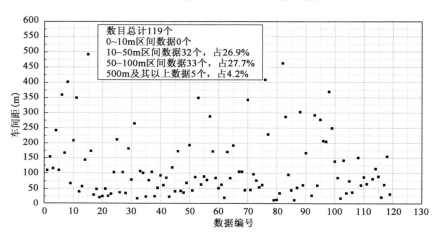

图 3-17　青屿干线实际交通车辆间距数据散点图

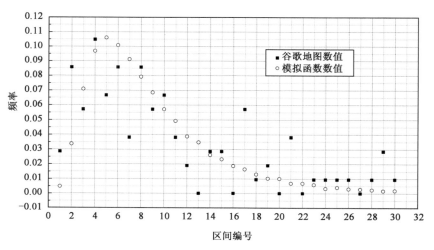

图 3-18　青屿干线实际交通车辆间距函数拟合对比

离约为 2.7km,有效数据 119 个,为同等条件下虎门大桥数据量的 43%。青马大桥统计分析中车间距大于 600m 的数据共有 4 个,最大值甚至大于 2 000m。

在已有文献资料的基础上,综合考虑虎门大桥数据稳定性和青屿干线地域优势,可认为港珠澳大桥行车车间距符合对数正态分布,式(3-4)对应参数 μ、σ 根据虎门大桥(加权系数取为 0.65)及青屿干线(加权系数取为 0.35)对应数值分别取值为 2.976 5、0.856 6。

3.2.2 标准疲劳车辆荷载模型

根据实际道路或桥梁交通荷载数据统计得到的原始荷载谱数据庞杂,不利于结构疲劳的进一步研究,因此需将相同或相近车辆荷载(如车轴数目相同等)合并为对应的等效标准车型,按照等效疲劳损伤原理求出各个车轴的等效轴重 W_{ei} 及等效轴距 C_{ei},如式(3-5)和式(3-6)所示。

$$W_{ei} = \left(\sum_{j=1}^{n} f_j W_{ij}^m\right)^{\frac{1}{m}} \tag{3-5}$$

$$C_{ei} = \sum_{j=1}^{n} f_j C_{ij} \tag{3-6}$$

式中:m——疲劳强度 S-N 曲线的反斜率,一般取值为 3;

W_{ei}——等效标准车型第 i 车轴的等效轴重;

C_{ei}——等效标准车型第 i 与第 $i+1$ 轴间等效轴距;

f_j——相似车型中第 j 种车辆出现的频率;

W_{ij}^m——相似车型中第 j 种车辆第 i 轴轴重;

C_{ij}——相似车型中第 j 种车辆第 i 与第 $i+1$ 轴间轴距。

在对大量实际车型进行统计分析所获得标准荷载谱的基础上,依据结构损伤等效原则可推算出标准疲劳车辆荷载模型。为使标准疲劳车辆荷载模型更具普遍性,计算分析中遵循下述原则:

(1)实际交通荷载观测统计范围广泛且观测路段交通车辆具有代表性。

(2)推算标准疲劳车辆荷载模型时必须保证计算结构的系统性以及代表性,在此基础上得出略偏于安全的疲劳车辆荷载模型。

基于随机交通荷载模拟,并以 Microsoft Office Excel VBA 为依托编写了相关计算程序,推算标准疲劳车辆荷载模型,计算程序分为三个部分:随机交通荷载模拟、目标疲劳细节应力历程求解及其对应等效应力幅值计算。应力历程在获得的目标疲劳细节主拉应力影响面以及随机交通荷载数据的基础上分四级循环计算:工况循环→车道循环→车辆循环→车轴循环。同时将每一工况三个车道所有车辆车轴荷载应力计算值 S_x、S_y、τ_{xy} 叠加并按照式(3-7)计算该工况下目标疲劳细节对应主拉应力值 S。目标疲劳细节等效应力幅值按下述步骤采用泄水法计算:

(1)提取应力历程应力幅值及作用次数,获取应力幅值谱。

（2）根据提取的应力幅值计算等效应力幅值及目标疲劳易损部位的疲劳损伤度,计算流程如图3-19所示。

$$S = \frac{S_x + S_y}{2} + \sqrt{\left(\frac{S_x - S_y}{2}\right)^2 + \tau_{xy}^2} \qquad (3-7)$$

1）标准荷载谱的确定

为确定适用于港珠澳大桥疲劳问题研究的标准荷载谱,选取两轴车和三轴车对其等效标准车辆进行研究。以采用Monte Carlo法生成的3 000辆随机交通荷载为基础,提取两轴车作为新的随机交通荷载,即2A_S、2A_X、2A_D、2A_Q、2A_P,其他车辆车重及车间距均不计,记为荷载序列一;将荷载序列一中除轻车2A_S以外的所有车辆换算成等效两轴车(置换前后两辆车车轴中心在交通荷载序列中的位置相同),记为荷载序列二。同理,从3 000辆随机交通荷载中提取三轴车3A_S、3A_P及轻车2A_S作为新的随机交通荷载,其他车辆车重及车间距均不计,记为荷载序列三;将荷载序列三中所有三轴车换算成等效车记为荷载序列四。

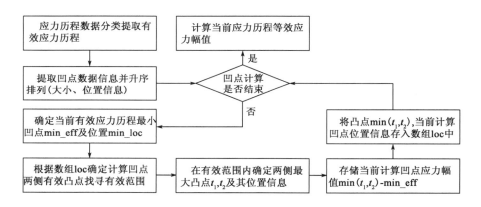

图3-19 等效应力幅值计算流程图

将荷载序列一至序列四分别依次加载于慢车道及邻车道下目标疲劳易损部位主拉应力影响面上,得到主拉应力幅值谱如图3-20~图3-23所示,应力幅值的分布区间见表3-12。

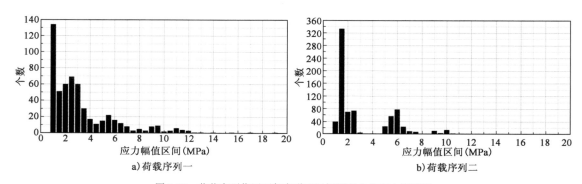

图3-20 荷载序列作用下邻车道下目标细节主拉应力幅值谱

第3章 正交异性钢桥面板疲劳荷载

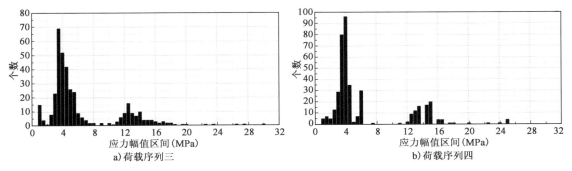

图 3-21 荷载序列作用下邻车道下目标细节主拉应力幅值谱

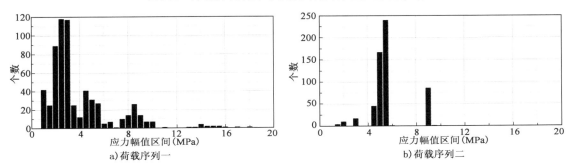

图 3-22 荷载序列作用下慢车道下目标细节主拉应力幅值谱

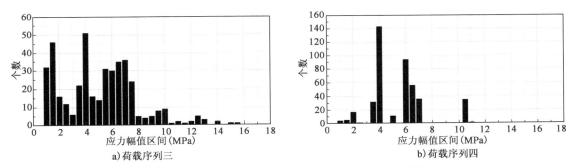

图 3-23 荷载序列作用下慢车道下目标细节主拉应力幅值谱

荷载序列加载主拉应力幅值分布区间汇总　　　　　　　　　　表 3-12

应力幅值(MPa)	邻(一)[1]	邻(二)	邻(三)	邻(四)	慢(一)	慢(二)	慢(三)	慢(四)
19.5～30.5			7	7				
19.0～19.5	1							
18.5～19.0			1					
18.0～18.5			2	1	1			
17.5～18.0			2	1				
17.0～17.5	1		3		1			
16.5～17.0			2	4				
16.0～16.5			3	4	1			

续上表

应力幅值(MPa)	邻(一)[1]	邻(二)	邻(三)	邻(四)	慢(一)	慢(二)	慢(三)	慢(四)
15.5~16.0	1		4		2		1	
15.0~15.5			4	2	2		1	
14.5~15.0			4	17	2			
14.0~14.5	1		1		4		2	
13.5~14.0			7	16	1			
13.0~13.5	1	1	9	12	1		3	
12.5~13.0	1		16	9			5	
12.0~12.5	3		9	2			2	
11.5~12.0	4		6				1	
11.0~11.5	6	2	3	1	1		2	1
10.5~11.0	3	3	1				1	35
10.0~10.5	2	14	2		7		9	
9.5~10.0	9	4			7	1	8	
9.0~9.5	8	11	2		14	86	5	
8.5~9.0	3	1			26		4	
8.0~8.5	5	1	2		14		5	
7.5~8.0	3	8	2	1	1		24	
7.0~7.5	8	1	4		1		36	36
6.5~7.0	12	24	6		7		35	56
6.0~6.5	16	78	9	3	5	1	3	94
5.5~6.0	22	57	24	7	27	239	31	
5.0~5.5	15	25	26	2	31	167	14	11
4.5~5.0	11	1	42	35	41	45	16	
4.0~4.5	17		52	96	12		51	143
3.5~4.0	3		69	8	25		22	32
3.0~3.5	6	5	23	29	117	17	6	
2.5~3.0	69	74	8	13	118		12	1
2.0~2.5	6	7	1	5	89	1	16	17
1.5~2.0	51	333	4	7	25	4	46	5
1.0~1.5	134	39	15	5	42		32	4
累积次数 N	557	761.0	384	404	634	570	420	435
等效幅值 σ_e(MPa)	5.65	4.93	10.01	9.89	6.03	6.30	6.67	6.40
$\sum N\sigma_e^3$	100 713	91 245	384 622	390 472	138 745	142 246	124 582	113 974
等效参数[2]	1	0.906	1	1.015	1	1.025	1	0.915

注:1. 邻(一)表示荷载序列一加载时邻车道下目标疲劳细节主拉应力计算结果。
   2. 等效参数是以实际车辆计算主拉应力幅值的立方和为基准,以简化标准车辆计算结果值为被除数得到的数值。

由图 3-20～图 3-23 可以看出,与实际交通车辆相比,合并简化后的标准车辆荷载对应主拉应力幅值变化范围明显减小且主拉应力幅值对应次数增势显著,这与简化后的标准车辆车轴及轴距稳定这一特征相符,且实际交通车辆与标准车辆应力幅值谱中作用次数较大的应力幅值区间分布规律相似。因此,结合表 3-12 的计算结果可知,针对港珠澳大桥正交异性钢桥面板各疲劳易损部位中最不利部位[横隔板(横肋板)与 U 肋焊缝部位]使用等效轴重计算式(3-5)和等效轴距计算式(3-6)将实际交通车辆中相似车型合并简化为等效标准车辆,对于正交异性钢桥面板结构而言是可行的。

2) 标准疲劳车辆荷载模型的确定

以上述通过相似车型合并简化获得的标准车辆荷载(表 3-13)为基础,结合国外标准疲劳车辆荷载模型的既有研究成果,拟定的标准疲劳车辆荷载单轴荷载及轴距采用 Eurocode 钢桥疲劳规范中荷载模型三的相关规定,并根据我国车辆轮距分布将轮距由 2m 改为 1.84m,如图 3-24 所示。将原始随机交通荷载中除私家车以外所有车辆换为拟标准疲劳车辆,并保证原始车辆与置换后的标准疲劳车辆在车队序列中车轴中心位置相同,通过加载计算可获得原始随机交通荷载与拟标准疲劳车辆荷载以及标准车辆荷载作用下目标细节主拉应力历程的对比,如图 3-25～图 3-32 所示。

标准荷载谱车辆荷载   表 3-13

车型	代号	车型比例(%)	车重(t)	轴载系数	轴距(m)
私家车	2A_S	58.9	0.0001	0.5/0.5	2.64
小巴	2A_X	1.0	7.471	0.37/0.63	3.37
单层巴士	2A_D	6.3	7.471	0.37/0.63	3.37
双层巴士	3A_S	6.3	18.4	0.296/0.301/0.403	4.74/1.5
轻型货车	2A_Q	17.4	7.471	0.37/0.63	3.37
普通货车	2A_P	4.4	7.471	0.37/0.63	3.37
普通货车	3A_P	4.6	18.4	0.296/0.301/0.403	4.74/1.5
重型货车	6A_Z	1.1	34.582	0.105/0.17/0.17/0.185/0.185/0.185	3.150/1.35/7/1.31/1.31

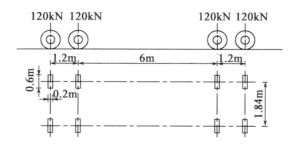

图 3-24 拟标准疲劳车辆荷载示意图

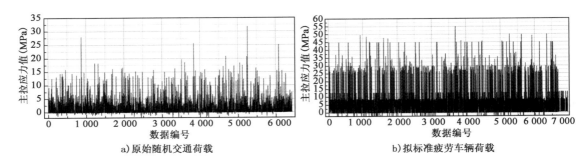

图 3-25　不同荷载作用下邻车道下目标细节应力历程

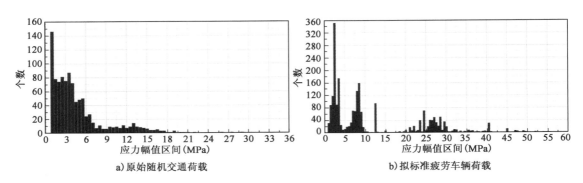

图 3-26　不同荷载作用下邻车道下目标细节主拉应力幅值谱

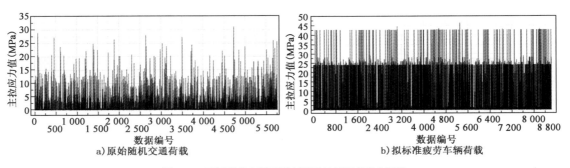

图 3-27　不同荷载作用下慢车道下目标细节应力历程

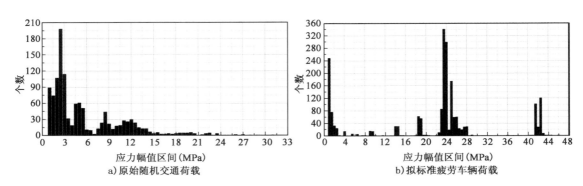

图 3-28　不同荷载作用下慢车道下目标细节主拉应力幅值谱

第3章 正交异性钢桥面板疲劳荷载

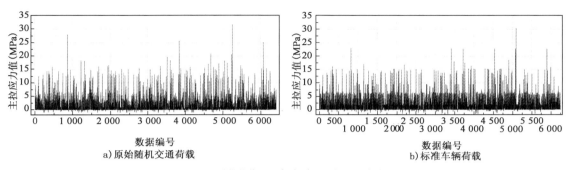

图 3-29 不同荷载作用下邻车道下目标细节应力历程

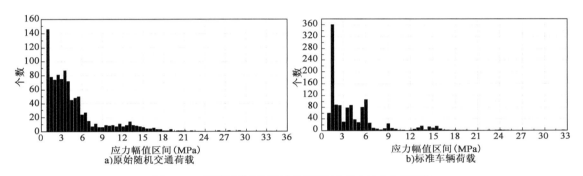

图 3-30 不同荷载作用下邻车道下目标细节主拉应力幅值谱

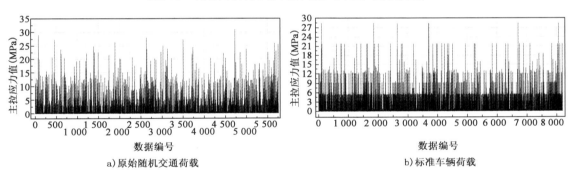

图 3-31 不同荷载作用下慢车道下目标细节应力历程

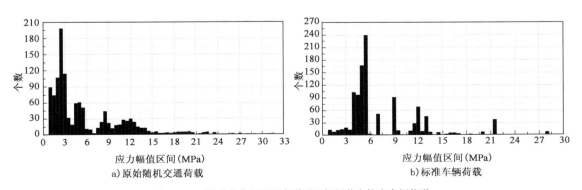

图 3-32 不同荷载作用下慢车道下目标细节主拉应力幅值谱

计算结果表明:原始随机交通荷载与标准荷载谱车辆荷载针对港珠澳大桥目标疲劳易损部位[横隔板(横肋板)与U肋焊缝部位]具有疲劳致伤等效性,从而证明了式(3-5)及式(3-6)的适用性。将对应于不同类型交通荷载的计算结果汇总见表3-14。

不同类型交通荷载计算结果汇总　　　　　　表3-14

荷载类别	邻车道下目标细节			慢车道下目标细节		
	原始荷载	标准车辆	疲劳车	原始荷载	标准车辆	疲劳车
等效幅值 σ_e (MPa)	8.24	7.63	20.85	9.97	10.44	26.64
累积次数 N	988	1 229	2 280	1 215	1 084	2 034
$N\sigma_e^3$	552 130	545 144	20 663 799	1 205 136	1 234 982	38 443 762
等效参数	1	0.987	—	1	1.025	—
120 年疲劳损伤度	0	0	—	0	0	—

注:1.原始荷载、标准车辆、疲劳车分别为原始随机交通荷载、标准荷载谱车辆荷载以及图3-24所示拟标准疲劳车辆荷载的简称。
　　2.120 年疲劳损伤度按照 Eurocode 钢桥疲劳规范进行计算。

针对港珠澳大桥目标疲劳细节,在标准疲劳车辆荷载按照图3-24布置的前提下,单轴荷载按照式(3-8)和式(3-9)计算:

$$\sum N_b (\eta \sigma_b)^m = \sum N_y \sigma_y^m \tag{3-8}$$

$$\eta = \left[\frac{\sum N_y \sigma_y^m}{\sum N_b \sigma_b^m}\right]^{1/m} \tag{3-9}$$

式中:σ_y^m、N_y——分别为原始随机交通荷载作用时目标细节等效应力幅值及其次数;

σ_b、N_b——分别为图3-24所示拟标准疲劳车辆荷载作用时目标细节等效应力及其次数;

η——图3-24所示拟标准疲劳车辆荷载单轴荷载调整系数。

将表3-14中对应数值带入式(3-8)中,计算取 $m=3$ 得到邻车道下目标细节对应 η 值取为0.299,慢车道下目标细节对应 η 值取为0.315,两者相近,取较为不利数值0.315,对应单轴荷载为120kN×0.315=37.8kN,取为40kN。与 Eurocode 疲劳规范荷载模型三及我国《公路钢结构桥梁设计规范》(JTG D64—2015)荷载模型Ⅲ相比,所得到的标准疲劳车辆荷载模型单轴荷载大小仅为后两者的1/3。将所采用的标准疲劳车辆荷载推算方法与 Eurocode 规范相比较可发现如下差异:

(1)Eurocode 规范不考虑重量小于100kN车辆的疲劳致伤效应,而基于随机交通荷载模拟的方法认为总重小于30kN(参考 BS 5400 规范)的车辆对正交异性钢桥面板的疲劳致伤效应才可以忽略。

(2)规范对标准疲劳车对应的荷载横向分布概率模型及顺桥向加载方式均有所规定,而上述推算方法中标准疲劳车是通过将实际交通车辆置换为标准疲劳车辆计算得到。

为进一步说明上述差异对标准疲劳车推算的影响,按照 Eurocode 疲劳规范荷载模型三的加载说明计算该模型加载于港珠澳大桥目标细节主拉应力影响面,并计算与所生成的随机交通荷载等效的轴载。在此基础上按 Eurocode 疲劳规范荷载模型三在快车道、邻车道和慢车道分别加载,得到目标疲劳细节的主拉应力幅,见表 3-15。

拟标准疲劳车辆加载目标细节主应力幅值 表 3-15

编 号	加 载 方 式	邻车道疲劳细节(MPa)	慢车道疲劳细节(MPa)
1	快车道[1]	2.60,2.59	2.37,1.47
2	邻车道	27.23,24.63	1.16
3	慢车道	8.28,2.55	24.20,24.00
4	快+邻[2]	1.09,1.03	27.50,26.29
5	快+慢	3.58,3.56,1.10	26.51,25.76
6	邻+慢	35.44,27.21	25.20,24.78
7	快+邻+慢	6.3,2.5	27.50,26.29

注:1. 快车道为在快车道中心线单独加载一辆标准疲劳车。
  2. 快+邻为在快车道及邻车道中心线处同时各加载一辆标准疲劳车,并且两辆标准疲劳车在任意时刻顺桥向位于同一截面,即两车"齐头并进"。

将随机交通荷载中总重小于 100kN 的车辆车重(以下简称为"目标重车")重新赋值为 0.001kN,计算新的荷载序列加载于邻车道及慢车道下目标疲劳细节影响面及其应力历程和主拉应力幅值。同时生成的随机交通荷载中目标重车在快车道、邻车道和慢车道的数量分别为 16、95、250 辆,偏于保守地将邻车道与慢车道下目标疲劳细节加载形式确定为:快车道单独加载 16 次、邻车道及慢车道同时加载 95 次、慢车道单独加载 155 次。拟标准疲劳车辆单轴荷载计算结果见表 3-16。

拟标准疲劳车辆单轴荷载计算结果 表 3-16

邻车道疲劳细节				慢车道疲劳细节			
保守加载		单车道单独加载		保守加载		单车道单独加载	
次数 N	幅值 $\sigma_b^{1,2}$(MPa)	次数 N	幅值 σ_b(MPa)	次数 N	幅值 σ_b(MPa)	次数 N	幅值 σ_b(MPa)
16	2.60	16	2.60	16	27.5	16	2.37
16	2.59	16	2.59	16	26.29	16	1.47
95	35.44	95	27.23	79	25.2	95	1.16
95	27.21	95	24.63	79	24.78	95	—
155	8.28	250	8.28	155	24.2	250	24.20
155	2.55	250	2.55	155	24	250	24.00
$\sum N\sigma_b^3$	6 233 656		3 484 647		7 429 248		6 999 562
$\sum N_y\sigma_y^3$	494 749		494 749		1 167 924		1 167 924
计算轴重(kN)	51.6		64.8		62.6		66.1

注:1. σ_b、N 为 Eurocode 荷载模型三加载时得到的应力幅值及其加载次数。
  2. σ_b、N 为随机交通荷载中总质量大于 100kN 的车辆荷载加载得到的应力幅值及其加载次数。

按照表 3-16 的计算结果,最终将计算所得到的四轴标准疲劳车辆荷载模型单轴荷载由原来的 40kN 增加至 65kN,可见上述差异对标准疲劳车推算的影响较大。分别按照重车标准为大于 30kN(BS 5400 规范建议值)和大于 100kN(Eurocode 重车标准限值)计算邻车道及慢车道下目标细节对应标准疲劳车辆的单轴荷载,见表 3-17。

标准疲劳车辆单轴荷载计算值汇总　　表 3-17

重车标准	m	加载方式	目标细节	系数 η	单轴荷载(kN) 计算值	单轴荷载(kN) 最终值
>30kN	3	车辆置换	邻车道	0.299	35.9	38
			慢车道	0.315	37.8	
		规范加载	邻车道	0.292	35.1	44
			慢车道	0.366	42.9	
	5	车辆置换	邻车道	0.372	44.6	47
			慢车道	0.392	47	
		规范加载	邻车道	0.381	45.7	59
			慢车道	0.492	59.1	
>100kN	3	车辆置换	邻车道	0.398	47.8	50
			慢车道	0.415	49.8	
		规范加载	邻车道	0.43	51.6	65
			慢车道	0.54	64.8	
	5	车辆置换	邻车道	0.455	54.6	56
			慢车道	0.462	55.5	
		规范加载	邻车道	0.485	58.2	75
			慢车道	0.626	75.1	

上表中所谓的"车辆置换"指将原始随机交通荷载中符合重车标准的车辆置换为拟标准疲劳车荷载,非重车不计车重;"规范加载"指按照 Eurocode 荷载模型三进行计算。与 BS 5400 相比,Eurocode 钢桥疲劳规范对正交异性钢桥面板结构更具针对性,因此参照该规范将重车标准由大于 30kN 调整为大于 100kN。港珠澳大桥交通量预测在 120 年设计寿命期内日平均交通量为 54 995 辆,则交通车辆加载循环次数远大于 500 万次,且每辆车引起的相关细节处的应力幅值均未达到常幅疲劳强度极限,根据 S-N 曲线折算时,m 值取为 5,此外在合理计算的基础上应该偏安全的取标准疲劳车辆荷载最大值。在加载方式、m 取值相同而重车标准不同时,虽然针对同一细节得到的标准疲车荷载不同,但综合考虑重车比例后,其最终疲劳相关计算是等效的。综上所述最终确定标准疲劳车辆荷载模型如图 3-33 所示,该数值未考虑汽车冲击系数等动力效应,重车率约为 12%。

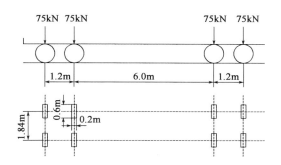

图3-33 港珠澳大桥标准疲劳车辆荷载模型

3)港珠澳大桥的标准疲劳车荷载

参照《港珠澳大桥工程可行性研究报告》,其中能够引起桥梁疲劳损伤的车辆应该包括较重的货车、公共巴士。偏于安全地采用 BS 5400 中用于疲劳研究的车辆取用标准,综合考虑交通量预测和香港青屿干线的统计数据,确定引起疲劳的车型比例如下所示:

(1) 货车/巴士 15t   6.0%   [计入情况(2)1%;(3)1.5%;(4)3.5%];
(2) 货车/巴士 24t   4.2%   [计入情况(2)0.5%;(3)0.7%;(4)3.0%];
(3) 货车 55t   0.5%   [计入情况(4)0.5%]。

由上述分析可认为引起疲劳的车辆总数占总车辆数的 10.7%。参考 BS 5400 取疲劳曲线的斜率倒数 $m=5$(疲劳曲线第 2 个直线部分小应力幅区段),标准疲劳车重量的近似公式为:

$$W_e = \left(\sum f_i W_i^5\right)^{\frac{1}{5}} \tag{3-10}$$

式中:W_i——第 i 种产生疲劳影响的车辆的重量;

f_i——W_i 在总的产生疲劳影响的车辆数目中的比例。

将具体数字代入可得:

$$W_e = \left(\sum f_i W_i^5\right)^{\frac{1}{5}} = \left(\frac{0.060}{0.107} \times 150^5 + \frac{0.042}{0.107} \times 240^5 + \frac{0.005}{0.107} \times 550^5\right)^{\frac{1}{5}} = 307(\text{kN})$$

即根据线性疲劳积累损伤理论,港珠澳大桥的换算等效标准疲劳车辆重量为 307kN。

BS 5400 认为重量小于 30kN 的车辆不会引起桥梁疲劳损伤,Eurocode 3 疲劳规范认为总重小于 100kN 的车辆不会引起桥梁疲劳损伤。偏于安全地,按照 BS 5400 取用能够引起桥梁疲劳损伤的车辆比例,即能够引起桥梁疲劳损伤的车辆应该包括较重的货车、公共巴士。综合考虑交通量预测和香港清屿干线的统计数据确定引起疲劳的车型比例如下:

(1) 货车/公共巴士 15t   5.5%   [计入情况(4)1.0%;(5)1.5%;(7)2.0%];
(2) 货车/公共巴士 24t   4.4%   [计入情况(5)1.0%;(7)2.5%;(8)0.9%];
(3) 货车 55t   0.5%   [计入情况(8)0.5%]。

由上述分析可认为引起疲劳的车辆总数占总车辆数的 10.4%。为了简化计算,按照线性疲劳累积损伤理论将上述不同重量的车辆换算为同一种重量的等效车辆,即标准疲劳车的形式。参考 BS 5400 和 Eurocode 3 中疲劳强度曲线中反斜率为 5 的折线段,标准疲劳车重量的近似公式为:

$$W_e = \left[\sum f_i W_i^5\right]^{\frac{1}{5}} \tag{3-11}$$

式中,W_i——第 i 种产生疲劳影响的车辆重量;

f_i——W_i 在总的产生疲劳影响的车辆数目中的比例。

与考虑疲劳强度曲线中反斜率为 3 的折线段相比,按照上式得到的疲劳车中每一类型车辆数目比例影响偏小,这对于实际上重量相对较小的车辆数目比例较大而言是偏于安全的。将具体数字代入可得:

$$W_e = \left[\sum f_i W_i^5\right]^{\frac{1}{5}} = \left[\frac{0.050}{0.104} \times 150^5 + \frac{0.044}{0.104} \times 240^5 + \frac{0.005}{0.104} \times 550^5\right]^{\frac{1}{5}} = 308(\text{kN})$$

即根据线性疲劳累积损伤理论,港珠澳大桥的换算等效标准疲劳车辆重量为 308kN。

参照《港珠澳大桥工程可行性研究报告》交通量调研与预测数据、青屿干线交通荷载统计数据以及基于随机交通荷载模拟获得的港珠澳大桥换算等效标准疲劳车辆重量分别为307kN、308kN 和 300kN,其中基于随机交通荷载模拟的计算方法未考虑汽车冲击系数。根据计算结果,采用 BS 5400 规范中标准疲劳车的 320kN 作为港珠澳大桥正交异性桥面板疲劳试验在理论计算中的等效标准疲劳车重量是偏于安全的。等效标准疲劳车的几何尺寸参照 Eurocode 3 疲劳规范中疲劳车辆荷载模型三(单车模型)的轮轴布置,如图 3-34 所示。标准疲劳车辆有 4 轴,则每轴轴重为 320kN/4 = 80.0kN,轮重为 320kN/8 = 40.0kN。在计算分析中,冲击系数取 1.20,并考虑 7cm 厚铺装层的扩散效应。

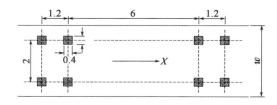

图 3-34　港珠澳大桥疲劳车轮轴示意图(尺寸单位:m)

w-车道宽度;X-桥纵轴方向

在确定港珠澳大桥标准疲劳车的横桥向最不利加载位置时,考虑了如下因素:

(1)在实桥运营期间,快车道主要行驶的车辆为不计入疲劳影响的轻型车辆,紧急停车带为紧急停车用,而大车、重车等对桥梁疲劳有贡献的车辆主要行驶在邻车道和慢车道上,因此,虽然标准疲劳车辆在快车道上独立加载时会产生较大的应力幅值,但在疲劳分析计算时,主要考虑邻车道和慢车道上的不利情况。

(2)参照欧洲规范对应疲劳荷载模型五车辆中心线在车道横向位置的频率分布,可认为港珠澳大桥标准疲劳车车辆中心线偏离车道中心线超过±0.25m的情况可以忽略。

基于以上两点,在确定轮轴作用的横桥向最不利加载位置时,可只考虑轮轴中心线在邻车道和慢车道中心线上偏移不超过±0.25m范围内的情况。

在确定港珠澳大桥标准疲劳车的纵桥向最不利加载位置时,始终保持标准疲劳车横向位置为横桥向最不利加载位置。

按照国外规范中疲劳相关章节的规定,疲劳损伤计算必须综合考虑以下情形的多车效应:

(1)同一车道上同时出现多辆疲劳车。
(2)不同车道间疲劳车连续交替加载。
(3)多车道同时加载疲劳车。

当关注区域影响线基准长度 L 小于50m时情形(1)发生的概率较小,可以忽略不计。在确定某一疲劳细节最不利加载车道位置后综合考虑与该车道临近车道的疲劳加载效应,且每次独立疲劳加载时加载车道总数不大于两车道。港珠澳大桥疲劳加载不考虑行车不平顺因素的影响。

基于上述内容,参照《港珠澳大桥工程可行性研究报告》第三章交通量预测推测的交通量数据所确定的引起疲劳的车辆总数占总车辆数的比例为10.7%;综合考虑交通量预测和香港青屿干线统计数据确定的相应比例为10.4%,偏于安全地取10.7%,则港珠澳大桥设计寿命期120年内循环加载次数为 $54\,995 \times 365 \times 120 \times 0.107 = 257\,739\,567$,单向循环加载次数为 $128\,869\,784$。

按照 Eurocode 3 的规定,设计车道类型为慢车道和快车道。其中每条慢车道和每条快车道的重车交通量按比值1∶0.1分配。参照这一分配方法,港珠澳大桥每向车道可分为两条慢车道和一条快车道,由此得到三车道间重车交通量比例为1∶1∶0.1。由此可得在设计寿命120年内各车道通过的车辆数为:

慢车道:$128\,869\,784 \times 1/2.1 = 61\,366\,564$(辆);

快车道:$128\,869\,784 \times 0.1/2.1 = 6\,136\,656$(辆)。

3.3 小　　结

确定待研究部位的应力历程是准确评估其疲劳性能的基础,而确定结构的疲劳荷载谱是获得准确的应力历程及响应的前提。针对港珠澳大桥钢箱梁的受力特点和荷载特性,将多国疲劳荷载谱的研究方法和成果与之进行了对比分析,得出了适合港珠澳大桥的疲劳荷载谱及标准疲劳车的研究方法。在总结国内外研究成果的基础上,基于港珠澳大桥荷载调研与预测、青屿干线交通荷载实测数据统计分析以及交通荷载的随机模拟,建立了适用于港珠澳大桥连

续钢箱梁疲劳研究的车辆类型及代表车型荷载谱,本章研究表明:

(1)各国规范对于公路桥梁荷载谱的具体规定有较大差异,如英国 BS 5400 规范认为重量小于 30kN 的车辆不会引起结构的疲劳损伤,而欧洲 Eurocode 1 规范则认为重量小于 100kN 的车辆均不会引起桥梁疲劳损伤。上述区别说明:对于钢桥的疲劳问题,各国学者的认识存在差异。对于各个规范荷载谱的基本假设及计算方法进行了系统的对比分析。

(2)依据《港珠澳大桥工程可行性研究报告》中的交通量预测以及青屿干线实测数据统计得出了所有车型的比例,并偏于安全地取用英国 BS 5400 规范中的车辆标准(30kN 以上的车辆),综合分析确定了引起疲劳的车型比例,此后根据线性疲劳累积损伤理论,确定了港珠澳大桥的等效标准疲劳车辆荷载。

(3)基于 Monte Carlo 方法编程计算得到了随机交通荷载数据,确定了港珠澳大桥标准荷载谱,根据目标疲劳易损细节加载获得了相应的应力历程和应力幅值,根据有限元仿真分析并结合线性疲劳累积损伤准则推算了港珠澳大桥的标准疲劳车辆荷载及其对应车型。

(4)参照《港珠澳大桥工程可行性研究报告》第三章的交通量调研与预测数据、青屿干线交通荷载统计数据以及基于随机交通荷载模拟获得的港珠澳大桥换算等效标准疲劳车辆重量分别为 307kN、308kN 和 300kN。因此,采用 BS 5400 规范中 320kN 的标准疲劳车,作为港珠澳大桥正交异性桥面板疲劳试验理论计算中的等效标准疲劳车重量,是偏于安全的。同时,参照相关规范获得了港珠澳大桥在设计寿命 120 年内慢车道与快车道对应标准疲劳车的循环加载次数。

本章参考文献

[1] British Standard Institution. BS 5400 Part10:code of practice for fatigue[S]. London:British Standard Institution,1980.

[2] AASHTO L. LRFD bridge design specifications[J]. Washington,D C:American Association of State Highway and Transportation Officials,1998.

[3] European Committee for Standardization. Eurocode 1. Basis of design and actions on structures [S],1996.

[4] 中华人民共和国行业标准.JTG D64—2015 公路钢结构桥梁设计规范[S].北京:人民交通出版社股份有限公司,2015.

[5] 李扬海,鲍卫刚,郭修武,等. 公路桥梁结构可靠度与概率极限状态设计[M]. 北京:人民交通出版社,1997.

[6] 王春生. 铆接钢桥剩余寿命与使用安全评估[D]. 上海:同济大学,2003.

第4章　正交异性钢桥面板抗疲劳设计

4.1　抗疲劳设计对策及关键部位设计方案

4.1.1　抗疲劳设计对策

1）正交异性钢桥面板结构优化设计

正交异性钢桥面板进行抗疲劳设计尤为重要,通过对在役钢桥的疲劳病害调研表明,出现疲劳裂纹的典型部位主要包括:横隔板(横肋板)弧形开口部位;横隔板(横肋板)与U肋焊缝部位;U肋与顶板焊缝部位;纵肋纵向对接连接部位。因此,港珠澳大桥正交异性钢桥面板的抗疲劳优化设计主要将上述4个部位作为考察对象。

(1)纵肋形状的改进

在20世纪50年代正交异性钢桥面板应用初期,由于薄板理论基础研究较为薄弱,且计算机技术水平较低,钢桥中大都使用开口式的纵肋,便于简化分析。直到50年代中期,W. Cornelius和G. Fischer对闭口肋的计算提出了可行的简化方法,闭口肋才开始得到大量的采用。但由于Cornelius和MAN公司当时把梯形肋申请了专利,迫使许多其他的桥梁公司采用一些其他形状的纵肋,如半圆形、酒杯形、V形、U形等。

开口肋构造形式简单,工地连接施工及检修方便,但同时开口纵肋也有明显的缺点:轮荷载在横向分布的有效宽度比较有限,这使得纵肋中心距限制在300~400mm之间,使纵肋的数目较多,同样纵肋跨度(横肋中距)不宜超过2m,使横肋数目较多,导致纵横肋的用钢量较大;纵肋、横肋都必须与顶板焊接,且都必须采用双面角焊缝,随着纵横肋数目的增多,其焊接工作量也明显增大,残余应力和变形难以控制。较开口截面纵肋而言,闭口截面纵肋的抗扭惯性矩较大,自重轻、焊接工作量少且要求涂装的暴露面积少,应用性更广泛。

早期的纵肋在通过横隔板时断开,直接采用角焊缝与横隔板连接,由于此部位是正交异性钢桥面板受力最复杂的位置之一,应力集中现象明显。焊缝越多,由焊接残余应力和焊接缺陷所导致的疲劳病害的可能性就越大。例如,英国的Severn桥在通车11年后,纵肋与横隔板相交处的角焊缝出现疲劳裂纹。

随着对纵肋与横隔板连接部位的不断改进,发展到目前为止,纵肋连续通过横隔板且在横隔板处设置开孔的构造形式,其抗疲劳性能相对较优。此外采用闭口肋加劲的钢箱梁因其抗扭刚度大、横向抗弯刚度大、自重轻、抗风性能优越、安装制造及养护简易等优越性在中等跨度和大跨度桥梁中得到广泛应用。

(2)顶板厚度的改进

在20世纪40年代至50年代,由于物资的短缺,设计主要从经济性的角度出发。此外,由于对钢桥面板疲劳的认识尚浅,最初的正交异性板顶板仅考虑静力计算的强度要求,通常只有10mm。此后,厚度逐步增加,20世纪60年代初期起,桥面顶板厚度均大于12mm。

由于正交异性钢桥面板的顶板既是主梁上翼缘也是钢桥面板上翼缘,其板厚将直接影响主梁和钢桥面板的受力状态。在局部轮载作用下,顶板的刚度过小导致变形较大,对桥面铺装层和连接焊缝的受力极为不利。因此,局部轮载作用下的允许变形量往往决定了顶板的最小厚度。为了确保桥面铺装层不产生裂纹,两个纵肋间的顶板竖向挠曲变形一般不大于0.4mm,根据Kloeppel公式(4-1)可得顶板厚度为:

$$t_d \geqslant (0.004a)(\sqrt[3]{p}) \tag{4-1}$$

式中:t_d——顶板厚度,mm;

a——开口肋间距或闭口肋腹板最大间距,mm;

p——轮载面压力,kPa。

国外的日本《道路桥示方书》、AASHTO、Eurocode等相关规范也对钢桥面板的厚度作了具体规定,见表4-1。

各国规范对顶板厚度的相关规定　　表4-1

相关规范名称	关于顶板厚度 t_d 的规定
日本道路桥示方书 (2002年)	车行道范围内:$t_d \geqslant 0.037 \times a$(A类活载),$t_d \geqslant 0.0375 \times a$(B类活载),且$t_d \geqslant 12mm$; 人行道范围内:$t_d \geqslant 0.025 \times a$(A类活载),且$t_d \geqslant 16mm$
AASHTO (2004年)	顶板厚度 t_d 应大于或等于14mm或 $a \times 4\%$
Eurocode 3 (2006年)	车行道范围内:沥青铺装层厚度大于或等于70mm时,$t_d \geqslant 14mm$;沥青铺装层厚度大于或等于40mm时,$t_d \geqslant 16mm$;且 $\frac{a}{t_d} \leqslant 25$,推荐 $a \leqslant 300mm$; 人行桥中或人行道范围内:$t_d \geqslant mm$,$\frac{a}{t_d} \leqslant 40$,且 $a \leqslant 600mm$

我国《公路悬索桥设计规范》(JTG/T D65-05—2015)中规定顶板的最小厚度为12mm,宜采用板厚不小于6mm的闭口加劲肋,且 $a/t_d \leqslant 25$;《公路钢箱梁桥面铺装设计与施工技术指南》中规定,顶板的最小厚度为14mm,在顶板厚度不足时,可以通过限制车辆荷载或在铺装中采取适当的技术措施来增加正交异性钢桥面板的抗疲劳性能。

(3) U肋尺寸的改进

正交异性钢桥面板中U肋应具有较高的压弯强度、抗弯刚度和抗扭刚度,同时能够对车轮荷载进行合理的横向分配,并尽量缩短其与横隔板焊接长度以减小残余应力的影响。因此,为满足工程实际的需要应对U肋的设计参数进行合理优化。

日本于2002年修订的《道路桥示方书》中规定,在腐蚀环境良好的条件下,U肋的最小板厚可以为6mm,并通过在闭口肋的高强度螺栓工地接头处设置密封隔板提高密闭性抵抗腐蚀的方法,使得6mm板厚的闭口肋逐渐成为标准化纵肋。日本《道路桥示方书》和《钢构造物的疲劳设计指针·同解说》中并未给出针对纵肋形状和刚度的相关规定,但《钢构造物的疲劳设计指针·同解说》的适用范围中包含U-320×240×6、U-320×260×6、U-320×240×8、U-320×260×8(单位:mm)四种U肋形式,而U肋间隔一般按其上端宽度进行布置,因此其形状和刚度实际上已经给出。

AASHTO规定的U肋最小板厚为6mm。AASHTO中没有U肋形状的相关规定,但规定了U肋所需的必要刚度,同时还指出U肋的截面尺寸与顶板的厚度之间应该满足式(4-2)。并且根据各种疲劳试验的结果,规定必须降低U肋与顶板连接焊缝处的局部面外弯曲,从而减少U肋一侧的面外变形引起的应力。

$$\frac{t_r a^3}{t_{d.eff}^3 h'} \leq 400 \tag{4-2}$$

式中:t_r——U肋腹板厚度,m;

$t_{d.eff}$——桥面板考虑面层加劲效应后的有效厚度,m;

a——U肋腹板的最大间距,m;

h'——U肋腹板的倾斜部分长度,m。

Eurocode 3规定的U肋最小板厚为6mm,但Eurocode 3中没有纵肋构造形式的相关规定,只规定了开口肋和闭口肋各自的形状容许误差。

(4) U肋对接方法

国内外已建成的采用正交异性钢桥面板的桥梁,对于U肋的对接,大多采用焊接连接。但实践证明,此部位的焊缝极易出现疲劳病害。如虎门大桥、德国Haseltal桥、日本Kinuura桥南部结构等,都在对接焊缝部位出现了疲劳裂纹。港珠澳大桥对U肋对接方式进行了改进,由焊接改为高强度螺栓连接,如图4-1所示。

(5) 横隔板(横肋板)与U肋焊缝部位的改进

横隔板(横肋板)与U肋焊缝连接位置是正交异性板中构造最复杂的部位,焊缝较多,应力集中现象显著,极易出现疲劳病害。针对此部位横隔板(横肋板)的开孔形状,国内外学者进行了大量的理论和试验研究,日本规范、美国规范AASHTO、欧洲规范Eurocode 3等对开孔形状也给出了相关规定。港珠澳大桥正交异性钢桥面板,对于此部位进行了方案比选,具体见本章节后详述部分。

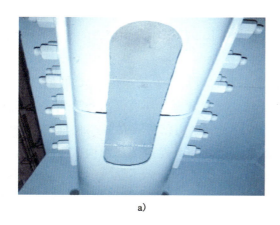

图 4-1　U 肋采用高强度螺栓连接的部位

为改善该构造的疲劳性能,美国公路桥梁设计规范(AASHTO)中提出在 U 肋与横隔板(横肋板)腹板连接处的 U 肋内部设置小隔板。文献[10]所建立的模型中小隔板的尺寸如图 4-2 所示,经过有限元计算,在弯剪作用和支撑作用这两种面内作用下,设置 U 肋内部小隔板,可以使横隔板(横肋板)和 U 肋连接焊缝端部处的 U 肋腹板应力大幅度减小。

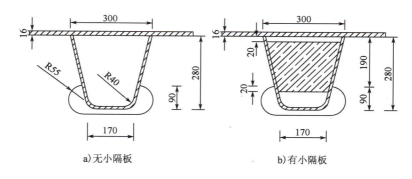

图 4-2　交叉部位的 U 肋内部设置小隔板(尺寸单位:cm)

在 U 肋与横隔板(横肋板)、顶板三向交叉处应力分布复杂。这一部位除结构受力特性本身所引起的应力集中外,焊接残余应力问题也较为突出。因此曾在该构造部位趋向在横隔板(横肋板)上留过焊孔,将横隔板(横肋板)和顶板的焊缝与其他两条焊缝分开。但经过实践检验,在设置过焊孔处易产生疲劳裂纹,因此现行设计均不再设置这类过焊孔。

(6)横隔板(横肋板)厚度和间距的改进

横隔板(横肋板)的设计需要综合考虑 U 肋截面尺寸和面板厚度等因素,主要问题在于横隔板(横肋板)间距、横隔板(横肋板)厚度和高度 3 个参数的合理匹配。

Xiaohua H Cheng 等学者在系统总结日本相关规范的基础上认为,横隔板(横肋板)厚度的取值范围为 8~9 mm,高度最少应达到 600~700mm。Eurocode 规定横隔板(横肋板)间距通常取 2.5~3.5m,厚度应不小于 10mm。合理增加横隔板(横肋板)厚度可以在降低横隔板(横肋板)面内应力的同时不显著增大因扭转而产生的面外应力。近十年新建正交异性桥面板钢桥的顶板和横隔板(横肋板)厚度均较旧桥有明显增加。因顶板直接承受车轮作用,厚度增加能明显减少各构造细节处的应力幅;横隔板(横肋板)厚度和间距对结构整体刚度、面外变形有重要影响。

以上从 6 个方面介绍了正交异性钢桥面板在构造上进行抗疲劳优化设计的相关内容。结构的疲劳是应力和面外变形共同作用的结果,通过优化相应的设计参数,可以减小主应力及面外变形,进而改善结构疲劳性能。由于正交异性钢桥面板为顶板、U 肋、横隔板等板件协同受力的复杂结构,其疲劳性能由其构造形式和设计参数共同决定,合理的构造细节和设计参数匹配组合有助于显著提高结构的抗疲劳性能。

港珠澳大桥正交异性钢桥面板的钢材等级一般部位为 Q345D,高应力部位为 Q420D。

2)钢桥面铺装对钢桥面板疲劳性能的影响

作为桥面板结构中直接承受轮载作用的部位,桥面铺装层对正交异性钢桥面板抗疲劳性能有显著影响。采用正交异性钢桥面板结构的钢箱梁中,合理的铺装层结构能改善桥面板整体刚度,减小桥面板因轮载作用产生的变形,且对轮载起到分散作用,从而改善钢箱梁疲劳易损部位的疲劳性能。

关于钢桥面铺装层与正交异性钢桥面板间相互作用的既有研究表明:

(1)在一定的范围内,桥面铺装弹性模量以及厚度的增加,可减小钢桥面板疲劳易损部位的应力幅值,疲劳应力幅与铺装层弹性模量呈非线性递减关系,与铺装层厚度近似呈线性递减关系。

(2)沥青混合料钢桥面铺装刚度随着温度升高迅速降低,可导致正交异性钢桥面板各关键部位受力显著增加,在相同的荷载条件下,高温环境下的钢桥面板疲劳损伤度可达常温时的数倍。

(3)从钢箱梁与铺装结构一体化的角度考虑,对桥面铺装层和钢箱梁结构进行合理设计是改善正交异性钢桥面板疲劳性能的重要途径,可在一定程度上提高两者的协调刚度,减小应力集中效应、应力幅值以及铺装层病害,提高铺装层与钢桥面板的使用寿命。

(4)铺装层受材料配合比、温度、湿度等因素的影响较大,上述因素的变化将会改变铺装层的力学特性,从而影响其下钢桥面板的疲劳性能。

(5)实际桥梁结构中铺装层与钢桥面板作为相互接触的共同受力部分,如果桥面铺装层不能满足要求,将增大车轮与钢桥面板的作用效应,同理,钢桥面板设计不合理将加速铺装层开裂破坏而达不到改善疲劳性能的作用。

综上所述,桥面铺装层的力学特性与正交异性钢桥面板的疲劳性能相互影响。科学合理的铺装层结构与钢桥面板抗疲劳设计方法是提高二者使用寿命的前提。

3) 加工和焊接工艺

正交异性钢桥面板立体交叉焊缝较多,且焊接数量庞大。因此,板件加工质量对残余应力、变形及焊接质量有显著影响,上述因素将直接影响结构的抗疲劳性能。板件加工时,要尽可能保证板件的边缘光滑、平整,不出现突变,避免引起更大的应力集中。在 U 肋穿过横隔板的开孔部位,由于构造复杂,应对加工后的弧形开孔进行打磨并使之光滑。

正交异性板钢桥的疲劳病害调研表明:绝大部分裂纹都起源于焊缝。因此,对板件的焊接工艺必须严格要求。

美国桥梁设计规范要求在 U 肋与桥面板之间的坡口焊中采用80%的熔透率。日本《道路桥示方书》和《钢构造物的疲劳设计指针·同解说》规定,闭口加劲肋和桥面顶板的焊接必须确保规定的焊喉厚度和熔透,并确保熔透量在纵肋板厚的75%以上。

相关学者研究了焊缝熔透率(75%或更少)对 U 肋与顶板间的部分熔透焊缝接头抗疲劳性能的影响,结果表明,增加熔透率可以使焊缝根部的应力减少,从而提高抗疲劳性能。

桥面板制作时还会出现较严重的焊接变形,为满足桥面板的平面要求,加热矫正是常用的方法。为减少加热矫正的工作量,往往采用焊前反变形措施。

对于采用正交异性钢桥面板的钢箱梁,根据钢箱梁结构特点,通过焊接工艺试验,确定最优的控制焊接质量和残余应力的方法;桥面板 U 肋焊缝内部质量已在国内外许多桥梁上出现了问题,所以需要进一步研究并完善桥面板 U 肋焊缝内部质量、熔深、根部成型等的质量检测要求,以及合适的焊接工艺和焊缝探伤检测方法。

为保证焊缝熔深达到 U 肋厚度的80%以上,首先需对 U 肋坡口进行加工处理。加工坡口后,将 U 肋板单元固定在预制好的纵、横向反变形的马鞍形胎架上,使板单元焊后无须校正即可满足设计的平整度要求。在国内,板单元的焊接方法有多头门式埋弧焊接法、多头门式气体保护焊法、船位半自动焊接法等。在港珠澳大桥钢箱连续梁 U 肋板单元施工过程中推荐采用多头门式自动焊接法工艺或多头门式气体保护焊焊接工艺。

因钢箱梁截面大,焊接接头形式种类多,为保证箱梁产生的变形尽可能小,钢箱梁焊接采取了特殊的焊接工艺和质量保证措施:

(1) 合理选择焊接参数和方法,如焊接接头形式、输入线能量(J/cm)、焊缝断面积、焊接顺序、约束条件等。

(2) 考虑焊接收缩量的下料尺寸补偿。

(3) 反变形焊接控制横向角变形,基本消除焊后热矫形。

(4) 结构内约束(马板约束)和外约束(胎架约束)下的焊接变形控制,以利于结构总体精度的控制。

(5) 正确的对称施焊顺序,防止扭曲变形和非对称焊接变形。

(6) 对于局部熔透角焊缝,采用多道小线能量焊接,以及小线能量与大线能量相结合的焊接,以利于减小角变形。

(7) 合理地划分板单元件、块体。当组装焊接箱体时,焊缝仅剩20%以下,且对称分布,有利于控制焊接变形对箱梁几何精度的影响。

(8) 多节段箱梁制造中,应保持各节段的组装精度、约束条件、焊接工艺、施焊顺序相同,以便确保所有节段几何精度一致,以及相邻节段断面的吻合。

4.1.2 关键部位设计方案

在正交异性钢桥面板构造中,因U肋与横隔板(横肋板)连接部位受力极为复杂,焊接变形及残余应力较大,更易出现应力集中现象和初始焊接缺陷,导致荷载作用下的应力幅值超出疲劳极限值,从而引起疲劳损伤甚至出现疲劳裂纹。

各国都规定顶板、U肋以及横隔板(横肋板)的焊接部分必须采用不设过焊孔的构造。另一方面,关于U肋下侧的开孔形状,各国的规定虽然略有差异,但日本规范和Eurocode 3相似,AASHTO则规定开孔的开口高度C在U肋高度h的三分之一以上。这是为了缓和受轮载作用时,由于横隔板(横肋板)的焊接部分约束U肋的弯曲变形而产生的应力。考虑到上述国际标准的开孔形状和中国近年来的实际使用情况,对表4-2所示的3种开孔形状进行了比选。

第一种:过去公路桥也使用的铁路桥形状。

第二种:符合Eurocode 3(公路桥)和日本《钢构造物的疲劳设计指针·同解说》。

第三种:符合Eurocode 3(公路桥)和AASHTO规定,而与第二种方案相比,开口高度增加了25mm。

表4-2所示的U肋穿过部位的开孔形状中,第一方案广泛应用在铁路桥中,虽然该方案抗疲劳性能较高,但其缺点在于不易控制和保证板件的加工制造质量。第二方案和第三方案为符合Eurocode 2(公路桥)和AASHTO所规定的形状,与第一方案相比,加工制造更容易。第三方案与第二方案相比,由于扩大了开孔的高度,可以缓和因纵肋的弯曲变形而产生的开孔端部的应力,例如鄂东长江公路大桥和南京第四长江大桥都采用了这种形式,而且此开孔形状已经通过疲劳试验的验证。

第三种方案与第一方案相比,更易于保证加工制造质量及焊接质量,因此港珠澳大桥中采用第三方案作为U肋穿过部位横隔板(横肋板)的开孔形状,并通过疲劳试验进行验证。

表 4-2　U 肋下侧开孔形状的比选（单位：mm）

开孔形状	方案一	方案二	方案三
出处等	过去公路桥也使用的铁路桥形状 Eurocode 3（铁路桥）的形状	$R25$, $R73$：Eurocode 3（公路桥） 满足 $C=75$；Eurocode3 的 $C\geqslant 0.15h=45$	$R25$, $R73$：Eurocode 3（公路桥） 满足 $C=100$；AASHTO 的 $C\geqslant h/3=100$
说明	港珠澳大桥 DB01 标段的初步设计	满足 Eurocode 3 和日本 《钢构造物的疲劳设计指针·同解说》	港珠澳大桥 DB01 标段施工图设计

注：1. Eurocode 3：BS EN 1993-2：2006(E)：Design of steel structures—Part 2：Steel bridges。
2. AASHTO：AASHTO LRFD Bridge Design Specifications 4th Edition 20。

4.2 正交异性钢桥面板构造细节的疲劳性能理论

根据第 1 章中对疲劳病害的调研及其成因分析,针对易出现疲劳裂纹的横隔(肋)板弧形开口部位、横隔(肋)板与 U 肋焊缝部位、U 肋与顶板焊缝部位以及 U 肋纵向对接部位,进行抗疲劳性能理论分析。

4.2.1 横隔板(横肋板)弧形开口部位的疲劳性能

随着正交异性钢桥面板的发展,目前在正交异性钢桥面板设计中主要采用纵肋连续通过横隔板的形式,该形式需在横隔板上设置开孔。横隔板的开孔能有效地降低横隔板与纵肋底板连接处的应力集中。同时,不同开孔与纵肋的连接形式将对纵肋与横隔板连接焊缝端部的主拉应力产生一定的影响。实际工程中,正交异性钢桥面板横隔板开孔自由边处、纵肋与横隔板连接焊缝端部均出现了大量疲劳裂纹。Eurocode 3 指出,此处产生疲劳裂纹主要是由于正交异性桥面板在轮载作用下,一方面引起纵肋面外变形和下挠,既在纵肋和横梁腹板的连接角焊缝处产生纵向应力,又在横梁腹板处引发弯曲次应力;另一方面横隔(肋)板上的面内应力和变形可能在弧形开口边缘和纵肋变形处产生应力集中。对横隔板开孔构造细节进行合理的设计,降低其疲劳应力水平,防止该细节疲劳裂纹的产生,是正交异性钢桥面板抗疲劳设计中需要重点解决的问题。

目前,各国提出的弧形开孔形状较多,每种方案在实际钢桥中都有应用,但它们的抗疲劳性能却不相同。后文将对这些开孔方案进行详细的对比分析。

4.2.2 横隔板(横肋板)与 U 肋焊缝部位的疲劳性能

一般情况下,在加劲肋的交叉部位 U 肋截面贯穿于横隔板(横肋板),横隔板(横肋板)处设置了切口和过焊孔。为此,横隔板(横肋板)和 U 肋两侧的腹板与密贴于横隔板(横肋板)的切口、过焊孔之间通过焊缝连接,该部位应力集中问题突出,且板材的紧贴精度和狭窄的切口、过焊孔的环焊质量难以保证,环焊的焊趾部分开裂的情况较多。

该类型的开裂大多发生在大型车车轮正下方的 U 肋上,原因是车辆通过时,横隔板约束了 U 肋的弯曲变形。裂纹类型主要有横隔板(横肋板)与 U 肋焊缝焊趾向 U 肋腹板母材方向发展和横隔板(横肋板)与 U 肋焊缝焊趾向横隔板(横肋板)母材发展或贯穿焊缝,检测出的裂缝大多为向 U 肋腹板母材方向发展的裂纹。尤其是对于为保持截面形状而使用了密封隔板的 U 肋,由于密封隔板部分刚度较大,横隔板(横肋板)切口的局部弯曲加剧,导致疲劳损伤在此处较为集中。

疲劳开裂大多发生在切口的环焊部分,也有过焊孔的绕焊部分。此时,由于行驶于该构造处正上方的车辆使顶板在过焊孔内产生局部变形,并使最接近于此处的U肋因横隔板(横肋板)的约束而向面外鼓出。

对于以往纵横梁体系的桥梁结构,当全桥承受运营活载时,主梁将因活载作用产生变形,进而带动纵横梁桥面系产生纵向伸长,其间因变形不协调,将在纵横梁中产生除竖向弯曲应力之外的次应力,即形成通常所说的共同作用,该作用随跨度的增加而增加。对于正交异性钢桥面板体系,由于桥面系重心整体上移,主梁的共同作用减小。但作用发生在正交异性板的纵肋与横隔板(横肋板)的连接焊缝上,相当于在U肋与横隔板(横肋板)焊缝上施加横隔板(横肋板)面外方向的弯矩,其抗疲劳性能较差;纵肋刚度越大,且与横隔板(横肋板)连接刚度较大时,共同作用越大。除此之外,局部荷载将导致相同方向的应力,使该部位成为易损的敏感部位。

为了减少共同作用,需适当降低U肋高度,但若U肋高度过低,会导致桥面板纵向抗弯刚度降低,影响桥梁对运营车辆的承载能力。因此,较为常规的做法是在U肋高度满足强度要求的前提下,在横隔板与U肋连接焊缝部位开孔,从而释放一部分相对变形。此时,该构造细节疲劳性能由开孔形状及尺寸决定。若切口的尺寸过小,则不能满足变形释放的需求,导致焊缝部位开裂;反之,对横隔板(横肋板)刚度削弱过多致使竖向挠度过大,影响桥面板的使用性能。横隔板(横肋板)上切口边缘的形状和表面粗糙程度也会直接影响其疲劳强度。因此,U肋与横隔板(横肋板)尺寸的合理匹配,合适的切口形状和足够高的加工精度是保证U肋与横隔板(横肋板)连接焊缝抗疲劳性能的关键要素。

4.2.3　U肋与顶板焊缝的疲劳性能

由U肋与顶板焊缝构造特性所决定,其连接部位为U肋外侧的单面角焊缝。为确保该构造细节的抗疲劳性能,日本规范从2002年开始,明确指出该部位焊缝需保证75%的熔透率。该构造细节疲劳裂纹一般始于焊趾或焊根,向顶板、U肋母材方向发展或贯穿焊缝。裂纹起裂点(焊趾或焊根)取决于焊缝焊接缺陷、母材熔接质量、焊缝几何参数及荷载等因素,但其产生机理尚不完全明确。通常由焊趾或焊根向顶板方向发展的裂纹,称为"顶板贯穿裂缝"。由于该类型裂纹一般多从U肋内侧的焊根直接向顶板方向发展,难以从钢桥面板下面进行目视检查,只有完全贯穿顶板后,才能从铺装的坑洞等路面的变形中得以发现。

因U肋纵向抗弯刚度较强,而横向抗弯刚度较弱,在轮载作用下U肋易产生垂直于纵向的弯曲变形,导致顶板与纵肋间在连接处的相对转角较大,焊缝处的弯曲应力显著,且该构造为单面角焊缝,抗弯强度低,致使焊缝处应力集中问题突出。此外,对于公路桥梁,汽车荷载谱相对铁路荷载谱更为复杂,该部位的疲劳病害更为严重。现有条件下,严格控制焊接质量,保证熔透率是提高该部位疲劳性能的有效途径之一。

4.2.4 U肋纵向对接部位疲劳性能

已建成的采用正交异性钢桥面板桥梁中，U肋对接方式大部分都是现场焊接。因现场仰焊难以保证焊接质量，且在车辆荷载作用下，U肋底部焊缝承受较大弯曲拉应力，易出现疲劳裂纹。为了避免此类病害的发生，港珠澳大桥将U肋现场纵向对接方式改为高强度螺栓连接，避免了焊接缺陷和残余应力，且抗疲劳等级显著提高，高强度连接螺栓足以保证连接的强度，具体形状如图4-1所示。

上述研究分析表明，疲劳裂纹部位的受力主要有：焊缝受拉，如U肋嵌补段底部焊缝；在U肋与横隔板（横肋板）连接处面外变形使U肋沿焊趾开裂；U肋面外变形使U肋与桥面板焊缝发生裂纹造成桥面板纵向裂纹；横隔板（横肋板）面外变形使U肋与横隔板（横肋板）焊缝开裂造成横隔板（横肋板）斜向开裂或横隔板（横肋板）切口部位母材开裂等。对于面外变形引起弯曲应力进而导致疲劳的构造细节，由于相对面外变形量较小，通过疲劳试验确定变形量与疲劳强度间的规律难以实现。武汉天兴洲长江大桥的疲劳试验结果表明，在相同的最大应力作用下，弯曲应力作用下构件的疲劳抗力大于全截面承受拉应力的疲劳抗力，即如果根据正交异性钢桥面板面外变形引起的弯曲应力，通过全截面受拉对同一构造进行疲劳试验，将得出偏于安全的试验结果。

4.3 重要设计参数对于关键疲劳易损部位疲劳性能的影响

由正交异性钢桥面板的构造特点、受力和疲劳特性所决定，其主应力和次应力引起的疲劳问题均由结构的构造细节和关键设计参数所决定，在确保焊接质量及板件加工制造和现场组装精度的条件下，通过改进构造方案和关键板件尺寸等设计参数使局部刚度合理匹配，可以显著改善正交异性钢桥面板的抗疲劳性能。抗疲劳优化设计方法对改善结构疲劳性能、提高疲劳寿命至关重要，国内外学者对正交异性钢桥面板的抗疲劳优化设计进行了大量研究，主要内容包括构造细节优化和设计参数优化两大类。

合理的构造细节能有效减少残余应力、安装制造误差，提高焊接质量，同时能降低疲劳易损部位因面外变形而引起的次应力，提高其疲劳寿命。正交异性钢桥面板的构造细节繁多，其中U肋通过横隔板（横肋板）开孔处这一构造细节对整体的疲劳性能有较为突出的影响。随着正交异性钢桥面板的发展，目前在正交异性钢桥面板设计中主要采用U肋连续通过横隔板（横肋板）的形式，且在横隔板（横肋板）上开孔。横隔板（横肋板）的开孔能有效地消除横隔板（横肋板）与U肋底部连接处的应力集中。同时，不同开孔与U肋的连接形式将对U肋与横隔板（横肋板）连接焊缝端部的主拉应力产生一定的影响。实际工程中，正交异性钢桥面板横隔板（横肋板）开孔自由边处、U肋与横隔板（横肋板）连接焊缝端部均出现了大量疲劳裂纹。对横隔板(横肋板)开孔构造细节进行合理的设计,降低其疲劳应力水平,防止该细节疲劳裂纹的产生,是正交异性钢桥面板抗疲劳设计中需要重点解决的问题。4.3.1 节以港珠澳大桥工程为背景,选用几种国内外常用的横隔板(横肋板)开孔孔型,结合有限元仿真计算分析探讨该构造细节对正交异性钢桥面板疲劳性能的影响。

合理的参数优化能有效降低疲劳易损部位的应力集中程度、应力水平和板件间的相对变形程度,同时能使结构各板件均匀受力,避免某些板件因刚度不匹配而导致受力过大,引起的板件局部过度损伤和疲劳裂纹。在对国内外已建或在建公路和铁路大跨度桥梁中的部分大跨度桥梁的正交异性钢桥面板板件厚度进行调查统计的基础上,确定了工程常用的各板件厚度的范围:顶板厚度在 12~22mm 之间,U 肋厚度在 6~10mm 之间,U 肋顶宽一般为 300mm,底宽在 170~210mm 之间,U 肋高度在 260~320mm 之间,U 肋中心距一般为 600mm,横隔板厚度在 8~14mm 之间。4.3.2 至 4.3.4 节以港珠澳大桥工程正交异性钢桥面板板件设计参数为基础,结合有限元数值模拟方法来定性分析各板件厚度对正交异性钢桥面板疲劳性能的影响。

为定性分析各开孔孔型和各板件厚度对疲劳性能的影响,选取港珠澳大桥正交异性钢桥面板的典型部位作为分析的基准模型,分别改变开孔孔型、顶板厚度、横隔板厚度、U 肋厚度、U 肋高度和横隔板间距等疲劳性能关键影响参数,建立不同的精细化和参数化有限元分析模型,针对横隔板(横肋板)弧形开孔自由边处的最大主拉应力(为方便叙述称其为指标 A,下同)、U 肋与横隔板(横肋板)竖向焊缝端部的最大主拉应力(指标 B)、顶板与 U 肋连接焊缝处的最大主拉应力(指标 C)和横肋间 U 肋跨中腹板最大主拉应力(指标 D)这 4 个指标,采用不同的加载位置,进行仿真分析,研究正交异性钢桥面板各不同设计参数对其结构疲劳性能的影响。

采用 ANSYS 软件建立三维板壳有限元模型,基准几何模型如图 4-3 所示:纵桥向取 4 个横隔板(横肋板)间距的长度(10m),横桥向取 7 个加劲肋宽度,横隔板(横肋板)高度取为 1m,顶板厚度为 18mm,U 肋腹板尺寸为 300mm×8mm×300mm,加劲肋间距为 300mm,横隔板(横肋板)厚度为 16mm,横隔板(横肋板)间距为 2.5m,钢材的弹性模量取为 210GPa,泊松比

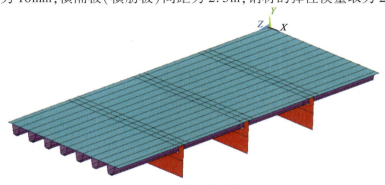

图 4-3 有限元分析模型

取为 0.3,采用 shell63 板壳元模拟。考虑到壳单元的特性,焊接连接部位采用共节点的方式进行模拟。控制整体网格划分尺寸,对于关注的疲劳易损部位进行加密处理。约束钢桥面板四周的 3 个方向的平动自由度,横隔板(横肋板)底端固结。

采用图 4-4 所示 6 种开孔孔型,分析孔型对各关键疲劳易损部位的影响。采用表 4-3 所

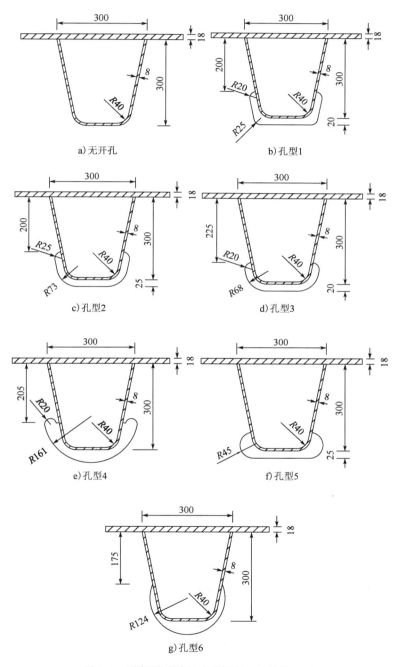

图 4-4　不同开孔形式尺寸示意图(尺寸单位:mm)

示的板件参数组合(为方便叙述,对每个组合匹配一个模型试件编号,其中 4、10、14、20、23 号模型相同,称为基准模型),分析板件参数对各关键疲劳易损部位疲劳性能的影响。

板件厚度参数组合表　　　　　　　表 4-3

模型编号	顶板厚度（mm）	横隔板厚度（mm）	U 肋厚度（mm）	U 肋高度（mm）	横隔板间距（m）
1	12	16	8	300	2.5
2	14				
3	16				
4	18				
5	20				
6	22				
7	18	10	8	300	2.5
8		12			
9		14			
10		16			
11		18			
12		20			
13	18	16	6	300	2.5
14			8		
15			10		
16			12		
17	18	16	8	240	2.5
18				260	
19				280	
20				300	
21				320	
22	18	16	8	300	2
23					2.5
24					3
25					3.5
26					4

根据受力分析可知,车辆荷载作用下钢桥面板受力体系具有明显的局部效应,且考虑到钢桥面板各构造细节应力的横向影响线较短(约 3 个 U 肋),因此采用单侧车轮加载。根据港珠澳大桥疲劳荷载谱的研究确定的标准疲劳车,如图 4-5 所示,结合本节分析模型的尺寸大小,取后面两轴的单侧车轮来模拟标准疲劳车的作用,单轴取 80kN,施加在单轮上为 40kN(在分析开孔孔型时,为了使应力大小对比更加显著,荷载改为 150kN),加载面积取为 400mm×400mm,加

载时未计入冲击系数。

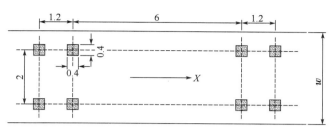

图 4-5 港珠澳大桥标准疲劳车示意图(尺寸单位:m)
w-车道宽度, X-桥纵轴方向

为确定各疲劳易损部位的最不利加载位置,在参数化有限元模型上,进行纵向和横向加载。根据分析模型的对称性,横向加载方式为从这两个加载轮的纵向中心线与模型中线对齐处向边侧横向移动加载,每次移动步长 200mm(半个加载面宽度),纵向加载方式为从两轮的中线与中间横隔板对齐处沿纵向移动加载,每次移动步长 100mm。以基准模型 4 为例,为确定各疲劳易损部位的最不利加载位置,先试算纵向位置,然后进行横向加载,每次提取该疲劳易损部位的所有位置处主拉应力最大值,以该工况下最大值所对应的疲劳易损部位所在位置和加载位置,作为横向加载部位。在此基础上,保持横向加载位置不变,以 100mm 为步长进行纵向加载求解,得到相应部位的应力历程,选取应力历程最大应力点作为本次分析的基准数据。在进行设计参数分析时,保持所研究的各关注疲劳易损部位位置不变,但最不利加载位置(横向最不利和纵向最不利)需要重新确定。

4.3.1 横隔板(横肋板)弧形开口形状及其对该部位疲劳性能的影响

本节选取正交异性钢桥面板 6 种典型的横隔板(横肋板)开孔形式,如图 4-4 所示,进行有限元仿真分析。除孔型 6 外,其余 5 种孔型在实桥中均得到了应用,具有一定的代表性。在仿真分析过程中,纵肋尺寸保持一致,取 300mm × 300mm × 8mm,如图 4-4a)所示。其中,孔型 1 为 AASHTO 推荐的孔型,我国南京三桥采用了该孔型[图 4-4b)];孔型 2 为 Eourcode 推荐采用的开孔形式[图 4-4c)];孔型 3 是日本规范推荐的孔型,我国苏通大桥采用了该形式[图 4-4d)];孔型 4 为我国南京大胜关大桥采用的开孔形式[图 4-4e)];孔型 5 在我国的虎门大桥和西堠门大桥上均得到了应用[图 4-4f)];孔型 6 为典型的圆形孔[图 4-4g)]。

通过数值分析可以得到各孔型自由边处及 U 肋与横隔板(横肋板)连接焊缝端部的主拉应力值,如图 4-6 所示。

研究结果表明,在相同荷载作用下,无开孔的自由边处主拉应力最小,方向与开孔自由边大致平行,故仅从横隔板(横肋板)开孔处主拉应力分布可知其疲劳性能较优,导致该结果的原因很大程度上与横隔板(横肋板)切割面积小、传力面积较大有关,且结论亦与相关学者的研究结论相吻合。但采用U肋与横隔板(横肋板)直接焊接的连接形式时,由于加劲肋焊接以及安装等因素的影响,该部位大多存在显著的应力集中,焊接缺陷和残余应力问题突出,疲劳裂纹极易在此处萌生扩展,目前实际工程已很少采用这种连接形式。因此,此处主要针对有开孔的其他几种连接构造进行应力对比分析。

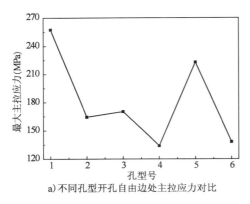
a) 不同孔型开孔自由边处主拉应力对比

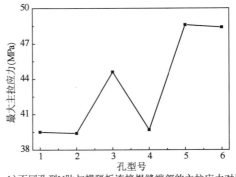
b) 不同孔型U肋与横隔板连接焊缝端部的主拉应力对比

图4-6 不同孔型关注点应力对比

开孔处最大主拉应力出现在横隔板(横肋板)弯剪耦合段的自由边处:孔型2和孔型1相比开孔半径有所增大,主拉应力降幅约为36.1%;孔型3和孔型2相比开孔与纵肋连接位置降低了25mm,主拉应力有所上升,但较孔型1来讲还是有33.4%的降幅;孔型4采用了更大的开孔半径,也降低了纵肋腹板与横隔板(横肋板)连接处开孔半径,主拉应力与孔型1相比有47.9%的降幅;孔型5的主拉应力与孔型1相比降低了近13.4%;孔型6的主拉应力较传统孔型1相比下降46.3%。U形加劲肋与横隔板(横肋板)连接焊缝端部的主拉应力:传统梯形孔型1、孔型2和孔型4的主拉应力相差不大,为39MPa左右;孔型5与孔型6的应力水平相当,约为48.5MPa;孔型3的主拉应力处于中间水平,为44.6MPa。从上述分析结果可知,与传统梯形孔(孔型1)相比,孔型4和孔型6自由边处主拉应力下降幅度较大,且U形加劲肋腹板与横隔板(横肋板)连接端部的主拉应力也相对较小。由此可见,增大开孔处的半径能够有效降低横隔板(横肋板)开孔自由边的应力集中。

相关研究以圆弧半径、横隔板(横肋板)厚度、U肋腹板厚度为变量进行参数化数值模拟探讨了该构造细节的疲劳性能,得到以下结论:改变圆弧段半径并保证横隔板(横肋板)与加劲肋连接位置不变时,6种开孔形式的纵肋与横隔板(横肋板)连接焊缝端部的主拉应力基本保持不变,由此可认为圆弧段的半径对该部位的应力影响不显著。开孔自由边的主拉应力随圆弧段半径变化明显。孔型1、孔型2、孔型3所对应的主拉应力随半径增加有不同程度的降低,因此,对于孔型1~3适当增大圆弧段半径以改善其疲劳性能是可行的;而孔型4和孔型5所对应的主拉应力随半径增加有所增加,故对于孔型4和孔型5通过增大圆弧段半径的方式以改善其疲劳性能不可行;孔型6自由边的主拉应力随半径增加降幅相对较小。综上,除孔型4

和孔型5外,在保证加工制造质量的前提下,可增大圆弧段半径以降低该处的主拉应力,改善局部疲劳性能;而孔型4和孔型5因其应力水平较低,圆弧段半径可保持不变。随横隔板(横肋板)厚度的增加,横隔板(横肋板)开孔自由边和U肋与横隔板竖向焊缝端部的应力逐渐降低,但考虑结构自重和整体经济性,横隔板(横肋板)厚度不宜过大。随U肋厚度的增加,横隔板(横肋板)开孔自由边处的主拉应力均呈下降趋势,且降幅较小;U肋与横隔板(横肋板)连接焊缝端部的主拉应力变化较大,在实际工程设计时,应予以充分的重视。通过以上分析可得到以下结论:

(1)孔型4和孔型6在开孔自由边处及U肋与横隔板(横肋板)竖向焊缝端部的应力分布较合理,并可通过改善开孔形式和几何尺寸降低开孔自由边和U肋与横隔板(横肋板)竖向连接焊缝端部的应力水平。

(2)开孔自由边的半径是影响其应力分布的主要因素,可通过增大开孔半径以降低开孔处的应力。

(3)横隔板(横肋板)厚度的增加可改善开孔自由边处及U肋与横隔板(横肋板)竖向焊缝端部的应力。

(4)U肋厚度对各孔型自由边处主拉应力的影响相对较小,而对U肋与横隔板(横肋板)连接焊缝端部的主拉应力的影响相对较大。

4.3.2 顶板厚度

工程实践中正交异性钢桥面板的顶板厚度一般设计为12~22mm,本节以4.3.1节孔型2的开孔形式为例,研究顶板厚度变化对4个指标的影响,取顶板厚度范围为12~22mm,孔型2开孔形式下有限元分析模型各指标随顶板厚度变化的曲线如图4-7所示。

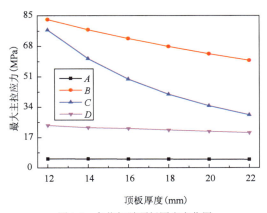

图4-7 各指标随顶板厚度变化图

研究结果表明,随着正交异性钢桥面板顶板厚度的增加,各指标均呈减小趋势,但减小幅度不一致,其中,指标A降幅为7.9%;指标B由82.75MPa下降到60.0MPa,降幅为27.4%;指

标 C 的降幅最大,由 77.0MPa 下降到 29.6MPa,降幅为 61.6%;指标 D 由 23.6MPa 下降到 19.5MPa,降幅为 17.5%。

导致指标 C 显著降低的原因可能是顶板厚度的增加使得整体钢梁截面的中性轴略有上升;顶板刚度显著增大,有效减小了 U 肋面外变形;同时,在正交异性钢桥面板作为主梁上翼缘参与主梁受力这一体系(即第一体系)中,顶板厚度的增加也分担了 U 肋原来承担的部分应力,并降低了两者焊接处的应力。总体来讲,顶板厚度的增加对各指标均有利,且影响较为显著,在考虑到整体经济性的前提下,适当增加顶板的厚度对正交异性钢桥面板的整体抗疲劳性能的提升效果明显。

4.3.3 U 肋设计参数

1) U 肋厚度

工程实践中正交异性钢桥面板的 U 肋厚度一般设计为 8~10mm,此处以 4.3.1 节孔型 2 的开孔形式为例,研究 U 肋厚度变化对 4 个指标的影响,取 U 肋厚度范围为 6~12mm,孔型 2 开孔形式下有限元分析模型各指标随 U 肋厚度的变化曲线如图 4-8 所示。

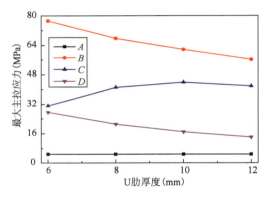

图 4-8 各指标随 U 肋厚度变化图

研究结果表明,随着正交异性钢桥面板 U 肋厚度的增大,各指标变化不一,指标 A 基本没有变化;指标 B 呈下降趋势,降幅为 27.3%;指标 C 呈上升趋势,增幅逐渐减小,总增幅达 34.2%;指标 D 迅速下降,主拉应力从 27.5MPa 下降到 14.0MPa,降幅达到 49.1%。

导致指标 B 显著下降的原因可能是:U 肋厚度的增加增大了 U 肋的刚度,显著减小车轮加载时 U 肋和横隔板焊趾处的面外变形,减小了此处的应力峰值。导致指标 C 显著增加的原因可能是:U 肋厚度的增加导致了在正交异性钢桥面板作为主梁上翼缘参与主梁受力这一体系(即第一体系)中,U 肋厚度的增加使之分担了顶板原来承担的部分应力,也增加了两者焊接处的应力。导致指标 D 迅速下降的原因应该是随着 U 肋厚度增大,更大的承载面积去承担 U 肋腹板所承受的总压力,显著减小了 U 肋腹板处的应力。

总体来讲,U 肋厚度的增加对各指标有利有弊,考虑到整体经济性和工厂焊接变形控制精度的要求,U 肋厚度不宜过厚。

2)U 肋高度

工程实践中正交异性钢桥面板的 U 肋高度一般为 260~300mm,本文以 4.3.1 节孔型 2 的开孔形式为例,研究 U 肋高度变化对 4 个指标的具体影响,取 U 肋高度范围为 240~320mm,孔型 2 开孔形式下有限元分析模型各指标随 U 肋高度的变化曲线如图 4-9 所示。

研究结果表明:随着正交异性钢桥面板 U 肋高度的增大,各指标均呈下降趋势,指标 A 降幅为 7.7%;指标 B 由 91.8MPa 下降到 61.8MPa,降幅为 32.7%;指标 C 从 53.0MPa 下降到 39.4MPa,降幅为 25.7%;指标 D 降幅为 26.3%。

导致指标 B、C、D 迅速下降的原因可能是,随着 U 肋高度增大,主梁整体中性轴向上偏移,其对于钢箱梁第一体系受力改善效果与增加顶板厚度效果一致,导致其相应疲劳易损部位应力下降较快。

总体来讲,U 肋高度的增加对各指标都是有利的,考虑到整体经济性和工厂焊接及现场安装变形控制精度的要求,U 肋高度不宜过低。

4.3.4 横隔板(横肋板)设计参数

1)横隔板(横肋板)厚度

工程实践中正交异性钢桥面板的横隔板(横肋板)厚度一般为 8~16mm,此处以 4.3.1 节孔型 2 的开孔形式为例,研究横隔板(横肋板)厚度变化对 4 个指标的影响程度,取横隔板(横肋板)厚度变化范围为 8~20mm,孔型 2 开孔形式下有限元分析模型各指标随横隔板(横肋板)厚度的变化曲线如图 4-10 所示。

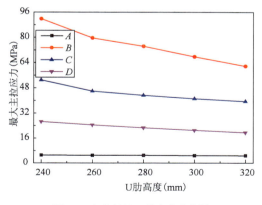

图 4-9 各指标随 U 肋高度变化图

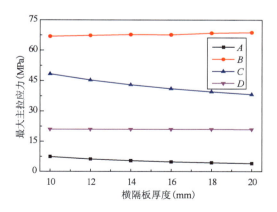

图 4-10 各指标随横隔板厚度变化图

研究结果表明,随着正交异性钢桥面板横隔板(横肋板)厚度的增加,指标 B 和指标 D 基本没有变化;指标 C 降幅为 20.9%;指标 A 减小幅度最明显,总降幅达到 45.7%。

导致指标 A 迅速下降的原因可能是随着横隔板(横肋板)厚度增大,刚度显著增大,面外变形减小,同时较厚横隔板(横肋板)分担了除原来较薄横隔板(横肋板)的负载,应力重新分布,显著减小了横隔板(横肋板)开孔处的应力。导致指标 C 有效降低的原因可能是横隔板(横肋板)厚度与刚度的增大,增强了对横隔板(横肋板)处的顶板与 U 肋焊缝处的有效约束,从而降低了此处顶板与 U 肋焊缝处的应力峰值。

总体来讲,横隔板(横肋板)腹板厚度的增加对各指标均有益;指标 A(横隔板开孔自由边处的主拉应力)应力水平较低,该关注部位在正交异性钢桥面板众多疲劳易损部位中一般不起控制作用。

2)横隔板(横肋板)间距

工程实践中正交异性钢桥面板的横隔板(横肋板)间距一般为 2~4m,本节以 4.3.1 节孔型 2 的开孔形式为例,研究横隔板(横肋板)间距变化对 4 个指标的具体影响,取横隔板(横肋板)间距变化范围为 2~4m,孔型 2 开孔形式下有限元分析模型各指标随横隔板(横肋板)间距的变化曲线如图 4-11 所示。

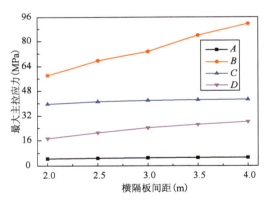

图 4-11 各指标随横隔板间距变化图

研究结果表明,随着正交异性钢桥面板横隔板(横肋板)间距的增加,除了指标 C 增幅很小不明显外,其他各指标均呈现增大趋势,但增幅不一。其中,指标 A 增幅为 19.4%;指标 B 由 58.3MPa 增大到 91.6MPa,增幅达 57.1%;指标 D 的增幅最大,由 17.3MPa 增大到 28.3MPa,增幅为 63.2%。

导致指标 D 明显增大的原因可能是横隔板(横肋板)间距的增大,使得横隔板(横肋板)跨间的 U 肋和顶板竖向变形明显增大,此处 U 肋的面外变形将使其主拉应力显著增大;另外,横隔板(横肋板)间距增大后,会导致横隔板(横肋板)产生较大的面外变形,致使和横隔板(横肋板)相关的疲劳易损部位处的主拉应力,如指标 A[横隔板(横肋板)开孔处的主拉应力]、指标 B[横隔板(横肋板)与U肋焊趾处的主拉应力]增幅较大。

总而言之,横隔板(横肋板)间距的增加对各指标均不利。

4.4 港珠澳大桥正交异性钢桥面板的抗疲劳设计

正交异性钢桥面板自使用以来,疲劳问题一直是其应用和发展面临的重要研究课题。如何通过合理的抗疲劳设计来减小甚至避免正交异性钢桥面板的疲劳问题,一直是正交异性钢桥面板设计的核心研究内容。由于港珠澳大桥需满足120年使用年限要求,桥面板长寿命服役显得尤为重要,因此有必要针对正交异性钢桥面板体系进行抗疲劳优化设计。根据港珠澳大桥正交异性钢桥面板疲劳病害前期调研,选取了容易出现疲劳裂纹的易损部位——横隔板(横肋板)弧形开口部位、横隔板(横肋板)与U肋焊缝部位、U肋与顶板焊缝连接部位、U肋的对接部位,分别针对每个部位进行抗疲劳设计。

4.4.1 U肋开孔形状的抗疲劳设计

影响横隔板(横肋板)弧形开孔、横隔板(横肋板)与U肋连接处焊趾疲劳性能的重要因素是横隔板(横肋板)的开孔形状,因此需要对横隔板(横肋板)弧形开孔形状进行抗疲劳设计。关于横隔板(横肋板)上U肋穿过部位的开孔形状,各国规范的要求不尽相同。在4.1.2节中详述了各国规范规定的各种开孔形式,通过不同的角度(荷载、受力变形、加工制造的难易程度、疲劳试验和实际各种开孔形式发生疲劳裂纹的调研结果等)对其疲劳性能进行对比分析,最后得出结论采用图4-12开孔形式和焊接细节的要求可有效地提高此处疲劳细节的疲劳性能。因此,港珠澳大桥中将采用第三方案作为U肋穿过部位的开孔形状,并最终通过疲劳试验对其疲劳性能进行验证,其细节如图4-12所示。

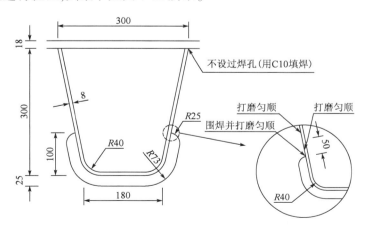

图 4-12 U肋穿过部位的开孔形状(尺寸单位:mm)

4.4.2 U肋与顶板焊缝抗疲劳设计

因U肋与顶板焊缝直接承受轮载作用时,纵肋会产生较大的面外变形,致使纵肋与U肋连接焊缝处相对转角较大,应力集中程度较高。焊缝频繁承受较大的弯曲拉应力易萌生疲劳裂纹,如图4-13所示。英国Severn桥纵肋与顶板角焊缝及其疲劳开裂如图4-14所示。

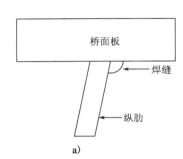
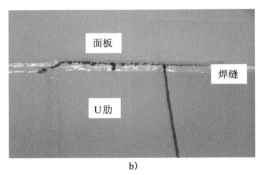

图4-13 纵肋与桥面板连接处疲劳裂纹

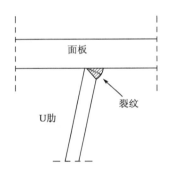

图4-14 英国Severn桥焊缝细节及断裂面示意

日本Kinuura桥于1978年建成通车,2003年6月对这座桥的部分结构进行检查后发现,纵肋与顶板的连接焊缝出现多条裂纹。2006年,Zhigang Xiao等人对该连接焊缝的疲劳性能进行了研究,且对焊接接头的几何形状和裂纹特征进行了详细描述,并采用线弹性断裂力学理论,假定不同熔透深度的焊接,将常幅应力下疲劳试验获得的数据与基于线弹性断裂力学理论的预测值进行了对比。研究结果表明:熔透区域小于2～3mm时,会导致此处抗疲劳性能较差。2007年,Zhigang Xiao对该部位进行了进一步研究,利用有限元分析得出在轮载作用下该接头区域的横向应力分布,并以应力结果和线弹性断裂力学理论为基础,得到了该接头的设计疲劳强度,同时研究了应力幅的影响因素。研究结果表明:当肋板焊缝的熔透率为75%时,顶板的表面应力远大于肋板处的应力,说明接头的疲劳强度由沿顶板厚度方向扩展的裂纹处的疲劳强度决定。此外,有限元分析表明,增加轮载的分布区域或增加面板的厚度可以降低面板的应力幅,从而明显提高焊缝处的疲劳寿命。这与加拿大学者Connor的研究成果基本一致,即纵肋与桥面板连接处的疲劳寿命与角焊缝未熔透区域的大小密切相关。此外,世界各国对纵肋与桥面板的焊接细节均做了相应规定。以Eurocode 3为例,该规范规定闭口肋和桥面顶板的焊喉厚度必须大于纵肋板厚,除人行道部分纵肋与桥面板可采用图4-15a)所示的角焊缝连接外,车行道处均需采用熔透的坡口角焊缝,要求桥面顶板和纵肋面板间的根部间隙控制在2mm以内,熔透量的未焊接部分控制在2mm以下。另外,还对自然坡口焊和50°坡口焊做出了规定。具体构造要求如图4-15b)所示。

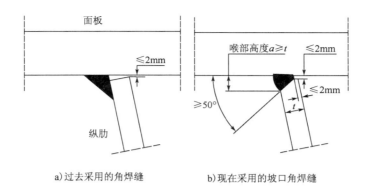

图 4-15 纵肋与面板焊接构造细节

针对该焊接部位,日本规范从 2002 年开始,明确指出要保证 75% 的熔透深度,而在此之前,并无明确要求。由此可见,熔透率对此疲劳细节的疲劳性能影响显著。现阶段所设计的正交异性钢桥面板焊接部位熔透率均有要求,如 U 肋与顶板间角焊缝要求 75%~100% 熔透;U 肋与底板间角焊缝要求 60%~100% 熔透。天津塘沽海河大桥要求 U 肋与顶板间角焊缝达到 100% 熔透,U 肋与底板间角焊缝要求按普通角焊缝处理,无熔透率要求。部分钢桥 U 肋连接焊缝熔透率要求详见表 4-4。

根据上述分析,并结合以往的设计经验,对港珠澳大桥的顶板与 U 肋焊缝提出如下设计要求:焊缝有效厚度应大于 0.8 倍的板厚,熔透率应达到 80% 以上,根部未焊透部分 1.6mm 以下,如图 4-16 所示。最后,通过疲劳试验对该构造细节疲劳性能进行验证。

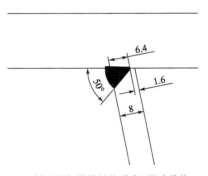

图 4-16 桥面板与纵肋的熔透率(尺寸单位:mm)

板单元 U 肋熔深要求 表 4-4

桥梁名称	顶板 U 肋			底板 U 肋		
	厚度(mm)	设计要求	熔透率(%)	厚度(mm)	设计要求	熔透率(%)
天津塘沽海河大桥	6	熔透	100	6	角焊缝	—
南京长江三桥	8	焊缝有效厚度≥0.8 倍的板厚	≥80	6	熔深≥5mm	≥82.5
苏通长江大桥	8 10	焊缝有效厚度≥0.8 倍的板厚	≥80	6 8	熔深≥0.8 倍的板厚	≥80

续上表

桥梁名称	顶板U肋			底板U肋		
	厚度(mm)	设计要求	熔透率(%)	厚度(mm)	设计要求	熔透率(%)
昂船洲大桥	9	根部未焊透厚度为0~2mm	78~100	10	焊缝有效厚度≥6mm	≥60
南京长江四桥	8	有效厚度≥0.75倍的板厚	≥75	6	有效厚度≥0.75倍的板厚	≥75

4.4.3 U肋连接方式的抗疲劳设计

U肋连接主要有焊接和栓接两种方式。U肋焊接连接是采用嵌补段进行对接单面焊,往往采用钢衬垫板,纵肋壁厚一般为6mm或8mm,故纵肋一般不开坡口,而是预留一定间隙。钢衬垫板在工厂预制时,应先通过定位焊固定在闭口纵肋内侧(图4-17)。

U肋工地焊接接头部位产生疲劳裂纹的原因主要包括以下3个方面:

(1)钢衬垫板一般厚4mm,宽60mm,由于钢板较薄,在切割下料成窄板条时,板件易变形且存在毛边,与同样较薄的纵肋壁板之间往往不密贴,存在组装间隙(图4-18),导致易在定位焊缝里存在焊接缺欠或缺陷,或是在焊根处应力集中显著。对于钢衬垫板单侧焊接的对接接头,其疲劳强度由

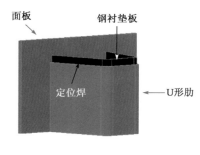

图4-17 U形纵肋钢桥面板单元件工地接头处构造

钢衬垫板与板件之间的组装间隙和焊接质量决定。大量试验表明,当组装间隙$\Delta \leq 1.0$mm时,2×10^6次疲劳强度约为65MPa;当$\Delta \geq 2.0$mm时,2×10^6次疲劳强度降低10~15MPa。

(2)以往在制造钢桥面板时,定位焊一般不连续[图4-19a)],从工厂板单元制造,到装配厂组装焊接成箱梁节段,再运至桥位吊装焊接,少则3个月,多则半年以上。长时间的露天存放,致使钢衬垫板与U形纵肋之间严重锈蚀,等到桥位焊接时,无法清除间隙处的锈迹,极易产生焊接缺陷或微裂纹;再者,在焊接闭口纵肋嵌补段时,定位焊没有熔透,也极易使对接焊缝中存在焊接缺陷。相对较好的方法是采用连续的定位焊[图4-19b)]。

(3)闭口纵肋嵌补段的焊接一般处于仰焊位置施焊,焊缝成型差且咬边深度较大,焊接质量很难保证。

上述原因共同导致了实际工程应用中在U肋焊接对接部位出现了大量疲劳裂纹。研究表明,U肋工地焊接接头的疲劳等级较低,如欧洲钢桥设计规范Eurocode 3(BS EN 1993-2:2006)中该构造细节的疲劳等级只有71MPa。为解决该连接部位的疲劳问题,港珠澳大桥正交

异性钢桥面板采用陶瓷衬垫单面焊双面成型工艺焊接,纵肋采用高强度螺栓连接,如图4-20所示,该连接方式已在南京长江第二大桥中采用,疲劳强度有显著提高。

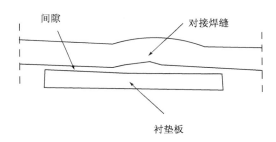

图 4-18　U 肋嵌补段处钢衬垫板组装间隙

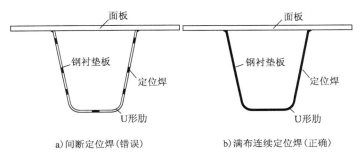

a) 间断定位焊(错误)　　　　　b) 满布连续定位焊(正确)

图 4-19　U 形纵肋钢衬垫板定位焊示意图

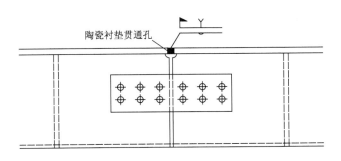

图 4-20　钢桥面板工地接头的面板焊接、纵肋栓接

4.5　小　　结

确定影响结构疲劳性能的关键因素,是抗疲劳设计优化的前提。同时,对影响结构疲劳性能的关键敏感性参数及构造进行优化分析,是提高结构疲劳性能的可行方法。本章通过对正交异性钢桥面板抗疲劳设计技术的研究,重点阐述了以下4方面的内容:抗疲劳设计对策及关键部位设计方案、正交异性钢桥面板构造细节的疲劳性能理论、重要设计参数对关键疲劳易损部位疲劳性能的影响、港珠澳大桥正交异性钢桥面板抗疲劳设计。详细介绍了正交异性钢桥

面板各疲劳易损部位疲劳性能的改进措施,简述了桥面铺装和焊接工艺的影响及优化方法,并对各关键易损部位的疲劳性能进行了分析。在此基础上,通过数值模拟的方法探讨了各重要参数对疲劳易损部位疲劳性能的影响,并对港珠澳大桥正交异性钢桥面板的构造细节参数进行了优化,给出了熔透率的建议值。本章研究表明:

(1)正交异性钢桥面板各关键疲劳易损部位疲劳性能的影响因素主要包括:结构设计参数及其匹配、构造细节和加工制造质量。其中,结构设计参数包括主要板件厚度,纵肋断面形式、尺寸、厚度和间距,横肋板厚度、高度和间距等;构造细节主要包括纵向加劲肋与横肋板交叉部位的开孔形式、二者连接部位的形式,钢桥面板的纵、横向分割和连接,纵肋纵向对接连接的方式等;加工制造质量的关键影响因素主要包括板件的加工制造和匹配精度、焊接工艺和焊接技术等。本章主要讨论了正交异性钢桥面板的抗疲劳设计问题。

(2)纵肋与横肋交叉部位的开孔形式对相关疲劳易损部位疲劳性能的影响较大,可通过改善开孔形式和几何尺寸降低开孔自由边与U肋与横隔板竖向连接焊缝端部的应力;开孔自由边的半径是影响其应力分布的主要因素,增大开孔半径是降低开孔处应力的有效方式。

(3)各疲劳易损部位处主拉应力随顶板厚度的增加均呈减小趋势,但幅度不一,其中对U肋和顶板焊缝处主拉应力的影响最为显著;U肋厚度的增大,对疲劳易损部位主拉应力影响不一;随着U肋高度的增大,各指标迅速下降,最大降幅为32.7%;横隔板(横肋板)厚度和横隔板(横肋板)间距对易损部位疲劳性能的影响存在显著差异。

(4)通过抗疲劳设计研究,确定了港珠澳大桥正交异性钢桥面板纵肋与横肋交叉部位的开孔形式;顶板与U肋的焊缝有效厚度应大于0.8倍的板厚,熔透率应达到80%以上(实桥熔透率已达到90%以上),根部未焊透率越小越有利于提高此处的抗疲劳性能;U肋采用高强度螺栓连接形式将有助于显著改善传统对接焊接连接的疲劳问题。

本章参考文献

[1] 陈惟珍. 钢桥疲劳设计方法研究[J]. 桥梁建设,2009(2):1-3.

[2] 邓文中. 正交异性板钢桥面的一个新构思[J]. 桥梁,2007,4:10-16.

[3] 钱冬生. 关于正交异性钢桥面板的疲劳——对英国在加固其塞文桥渡时所作研究的评介[J]. 桥梁建设,2005(2):8-13.

[4] 张东波. 正交异性钢桥面板疲劳性能研究[D]. 长沙:湖南大学,2012.

[5] AASHTO L. LRFD bridge design specifications[J]. Washington,DC:American Association of State Highway and Transportation Officials,1998.

[6] European Committee for Standardization. Eurocode 3. Design of steel structures,Part 1-9:Fatigue strength of steel structures[S]. 2003.

[7] 中华人民共和国行业标准. JTG/T D65-05—2015 公路悬索桥设计规范[S]. 北京:人民交通出版社股份

有限公司,2015.

[8] 重庆交通科研设计院.公路钢箱梁桥面铺装设计与施工技术指南[M].北京:人民交通出版社,2006.

[9] 日本道路协会. 道路桥示方书·同解说[S]. 日本东京:丸善株式会社,2002.

[10] 高立强,施洲,韩冰. 设置纵肋小隔板对正交异性钢桥面板疲劳性能的影响研究[J]. 铁道标准设计, 2013(3):66-70.

[11] Sim H B, Uang C M, Sikorsky C. Effects of fabrication procedures on fatigue resistance of welded joints in steel orthotropic decks[J]. Journal of Bridge Engineering, 2009, 14(5):366-373.

[12] 赵欣欣. 正交异性钢桥面板疲劳设计参数和构造细节研究[D]. 北京:中国铁道科学研究院,2010.

[13] 张玉玲,辛学忠,刘晓光. 对正交异性钢桥面板构造抗疲劳设计方法的分析[J]. 钢结构,2009(5):33-37.

[14] 李善群. 构造细节及关键设计参数对于正交异性钢桥面板疲劳性能的影响研究[D]. 成都:西南交通大学,2013.

[15] Cuninghame J R, Beales C. Fatigue crack location in orthotropic steel decks[C]. IABSE. Proceeding of IABSE Workshop:Remaining Fatigue Life of Steel Structures. Lausanne:IABSE,1990:133-146.

[16] 孙旭霞. 钢箱梁正交异性钢桥面板的构造对铺装层的影响研究[D]. 上海:同济大学,2006.

[17] European Committee for Standardization. EN1993-2. Design of steel structures, Part1-9: Fatigue strength of steel structures[S]. 2003.

[18] Xiao Z G, Yamada K, Inoue J, et al. Fatigue cracks in longitudinal ribs of steel orthotropic deck[J]. International journal of fatigue, 2006, 28(4):409-416.

[19] Xiao Z G, Yamada K, Ya S, et al. Stress analyses and fatigue evaluation of rib-to-deck joints in steel orthotropic decks[J]. International Journal of Fatigue, 2008, 30(8):1387-1397.

[20] Connor R J. A comparison of the in-service response of an orthotropic steel deck with laboratory studies and design assumptions[D]. Lehigh University, 2002.

第5章 正交异性钢桥面板单元合理构造及制造工艺

5.1 正交异性钢桥面板单元构造

5.1.1 钢桥面板构造

对于钢桥面板而言,顶板与 U 肋焊接接头是最为常见的正交异性桥面板疲劳病害部位,同时该类病害也是正交异性桥面板最主要的疲劳病害之一。国内外学者对于该部位的疲劳问题进行了研究,并根据裂纹萌生位置及扩展路径的不同将该部位病害分为焊趾的顶板裂纹、焊根的顶板裂纹、焊趾的 U 肋壁板裂纹以及焊根的焊缝裂纹 4 类。研究表明,上述 4 类疲劳裂纹主要取决于正交异性桥面板与 U 肋焊接接头的形式、焊接接头的合理构造和制造工艺以及该部位焊缝熔透率等因素。上述因素间相互耦合影响,共同决定了顶板与 U 肋的焊接接头部位的疲劳寿命。因此,需对钢桥面板构造细节的设计和焊接进行改进,以降低钢桥面板产生疲劳裂纹的概率。

1) U 肋与面板的纵向连接焊缝

正交异性钢桥面板直接承受轮载作用时, U 肋与面板之间会发生较大的面外变形。由于面板与 U 肋的板厚相对较小,面外变形在 U 肋与面板的连接焊缝处会引起较高的局部弯曲应力。焊缝频繁承受较大的弯曲拉应力,就会产生疲劳裂纹,如图 5-1 所示。据统计, U 肋与顶板焊缝处疲劳裂纹占钢桥面板疲劳损伤的 18.9%, U 肋角焊缝是影响正交异性钢桥面板疲劳性能最为重要的因素之一。

研究者对这些连接焊缝的疲劳性能进行了研究,对焊接接头的几何形状和裂纹特征进行了详细描述。且利用线弹性断裂力学理论,假定不同熔透深度的焊接,将常幅应力下疲劳试验获得的数据与基于线弹性断裂力学理论的预测值进行对比,发现熔透区域小于 2~3mm 时,会导致此处抗疲劳性能较差。经过对该问题的进一步研究,利用有限元分析得出在轮载作用下该接头区域的横向应力分布,并以应力结果和线弹性断裂力学理论为基础,确定了该接头的设计疲劳强度,同时研究了应力幅的影响因素。研究结果表明,当肋板焊缝的熔透率为 75% 时,顶板的表面应力远大于肋板处的应力,说明接头的疲劳强度由扩展到顶板厚度的疲劳裂纹决定。同时，增加轮载的分布区域或增加面板的厚度可以降低面板的应力幅，从而显著提高接头处的疲劳寿命。这与加拿大学者 Connor 的研究成果基本一致，他认为纵肋与顶板连接处的疲劳寿命与角焊缝未熔透区域的大小密切相关，如果未熔透区域较大，不论面板多厚，都会产生疲劳裂纹。

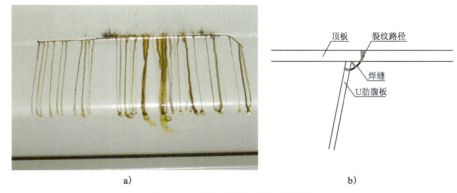

图 5-1 U 肋与顶板连接处疲劳裂纹

基于这些研究成果，世界各国对 U 肋与顶板的焊接细节均做了相应规定。以 Eurocode 3 为例，其规定 U 肋和桥面顶板的焊喉厚度必须大于 U 肋板厚，除人行道部分纵肋与顶板可采用角焊缝连接外，车行道处均需采用焊透的坡口角焊缝，要求顶板和 U 肋面板间的根部间隙控制在 1mm 以内，未焊透部分控制在 2mm 以下。具体构造要求如图 5-2 所示。

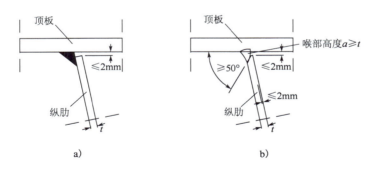

图 5-2 欧洲规范 U 肋与顶板焊接构造细节

根据正交异性钢桥面板受力及疲劳特性机理研究以及该焊缝焊接工艺实施情况调研，结合日本道桥规范、AASHTO、Eurocode 3 等相关规范，对 U 肋焊缝熔深的合理取值进行分析，认为 U 肋焊缝熔深应不小于 $0.75t$（t 为 U 肋板厚），U 肋与面板的焊接坡口宜为 50°，U 肋与面板端部焊缝围焊长度不小于 25mm。

为确保港珠澳大桥 120 年使用寿命，港珠澳大桥的设计单位——中交公路规划设计院有限公司在对正交异性钢桥面板疲劳特性分析的基础上，设计了 16 组试验件，其中，12 组要求焊缝熔深达到 87.5% 以上，4 组要求焊缝熔深达到 81.25% 以上。根据疲劳试验测试结果，认为熔深设定为 0.8t 能够满足疲劳性能要求,故港珠澳大桥顶板 U 肋焊缝熔深确定为 0.8t,如图 5-3 所示,以确保 120 年的超长使用寿命要求。

2) 纵肋与横隔板连接构造

纵肋与横隔板交叉部位是控制正交异性钢桥面板疲劳性能的关键构造细节之一,特别是当采用 U 肋时,该部位应力传递复杂,如构造设计不当极易引起疲劳裂纹。根据纵肋与横隔板布置关系可分为纵肋不贯通横隔板及纵肋贯通横隔板两种情况。

纵肋不贯通横隔板构造如图 5-4a) 所示,在两横隔板间用角焊缝焊接纵肋与横隔板的腹板。1966 年建成通车的英国 Severn 桥即采用了这一构造形式。然而在轮载作用下,易引起横隔板面外变形,且横隔板横向受力时在纵肋下翼缘角部有较大的应力集中,如图 5-4b) 所示,在该处极易引起疲劳裂纹。1971 年,Severn 桥即在该处发现了疲劳裂纹。

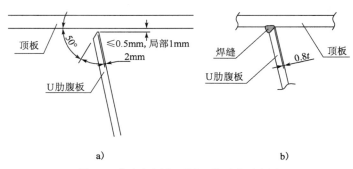

图 5-3 港珠澳大桥 U 肋与顶板连接示意图

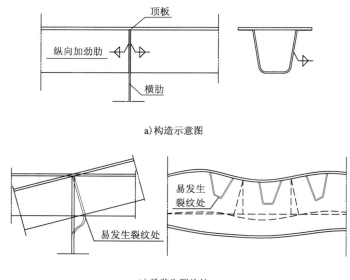

图 5-4 纵肋不贯通横隔板

为了防止此处疲劳裂纹的产生,各国规范均做出明确规定:除特殊情况外,横隔板与纵肋连接时宜采用纵肋贯通横隔板的方式,在纵肋贯通横隔板的情况下,早期横隔板腹板在纵肋与面板焊缝处开设过焊孔,如图5-5a)所示。研究认为这一构造形式在轮载直接作用下过焊孔处的面板易产生过大应力集中而产生疲劳裂纹。因此,在最新的各国设计规范推荐的纵肋与横隔板交叉部位构造细节改进为横梁腹板在纵肋与面板焊缝处不开设过焊孔,横隔板腹板与面板及纵肋的角焊缝连续施焊,如图5-5b)所示。上述过焊孔演变如图5-6所示。

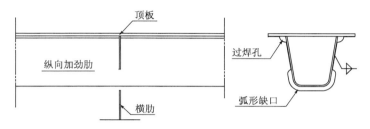

a)纵肋与横隔板交叉处开设过焊孔

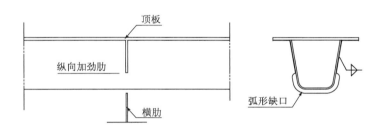

b)纵肋与横隔板交叉处不开设过焊孔

图5-5 纵肋贯通横隔板焊接细节的改善

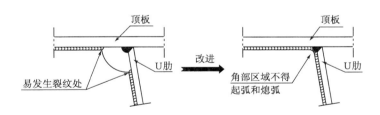

图5-6 横隔板在顶板与纵肋角焊缝处过焊孔的改进

为避免横隔板弧形缺口处疲劳裂纹的萌生,各国规范在试验和理论研究的基础上规定了横隔板腹板弧形缺口的构造细节。Eurocode 3中给出了弧形缺口详细构造细节,并且规定在缺口与纵肋的连接焊缝端头处要围焊,且打磨圆润。欧洲规范和日本道路桥示方书关于最小弧形缺口尺寸的相关规定差别很小。由此可见,关于横隔板弧形缺口设计尺寸,两规范的认识基本相同。根据港珠澳大桥钢箱梁结构特点,结合模型试验结果,确定了横肋弧形缺口形状,如图 5-7 所示。

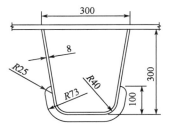

图 5-7 横隔板弧形缺口(尺寸单位:mm)

综合各方面研究成果和规范来看,纵肋与横隔板弧形缺口处的疲劳性能,关键取决于弧形缺口尺寸和弧形缺口制造工艺两个方面。一方面,弧形缺口的设计尺寸要综合考虑横隔板厚度、纵肋刚度等因素;另一方面,弧形缺口制造工艺要求较高,在制造过程中要尽量避免因处理不当所造成人为缺陷导致的应力集中。

5.1.2 横隔板构造

横隔板的设计包括间距、腹板厚度和高度 3 个参数。这些参数相互影响,确定时需要综合考虑纵肋截面尺寸和面板厚度等。Eurocode 3 规定横隔板间距与纵肋刚度应该满足如图 5-8 所示的关系,一般取 2.5~3.5m。横隔板腹板厚度不小于 10mm,纵肋高度与横隔板高度之比不大于 0.4。Paul A. Tsakopoulos 和 John W. Fisher 通过两个独立的足尺正交异性板模型试验研究认为,可以将横隔板的厚度从 8mm 增加到 13mm。有限元分析表明,这样做不仅会降低横隔板面内应力,而且不会显著增大因横隔板扭转而产生的面外应力。此外,还建议采用厚度一致的横隔板,并且保持横隔板在所有闭口肋下连续,以便在闭口肋之间提供统一的剪力分配,同时改善面内弯曲作用。国内学者王春生等基于有限元分析结果认为,12mm 或者更厚的横隔板对于提高纵肋横隔板的连接接头的疲劳性能是比较合适的。

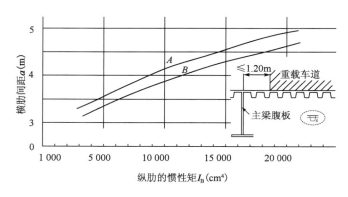

图 5-8 纵肋刚度与横隔板间距的关系

钢箱梁实腹式横隔板按构造设计可分为整体式横隔板、顶板带接板与横隔板搭接焊接、顶板带接板与横隔板对接焊接、顶板带接板与横隔板 T 形角接 4 种形式,如图 5-9 所示。整体式横隔板由于钢箱梁 U 肋数量众多,加之制作误差累积,总拼时难以顺利组装,故仅适用于中小型钢箱梁;搭接式横隔板则由于传力不在同一面内而较少采用;对接式横隔板虽然传力路线明确,但组装间隙及横位熔透焊接质量较难保证,亦较少采用;而 T 形角接连接方式传力路线明确,又能保证横隔板上下部分组装焊接质量,是较为合理的横隔板构造形式,故港珠澳大桥横隔板选用了T形角接的连接方式。

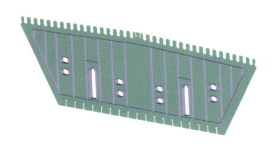

a) 整体式对接

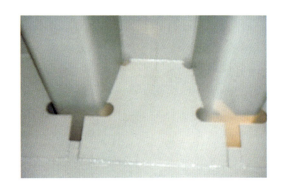

b) 搭接式T形角接(推荐)

图 5-9　横隔板构造形式对比

5.1.3　钢桥面板现场连接

自钢桥面板应用以来,其现场连接即箱梁节段之间的连接始终是钢箱梁构造研究的关键内容之一。通过对国内外多座桥梁钢箱梁现场连接方式调研,目前主要有全焊连接、全栓连接及栓焊连接3种方式,如图5-10所示,全焊接连接和全高强度螺栓连接均有不足,而栓焊连接则较为合理。

采用全焊接连接是应用最早的现场连接方式之一,焊接连接构造简洁、传力直接、经济性好。国内外实桥运营经验表明,全焊接连接也存在不足之处。全焊接连接时,U肋嵌补段组装间隙和精度难以控制,同时U肋嵌补段对接焊缝和肋角角接焊均处于仰焊位置施焊,加之在钢箱梁内焊接施工,工作环境恶劣,仰焊焊接质量难以保证,且施工周期较长。虽然经过长时间运营后,国内外建造较早的部分钢桥梁出现了纵肋损伤破坏,如英国的 Severn 桥(1966 年)、德国 Haseltal 桥(1961 年)等,但大部分钢桥梁在运营多年后并未出现现场连接处的疲劳破坏,如东营胜利黄河大桥(1988 年)、南京长江二桥(2001 年)等。国内外大量调研结果表明,通过提高精度控制、改进焊接工艺,可有效提高现场连接接头的疲劳性能。全焊接连接在润扬长江大桥、广州珠江黄埔大桥、武汉天兴洲长江大桥等大跨度桥梁中得到了广泛应用。

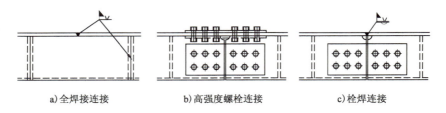

a) 全焊接连接　　　　　b) 高强度螺栓连接　　　　　c) 栓焊连接

图 5-10　钢箱梁节段现场连接方式

随着高强度螺栓的广泛应用,钢桥面板采用高强度螺栓连接(顶板、纵向 U 肋)亦是一种连接方式,但在桥梁运营过程中,桥面铺装层因栓接接头而受到削弱,给铺装工艺和质量控制带来很大难度,铺装层容易产生裂纹、剥离等病害,而且螺栓用量大,造价较高。该连接方式在国内较少采用,日本东京湾临海大桥(2012 年)现场连接采用了全高强度螺栓连接,如图 5-11 所示。

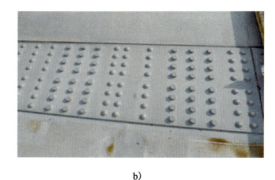

a)　　　　　　　　　　　　　　　　　b)

图 5-11　日本临海大桥全高强度螺栓连接

通过多年的试验研究和有限元分析以及实践经验总结,钢桥面板在全焊连接和全高强度螺栓连接的基础上,提出了钢桥面板现场栓焊连接的方式,该方式是顶板用焊接,U 肋用高强度螺栓连接。该连接方式既克服了现场接头纵向 U 肋嵌补段的仰位焊接,从而改善了疲劳性能,又避免了面板栓接拼接对桥面铺装层的不利影响,同时也便于施工,提高了工作效率。该连接方式在 1999 年建成的日本明石海峡大桥和多多罗大桥中得到应用,我国在南京长江二桥中首次使用。欧洲和日本规范都明确推荐钢桥面板的现场横向采用栓焊连接。Eurocode 3 明确横向连接处应设在纵肋的反弯点附近(位于离横梁 0.2L 处,L 为相邻横隔板间距),如图 5-12 所示。采用高强度螺栓拼接可避免现场仰焊的难题,工效也更高,但需注意 U 肋在顶板焊接位置的圆弧缺口宜为 R35mm,既便于顶板环缝焊接,又能降低疲劳隐患。该方法能够克服纵肋嵌补焊接的缺点,德国和日本已将此方案作为首选方案纳入设计规范,该方案克服了全焊连接和全部栓接的各缺点,是目前较为科学合理的连接方式。

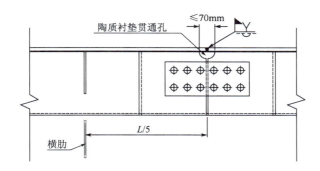

图 5-12 顶板现场横向连接

港珠澳大桥钢箱梁设计时,考虑到 U 肋现场焊接工作量大,质量稳定性差,对顶板疲劳性能影响较大,故港珠澳大桥钢箱梁现场及厂内大节段连接均采用栓焊连接(图 5-13),该方案有效提高了顶板现场连接节头的抗疲劳性能和钢箱梁结构的耐久性。

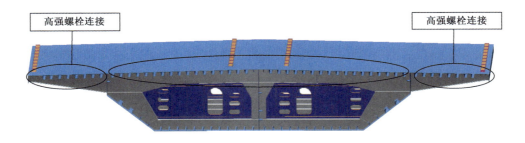

图 5-13 港珠澳大桥现场连接示意图

5.2 正交异性钢桥面板单元制造工艺

5.2.1 纵肋及面板加工

1) 板单元划分

在钢箱梁制造过程中,为避免零散部件参与钢箱梁组装,将钢箱梁的顶板划分为单元件,板单元可按类型在专用自动化生产线上形成流水作业,易于实现标准化、专业化,也有利于提高生产效率,避免人工操作时的质量不稳定性。

为减少纵向对接焊缝数量、提高钢箱梁的整体稳定性,板单元划分时以优先考虑超宽板单元为原则,如图 5-14 所示。板单元划分时,需根据钢箱梁的结构特点及设备加工、起重能力进行划分。同时,需结合钢厂轧制能力进行划分。目前国内钢厂轧制钢板的宽度不大于 5m,长度可达 20m 以上,但由于钢坯质量限制,单块钢板的质量不能超过 25t。由于铁路、公路运输对宽度有要求,一般情况下钢板宽度不宜超过 3.2m,采用水运则不受限制。

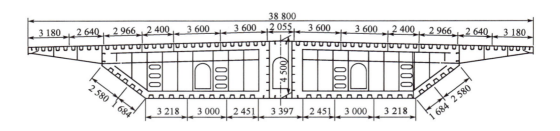

图 5-14 钢箱梁板单元划分示意图(尺寸单位:mm)

2) 钢板预处理

钢板进厂复验合格后,在滚板机上辊平,使钢板轧制内应力分布均匀并部分消除、矫正钢板的塑性变形,提高钢板平面度,达到 0.5mm/m。然后在预处理线上进行抛丸除锈、喷涂车间底漆、烘干(图 5-15、图 5-16),除锈等级为《涂覆涂料前钢材表面处理 表面清洁度的目视评定 第 1 部分:未涂覆过的钢材表面和全面清除原有涂层后的钢材表面的锈蚀等级和处理等级》(GB/T 8923.1—2011)规定的 Sa2.5 级,喷涂无机硅酸锌车间底漆一道(厚度 20μm)。下料前先对钢板的材质、炉批号进行移植或记录输入材料信息管理系统,下料后也须对余料材质、炉批号进行移植,以实现钢材的可追溯管理。钢板预处理工艺流程如图 5-17 所示。

图 5-15 钢板辊平

图 5-16 钢板预处理

港珠澳大桥正交异性钢桥面板及连续钢箱梁结构的制造质量达到了国际领先水平,其总体制造精度达到了毫米级。

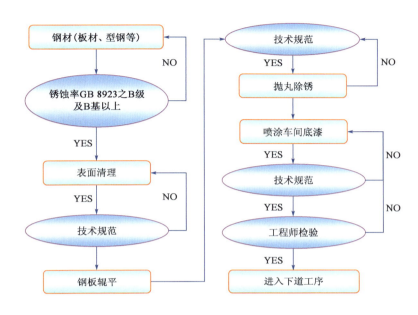

图5-17 钢板预处理工艺流程图

3)下料加工

根据零件的具体形状和大小确定下料方法,对较长面板、U肋板采用多嘴头门式切割机精切下料,对横隔板等形状复杂的板件采用CAM系统的数控切割机精切下料;对较薄的主要零件,采用等离子切割;钢板对接坡口采用火焰精密切割、刨边机或铣边机加工。U肋下料加工过程如图5-18所示。

(1)U肋下料时采用门式火焰切割机对称下料,避免板件由于切割受热,内应力释放不均造成的变形,两长边留出刨量,长向留0.6‰收缩量。

(2)在双侧铣边机上加工两长边,U肋展开宽度按$R/t=5$时的中性层内移系数0.43计算。

(3)为保证相邻U肋顺利连接,采用先孔法工艺加工U肋和拼接板的开孔,所有开孔在板件状态下钻制。

(4)用专用坡口机加工两边坡口,坡口加工机床所有的定位、进给、加工为纯机械化作业,加工后钝边尺寸精度达到±0.5mm以内,坡口角度±0.5°,坡口钝边、角度和加工面粗糙度都得到了保障。

(5)在双机联动数控折弯机上加工U肋,确保角度、直线度、扭曲达到设计要求。数控折弯机与双面边缘铣削机床形成了流水作业,而且实现了机械化操作,质量和效率都得到了大幅度提高,能够有效地控制U肋产品的质量。

a) 门切下料板边铣削

b) 坡口加工卡样板钻孔

c) U肋折弯

图 5-18 U肋下料加工过程

4）质量检验

为确保钢箱梁零部件的制造精度和制造质量，样板及样杆的制造精度、切割边缘表面质量、剪切边缘质量、各类钢板下料尺寸及矫正允许偏差必须满足验收要求。

U肋加工质量是确保顶板制造质量的前提,为确保U肋的加工质量,U肋折弯必须一次达到设计规定的角度,并采用样板对折弯角度进行检测,然后在专用检测平台上对U肋各主要项点进行整体检测,U肋制作质量检验如图5-19所示。

a)

b)

图5-19　U肋质量检测

5.2.2　钢桥面板组装

正交异性钢桥面板(简称钢桥面板)通常由面板、纵肋、横隔板接板(横肋板)拼接组成,是组成钢箱梁的主要构件,其组装间隙、位置、精度直接影响钢桥面板的疲劳性能。经过多年发展,组装方式经历了由传统的人工组装到机械化及自动化组装的发展过程。工程实践表明,通过采用先进的组装设备可提高桥面板单元的组装精度,提高桥面板的抗疲劳性能。

1)桥面板单元的传统组装方法

钢板预处理后,根据施工图在桥面板上画组装位置线,并在两端打样冲眼,之后用起重设备将桥面板放置在专用门架式胎架上,再对组装位置进行打磨除锈,将U肋吊装在顶板上,通过人力推动门架,在每隔1m处对U肋进行精确定位(图5-20),定位时采用打入斜铁的方式调整U肋的组装位置和组装精度(图5-21),板条肋采用画线组装。同时对横隔板位置U肋或板条肋进行严格对线组装,以保证组装精度。传统的桥面板单元组装效率低,组装精度也比较差,容易存在质量隐患。

2)桥面板的机械化、自动化组装

鉴于传统板单元组装技术的诸多缺点,国内大型专业钢桥梁制造公司以港珠澳大桥钢箱梁制造为契机,研发了桥面板单元自动除锈除尘及组装定位设备。除锈除尘设备的使用(图5-22),大大减少了焊缝打磨过程产生的灰尘,使车间环境质量得到很大改善,提高了作业效率,也保证了焊接部位的打磨质量;组装定位设备具有全自动操作、定位精度高、压紧可靠、定位焊质量稳定的特点,采用组装定位设备可使U肋与面板的组装间隙能够控制在0.5mm

(局部为1mm)以内,如图5-23所示。并可避免焊接过程中,因较大焊接间隙造成U肋根部焊穿而造成的内部焊接缺陷。

a)

b)

图5-20 门架式组装胎型

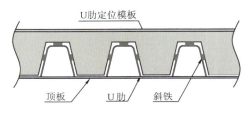

图5-21 U肋组装位置调整示意图

a)常规打磨除锈

b)自动除锈、除尘设备

图5-22 钢板打磨除锈

机械化、自动化组装工艺流程:

(1)桥面板单元组装时,将面板置于专用组装胎型上,坡口面朝下,再将有坡口端和基准边与胎型的定位挡密贴。

(2)严格控制纵向限位挡到横基线的距离,确认无误后划出横基线。

(3)用自动组装设备上的纵向定位装置在桥面板两端画线作为纵基线。

a) b)

图 5-23 桥面板专用组装设备

(4) 将 U 肋吊装至面板上,进行初定位。

(5) 利用自动组装设备上的定位装置,将 U 肋精确定位至组装位置,同时将 U 肋与面板密贴。

(6) 将 U 肋与面板进行定位焊接,要求定位焊接尺寸不大于 4mm。

(7) 在专用胎型上组装横隔板接板,重点控制横隔板接板的组装位置及垂直度。

3) 桥面板单元组装检验

为有效控制钢箱梁板单元制作质量,经检验合格的零部件才能进入下道工序,同时需加强检测并严格控制其组装过程的质量,必要时按技术规范要求进行修正,如图 5-24 所示。

以上仅是 U 肋板块的组装工艺,并非正交异性钢桥面板的组装[横隔板(横肋板)组装、U 肋板与接板组装等]。

a)

图 5-24

b)   c)

图 5-24　桥面板单元质量检测

5.2.3　钢桥面板焊接

钢桥面板的焊接质量直接影响着钢桥面板的抗疲劳性能，多项试验检测结果表明：先进的焊接工艺技术，可有效提高焊缝的内在质量和外观质量。焊接钢桥面板的连接焊缝主要包括 U 肋与顶板的角焊缝、横隔板（横肋板）接板与顶板及 U 肋的角焊缝以及顶板纵向对接焊缝。

1）U 肋与顶板的焊接

目前，在钢桥面板制造过程中广泛采用小车半自动焊接，但焊接质量不稳定，生产效率低，且易产生焊接缺陷，采用"机械化、自动化"焊接设备，可保证面板与纵肋的熔透率，显著提高板单元的焊接质量。

（1）桥面板 U 肋尺寸及熔透率要求

U 肋是桥面板构造中的重要部件，其规格尺寸决定了桥面板的刚度，U 肋与顶板的熔透率对该部位的抗疲劳性能影响显著。对近年来几座大桥钢箱梁 U 肋的规格及熔透率要求进行了统计，结果见表 5-1。

顶 板 U 肋 规 格　　　　　　　　　　　　表 5-1

桥梁名称及材质	顶板 U 肋规格（mm）					
	厚度	顶板厚	上口宽	下口宽	高度	间距
天津塘沽海河大桥（Q345qE）	6	14/18	300	184	260	600
南京长江三桥（Q345D）	8	14/16	300	170	280	600
苏通长江大桥（Q345qD、Q370qD）	8	14/18	300	180	290～300	600
	10	20/24				
昂船洲大桥（S420M、S420ML）	9	14/18	298	150	339	600
南京长江四桥（Q345D）	8	14/16	300	170	280	600

续上表

桥梁名称及材质	顶板 U 肋规格(mm)					
	厚度	顶板厚	上口宽	下口宽	高度	间距
港珠澳大桥（Q345qD）	8	18	300	180	300	600

国内已建桥梁钢桥面板均对 U 肋与桥面板的熔透率提出了具体要求,熔透率范围在 75% ~ 100%,U 肋熔透率要求详见表 5-2。

顶板 U 肋熔透率要求　　　　　　　　　　　　　表 5-2

桥 梁 名 称	顶板 U 肋熔透率		
	厚度(mm)	设计要求	熔透率(%)
天津塘沽海河大桥	6	熔透	100
南京长江三桥	8	焊缝有效厚度 ≥0.8 倍的板厚	≥80
苏通长江大桥	8	焊缝有效厚度 ≥0.8 倍的板厚	≥80
	10		
昂船洲大桥	9	根部未焊透 厚度为 0 ~ 2mm	78 ~ 100
南京长江四桥	8	有效厚度 ≥0.75 倍的板厚	≥75
港珠澳大桥	8	焊缝有效厚度 ≥0.8 倍的板厚	≥80

(2)U 肋与顶板焊接工艺

为提高 U 肋与顶板的焊接熔透率,通常在 U 肋上开坡口,目前 U 肋坡口焊缝的焊接多采用药芯焊丝 CO_2 保护自动焊在船型位置焊接(图 5-25)。在 2006 年以前普遍采用 $\phi1.6$ 药芯焊丝一道焊接成型。2006 年后的桥梁焊接中在此处坡口焊缝位置增加了产品试板,不同程度的发现了熔透深度不足、坡口根部夹渣及未熔合等焊缝不连续现象。对此,国内主要钢桥梁生产厂家将 U 肋坡口焊缝改为采用 $\phi1.2$ 药芯焊丝两道焊接而成,这样虽然解决了焊缝不连续问题,但同时导致了生产效率降低。

a)桥面板船位焊接胎架

b)桥面板船位焊接

图 5-25　船型位置焊接

药芯焊丝 CO_2 气体保护焊在焊接 U 肋坡口焊缝时,由于管状焊丝刚度不足,电弧挺度差,加之导电嘴磨损,焊接过程中存在电弧"飘移"的缺点,这是影响焊缝质量稳定的因素之一;同时,药芯焊丝由于药粉的存在,焊丝容易吸潮且对焊缝区域的浮锈等较为敏感,容易导致气孔和延迟裂纹的产生。

针对桥面板质量要求及接头特点,国内某钢桥梁厂家研发了专门针对 U 肋板单元的 MAG(富氩混合气体保护焊)焊接新技术(表 5-3)。该技术在南京长江第四大桥的钢箱梁顶板 U 肋坡口焊缝首次成功使用,顶板 U 肋坡口角焊缝采用此种焊接方法一道成型,既降低了成本又提高了生产效率。

U 肋焊缝焊接工艺 表 5-3

焊接部位	坡口简图 (尺寸单位:mm)	焊道熔敷简图	焊接材料	焊接电流(A)	焊接电压(V)	气流量(L/min)	焊接车速(cm/min)
顶板 U 肋坡口角焊缝	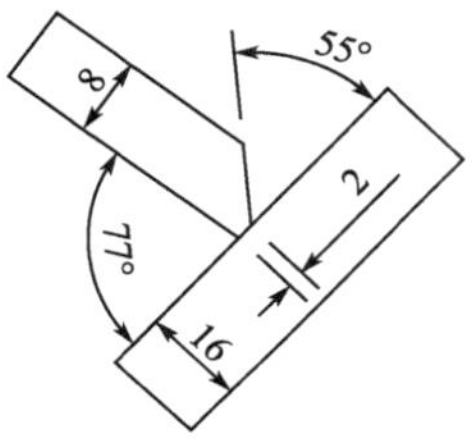	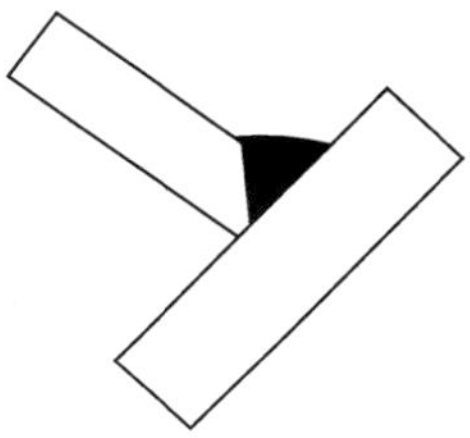	ER50-6 ($\phi1.6$) 80% Ar + 20% CO_2	300±15	28±2	15~20	32±3
底板 U 肋角焊缝	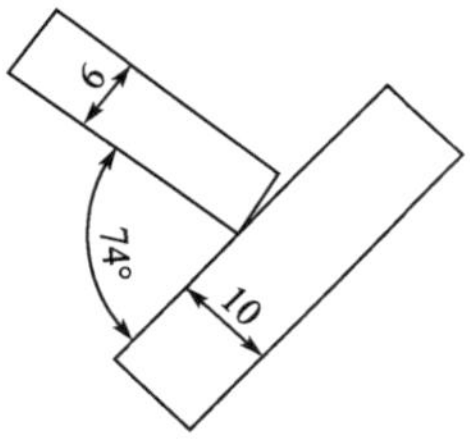	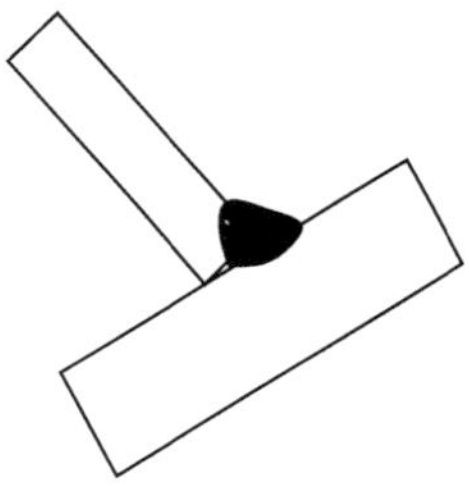		300±15	28±2	15~20	40±3

由于实芯焊丝富氩气体保护焊获得熔深较大,但在满足熔深的前提下不能将 U 肋烧穿,因此,对焊接操作做如下规定:

①焊接时保持焊丝干伸长在 20~25mm 左右;

②焊丝不宜对正坡口根部,应偏离根部 2~3mm 朝向面板侧。

焊丝的干伸长和到坡口根部距离是通过反复试验确定的,由于 U 肋坡口焊缝钝边为 2mm,干伸长小于 20mm,电流密度增加,熔深增大,焊丝靠近坡口根部容易造成烧穿,焊丝离坡口根部太远容易造成熔池偏离坡口根部,对熔深不利(图 5-26);干伸长大于 25mm,气体对熔池的保护及电弧的稳定性变差，同时电流密度减小，电压增大，不利于满足熔深要求和焊缝成形。因此，对焊接操作作以上两点规定，以保证 U 肋坡口焊缝的焊接质量。

（3）机器人焊接系统船位焊接

①板单元反变形技术。

由于焊接的收缩，板单元焊接后产生横向和纵向变形，严重影响板单元平面度，为了控制焊接变形并减小残余应力，设计船形焊双向反变形翻转胎架。船形焊反变形胎架采用液压自动夹紧、翻转，可调整翻转角度，使板单元处于最适合的焊接角度，如图 5-27 所示。

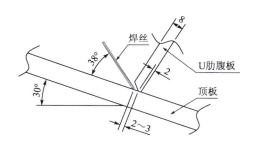

图 5-26　焊丝位置及角度（尺寸单位：mm）

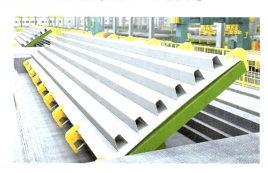

图 5-27　板单元焊接双向反变形胎架

②机器人船位焊接。

多头机器人焊接系统采用世界先进的电弧跟踪技术，实现对坡口根部位置偏差的智能化跟踪调整，跟踪精度达 0.2mm，如图 5-28 所示。船位焊接焊丝能够更容易地伸到坡口根部，焊接过程中的焊速、焊枪摆动幅度都由机器人自动控制实施，更容易到达最理想的焊接参数，能有效保证焊接熔深和焊缝外观成形，从内、外同时提高焊缝疲劳强度。自动化焊接系统与双向反变形船位焊接结合，焊缝成型好，熔深和内部质量稳定可靠，板单元不用矫正即可达到质量要求，同时可以最大限度地减小残余应力和应力集中，有效提高板单元抗疲劳性能，增强结构耐久性。通过对多组试件焊接断面检验，检验结果表明，熔深达到板厚 80% 以上，焊缝成型效果良好，可有效提高钢桥面板的抗疲劳性能，典型焊接断面如图 5-29 所示。

图 5-28　机器人焊接系统

图 5-29　U 肋焊接试件断面

以 3.6m 宽桥面板单元为例,其上有 6 条 U 肋,根据这一情况,采用一条板单元自动焊接系统。在焊接机器人左右各设置一个双向反变形胎架。2 个龙门上的 4 台焊接机器人先焊左侧板单元上的 4 条缝,然后留一个龙门上的 2 台焊接机器人继续焊接剩余 2 条缝,另一个龙门上的 2 台焊接机器人去焊接右侧板单元上 2 条缝,然后再用 2 个龙门上的 4 台焊接机器人同时焊接右侧板单元上剩余的 4 条缝,完成 2 块板单元的焊接,如图 5-30 所示。经测算其焊接效率是普通自动焊小车效率的 2.6 倍。该自动化焊接设备为 2 个悬臂组成龙门结构,每个龙门结构有 2 台焊接机器人,可以单独控制,作业效率更高,信号传递更准确,故障率较整体龙门方式降低了一半。

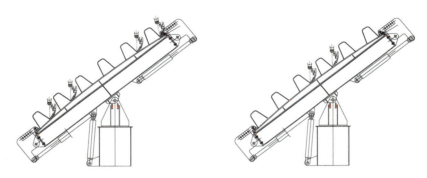

图 5-30 板单元焊接步骤示意图

(4)门式多电极专机焊接技术

①板单元平位反变形技术。

由于焊接收缩的影响,板单元焊接后产生横向和纵向变形,严重影响板单元平整度,为了控制焊接变形和减小残余应力,设计平位双向反变形胎架。平位反变形胎采用液压自动夹紧,提高了工作效率,通过合理预设反变形能做到板单元焊接后基本不用矫正变形,如图 5-31 所示。

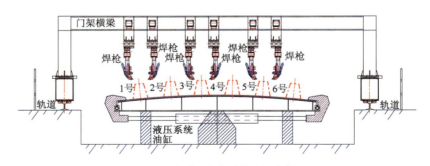

图 5-31 板单元焊接平位反变形胎架

②门式多电极专机平位焊接技术。

针对 U 肋焊缝质量要求及接头特点,结合多年正交异性桥面板 U 肋焊接经验,国内某钢桥梁制造厂家研发了专门针对 U 肋和板肋的双丝 MAG 焊接新技术,一条焊缝配置 2 把焊枪一前一后双丝双熔池焊接,专机上配置多头焊枪,选择可靠的焊缝跟踪方式,保证电弧位置准确,在反变形胎架上以较高的焊接速度一次将板块 U 肋全焊完。该新技术主要从焊接材料的选用上达到控制熔池气液相界面表面张力,有效防止在平角位熔池下淌趋势,获得了良好的焊缝表面成形;通过双丝电弧达到既控制焊缝熔深又防止焊缝烧穿。图 5-32 为门式多电极专机平位焊接过程,图 5-33 为采用 U 肋双丝 MAG 焊焊接 U 肋试验的断面照片。

U 肋板单元在设计好的液压反变形胎架上压紧预变形,在平位状态下进行焊接,一台焊接门架可同时对 6 根肋板中的 3 根 U 肋如 1、3、5 号进行双面同时焊接,另一台焊接门架可对另外 3 根 U 肋如 2、4、6 号进行双面同时焊接,如图 5-34 所示。若板单元上肋板数量为 3 个,则两套门架可单独使用,在两个工位上各有一套门架对板单元进行焊接。采用实心焊丝 + 富氩混合气体(80% Ar + 20% CO_2)焊接工艺,焊接时重点控制焊接顺序,以减小焊接变形。操作者操作时,要保证焊丝角度、工艺参数与工艺保持一致,要确保熔深和焊缝外观成型,以减小焊缝缺陷。

图 5-32 门式多电极专机平位焊接

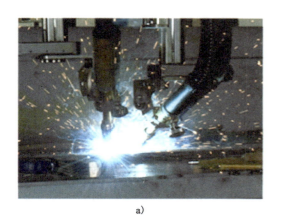
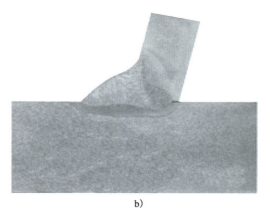

a) b)

图 5-33 U 肋双丝 MAG 焊金相断面

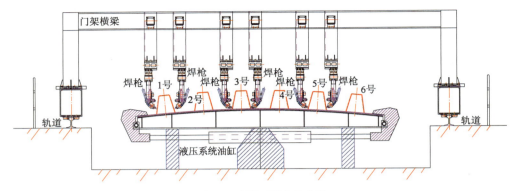

图 5-34　板单元焊接示意图

(5) 焊接质量问题

板单元生产中采用的焊接工艺方案较为成熟,但由于 U 肋自身的特殊结构形式,使得 U 肋与顶、底板间角焊缝的焊接质量成了最突出的问题。

①组装时,定位焊缝容易产生裂纹;

②焊缝外观成型不好;

③根部熔透率达不到要求;

④根部容易焊漏、烧穿。

(6) 焊接质量问题原因分析及工艺措施

①定位焊缝裂纹。

顶板 U 肋定位焊缝长度一般为 50～100mm,间距一般为 300～500mm。开坡口 U 肋角焊缝的定位焊缝一般不得超过坡口深度的 1/2;不开坡口 U 肋角焊缝的定位焊缝焊脚尺寸一般不大于 4mm。通常定位焊缝都比较短小而且断续,焊接热输入量很小,低合金高强结构钢焊接时,容易产生裂纹,尤其是弧坑裂纹。

裂纹端部形状尖锐,应力集中严重,是焊接结构中最危险的焊接缺陷。定位焊缝往往在焊缝根部,是正式焊缝的重要组成部分。为此,组装前需要将焊缝两侧 30mm 范围内的铁锈、油污及预涂底漆打磨干净,露出金属光泽;定位焊缝的长度应严格控制,不得低于规定长度;延长熄弧处停留时间,将熄弧处填满;有预热要求的,定位焊前一定要按照规定预热。对已经出现的裂纹应打磨干净,并采用磁粉检测,严重时可将定位焊缝刨掉,并在其近旁重新定位焊。

②焊缝外观成型。

有定位焊缝的部位,焊缝往往出现凸起,使外观成型不好;反变形翻转胎型倾斜角度不合理,从而产生咬边或焊瘤等,外观检查不合格,更谈不上美观。成型好坏是焊缝外观质量的重要标志。为此,U 肋组装以后,在焊接前应对定位焊缝进行打磨,并将两端打磨出过渡斜坡;根据 U 肋的厚度、坡口形式及预置反变形角度,确定合理的反变形翻转胎型倾斜角度;严格控制焊接参数,包括焊接电流、电压及速度等。

③熔透率问题。

由于顶板 U 肋角焊缝比钢箱梁底板 U 肋角焊缝的熔透率要求高,因此,顶板 U 肋角焊缝往往达不到根部熔透率要求。如果定位焊缝达不到根部熔透率要求又未彻底清除,此处的焊缝将达不到设计要求。事实还证明,在焊接工艺评定试验中达到根部熔透率的要求并不困难,难的是在实际生产过程中板单元的整个长度上都达到规定的熔透率。为此,只要有熔透率要求的 U 肋角焊缝,均应开单侧 V 形坡口进行焊接;选择合理的焊接参数;选用合理的焊枪倾角以及焊丝伸出长度,这一点主要受焊工实际操作经验和水平的影响。

④根部焊漏(烧穿)。

为了达到根部熔透率要求而采取的工艺措施,往往会造成 U 肋角焊缝根部焊漏(烧穿);组装时,局部焊缝根部间隙过大,超出允许要求。为此,在混合气体保护自动焊过程中,操作者必须随时跟踪观察电弧状态、位置和自动焊小车的行进,并及时调整焊接电流、电压及速度等焊接参数;组装时严格控制焊缝根部间隙,使其在合理的范围之内,以确保 U 肋角焊缝根部不被焊漏(烧穿)。U 肋角焊缝断面照片如图 5-35 和图 5-36 所示。

图 5-35　不合格金相

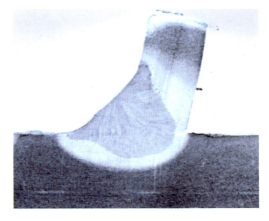

图 5-36　合格金相

(7)顶板与 U 肋焊缝无损检测

由于 U 肋与顶板焊接时,易产生气孔、夹渣、未熔合、烧穿等质量缺陷,采用磁粉探伤仅能检测到焊缝的表面缺陷,难以检测到焊缝内部的缺陷,然而我国已建的部分钢桥梁 U 肋焊缝多采用磁粉探伤。美国新卡奎内兹海峡桥钢箱梁验收标准明确规定:对于 U 肋焊缝长度的 15% 进行 UT 超声波检测,若 UT 超声波检测发现焊接不良,则对有缺陷单元板的全部 U 肋进行 100% 超声波检测。超声波的探伤方法适用于钢板厚度大于或等于 8mm,而 U 肋一般板厚多为 8mm,少数采用 6 mm 或者 10mm,超声波探伤存在定位和缺陷判断困难,且对操作人员要求较高,目前国内已很少采用。

为准确检测 U 肋焊缝熔透率,无损检测人员采用超声相控阵技术对 U 肋焊缝熔透率检测进行了多组试验。试验结果表明,超声相控阵检测结果与焊缝断面宏观金相分析结果基本一致,能直观、准确反映焊缝熔透率及缺陷位置。目前,超声相控阵检测技术(图5-37)已成功应用于港珠澳大桥顶板U肋焊缝检测。

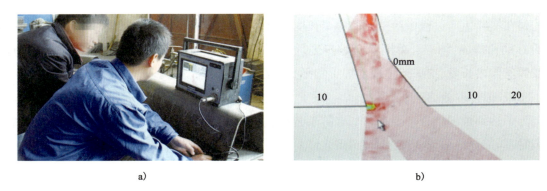

a)   b)

图5-37　U肋角焊缝超声相控阵检测

2) 横隔板接板与顶板焊接

横隔板接板与桥面通常采用角焊缝连接,焊接时多采用CO_2保护自动焊焊接,该焊接工艺较为成熟。横隔板接板在U肋与顶板间焊缝处有10mm×10mm过焊孔,接板焊接时,应从顶板连续施焊至U肋槽口的弧形缺口部位,U肋与顶板交接处80mm范围内不得起熄弧;焊接到过焊孔时,摆动焊条,堵住过焊孔;在弧形缺口端部应围焊并将焊缝打磨匀顺(图5-38)。

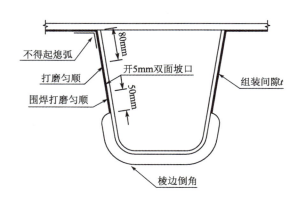

图5-38　横隔板与桥面及U肋焊接连接要求

3) 顶板纵向对接焊接

顶板纵向对接焊缝,采用单面焊双面成形工艺。焊接时背面贴陶质衬垫,气体保护焊打底、埋弧自动焊盖面。焊缝间隙控制在6±2mm,打底焊缝焊接2层,厚度控制在8~10mm;埋弧自动焊填充时,控制线能量和层间温度,确保焊缝性能,盖面时做2道盖面,控制余高和焊缝外观成形。

5.2.4 现场施工技术

1) 纵肋栓接施工技术

钢桥面板纵肋采用栓接连接方式时,影响钢桥面板施工质量因素较多,如纵肋接头的弧形缺口质量、栓接面质量控制、纵肋错边量、高强度螺栓施拧工艺等。为此,需改进细节处理工艺及加强施工过程质量控制,以提高纵肋的抗疲劳性能。

(1) U肋弧形缺口施工工艺

为确保U肋弧形缺口质量,纵肋应采用NC数控精密切割下料,如图5-39所示,将弧形缺口一次切割而成,以避免采用人工火焰切割造成切割面的崩坑、塌角等缺陷。在数控切割过程控制项点:

①对火焰的调整,必须将割枪火焰调整到最佳;
②对割枪位置的固定,高度必须合理且要垂直,前后、左右都不能有偏差;
③切割设备各部件的松动会引起割枪的摆动,进而影响到切割效果。

火焰割面裂纹一般有可见和不可见两类,可见裂纹是肉眼可辨的分布在割面上的裂口,而不可见裂纹主要分布在切割断面附近的内部,多为脉动裂纹。断面裂纹除钢板含合金成分太高所致外,也有可能是操作数控火焰切割机预热切割时,工件预热温度不够,工件冷却时间太快,材料冷作硬化导致。为此,在弧形缺口切割完成后,采用倒棱机对棱角部位倒$R2\text{mm}$圆角,如图5-40所示,以提高纵肋的抗疲劳性能。

图5-39 NC数控精密切割下料

图5-40 U肋倒棱效果

(2) 栓接面处理工艺

采用砂轮磨去栓孔的飞边、毛刺,确保栓接面无任何凸起杂物,同时应避免栓接面其他涂层污染,对于防滑涂层损伤部位,应及时补涂装,保证栓接面涂装质量。要求每批试件的抗滑移系数安装时最小值不得小于0.45。摩擦面在大气中暴露时间超过6个月,必须检查摩擦面的情况,或降低抗滑移系数的状况,有疑点时必须进行试验,已变质的摩擦面必须根据设计更新处理。

(3) 摩擦面间隙处理工艺

摩擦面间隙处理是确保高强度螺栓连接质量的关键之一。为此,要求对于错边量 $\delta \leqslant 1\text{mm}$ 时,不做处理;$\delta = 1.0 \sim 3.0\text{mm}$ 时,将厚板一侧磨成 1:10 的缓坡,使间隙小于 1.0mm。用砂轮磨时,应使砂轮打磨方向与受力方向垂直。$\delta > 3.0\text{mm}$ 时,加垫板,垫板厚度不小于 3mm,垫板材质和摩擦面处理方法与构件相同。通过对摩擦面间隙处理,可有效提高栓接面的接触率,从而大幅提升高强度螺栓的连接质量。

(4) 高强度螺栓施拧工艺

桥面板纵肋采用高强度螺栓连接方案时,由于顶板的焊接收缩而导致高强度螺栓的摩擦系数衰减,严重影响高强度螺栓连接质量。针对顶板采用的横向对接焊接方案,通过对施工工艺的分析研究,确定了高强度螺栓施工方案,具体为:顶板横向焊缝 CO_2 打底→高强度螺栓初拧→高强度螺栓复拧→顶板横向焊缝埋弧自动焊盖面→高强度螺栓终拧。为提高栓接面的正压力,高强度螺栓群施拧时,应采用由中央向外拧紧的施工顺序,如图 5-41 所示。为了保证螺栓预拉力误差在设计值的 ±10% 以内,各施工期终拧扭矩要根据扭矩系数变化(如每批螺栓扭矩系数平均值不同的影响,施拧时气温与扭矩系数复验时气温不同的影响),分别计算确定。采用表面磷皂化处理的高强度螺栓扭矩系数随温度升高而降低,温度每上升 10℃,扭矩系数减少 6.7%。为确保高强度螺栓连接质量,初拧及复拧采用 0.3kg 小锤敲击检测,终拧采用松扣、回扣法检查。

 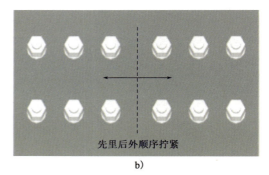

图 5-41 高强度螺栓施拧顺序

2) 纵肋焊接连接施工技术

(1) 钢衬垫组装间隙控制

纵肋嵌补段现场焊接时需采用钢衬垫板,如图 5-42 所示,钢衬垫板一般厚 4mm,宽 60mm。由于钢板较薄,在切割下料成窄板条时变形较大,与同样较薄的纵肋壁板之间往往不密贴,而且存在组装间隙,容易在定位焊缝里存在焊接缺欠或缺陷,同时也会在焊根处产生较大的应力集中。钢衬垫板单侧焊接的对接焊接头,其疲劳强度较低,且受钢衬垫板与板件之间的组装间隙和焊接质量的影响很大。纵向 U 肋作为弹性支承在横隔板上的连续梁,在汽车轮载沿桥轴方向移动时,U肋下翼缘钢衬垫板对接焊接头处于拉应力状态,如图5-43所示。在钢衬垫板对接焊接头的焊根处将产生较大的应力集中。应力集中系数随组装间隙 Δ 的增加而变大,并由此引发疲劳裂纹。试验表明:当组装间隙 $\Delta \leqslant 1.0\mathrm{mm}$ 时,200万次疲劳强度约为 $65\mathrm{MPa}$;当 $\Delta \geqslant 2.0\mathrm{mm}$ 时,200万次疲劳强度降低 $10\sim15\mathrm{MPa}$[10]。

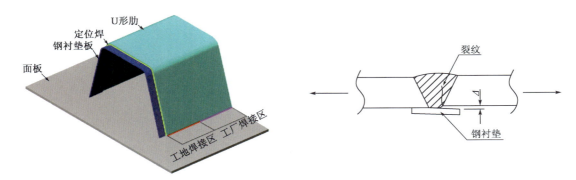

图5-42 纵肋现场接头结构形式　　　　图5-43 纵肋嵌补段对接处裂纹成因示意图

在制造正交异性钢桥面板时,定位焊一般不连续。一般情况下,从工厂板单元制造,到装配厂组装焊接成箱梁节段,再运至桥位吊装焊接,存放时间过长,钢衬垫板与U形纵肋之间严重锈蚀,桥位焊接时,无法清除间隙处的铁锈,极易产生焊根缺陷或微裂纹。

为减小钢衬垫的变形,采用等离子数控切割机下料,然后采用折弯机进行折弯。组装钢衬垫时,采用"反装法"组装U肋钢衬垫,通过专用卡具确保U肋钢衬垫密贴,要求组装间隙不大于 $0.5\mathrm{mm}$,检测合格后,采用 CO_2 气体保护焊进行周圈定位焊接,如图5-44所示。

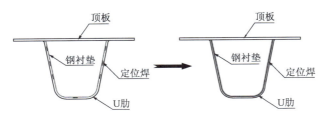

图5-44 纵肋钢衬垫板定位焊示意图

(2)纵肋嵌补段组焊

在焊接纵肋嵌补段时,没有将定位焊熔透,极易在对接焊缝中造成焊接缺欠或缺陷,并且U形肋对接焊及其与面板的角接焊均处于仰焊位置施焊,仰焊工作条件恶劣,同时为防止熔化焊缝金属滴落,需采用多道小线能量焊接,增加焊接材料消耗,容易存在焊接缺陷,焊缝成型差且咬边深度较大,焊缝外观较差。

严格控制U肋嵌补段组装错台,要求接头错台不大于1mm,为提高焊接质量,进行焊接工艺试验,确定合理的焊接方法及参数,选择优秀的焊接操作人员施焊。在外观检测合格后对焊缝进行磁粉和Ⅰ级超声波探伤,同时,利用超声冲击工艺使焊缝焊接残余应力重新分布,达到减小应力集中的目的。纵肋嵌补段组装及焊接过程如图 5-45 所示。

①对钢衬垫定位焊缝及嵌补段安装位置进行打磨除锈。要求焊缝及两侧各 50mm 除锈，不得有水、油、氧化皮等污物；

②安装纵肋嵌补段，控制组装间隙不大于 1mm；

③U 肋对接背面贴钢衬垫熔透焊接。U 肋对接焊缝对称连续焊接完成，清理焊缝端部并修磨。

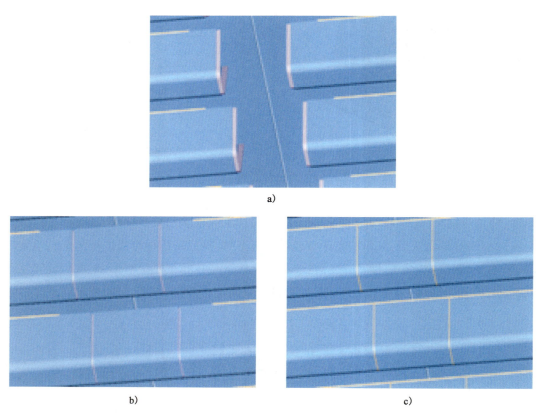

图 5-45　U 肋嵌补段组焊过程

3）顶板横向对接焊缝焊接技术

(1) 单面焊双面成型技术

顶板采用焊接连接时，坡口形状和尺寸的加工精度会对接头的焊接质量和焊接的经济性产生一定的影响。坡口角度减小时，根部间隙必须加大。同样，当根部间隙较小时，钝边高度不能过大，坡口角度或坡口面角度不能太小，确保焊条（丝）能到达根部附近，并利于其与所焊板件熔合，有效避免熔合不良等焊接缺陷。美国桥梁焊接规范对焊接坡口的加工精度和焊接接头的组装精度规定得非常详细，我国《铁路钢桥制造规范》(TB 10212—2009) 对焊接接头组装的允许误差做了具体要求。钢桥面板焊接的主要缺陷有裂纹、未熔合、未熔透、气孔、夹渣和外形不良等。焊接缺陷对结构的静力强度影响不大,试验表明当密集气孔使断面的面积减小7%时,抗拉强度不会降低。然而,在疲劳载荷作用下它会因应力集中而产生疲劳裂纹。一般来说,垂直于受力方向的二维缺陷(裂纹、未熔合)比三维缺陷(气孔等)危害更为严重,表面缺陷要比内部缺陷危害严重,只有内部缺陷足够大,且其影响程度超过外表形状变化的影响时才成为对疲劳性能有显著影响的缺陷。

针对顶板横向对接焊缝,采用了单面焊双面成型技术,施焊方便,背面成型良好,焊接质量稳定、可靠,国内外船舶行业及大型钢箱梁制造企业在焊接生产中已广泛使用。在单面焊中采用陶质衬垫,由于可使用较大的根部间隙,背面无须清根,不仅大大提高了生产效率,而且焊缝根部质量也容易得到保证。由于陶质衬垫对坡口根部间隙不敏感,衬垫长度可任意接长、剪短,尤其适合于现场安装焊缝。顶板间焊缝全部采用单面焊双面成形工艺,采用背面贴陶质衬垫的根部留6mm间隙坡口,即底层焊缝用MAG半自动焊焊接,填充盖面焊缝根据施焊空间采用埋弧自动焊焊接或MAG半自动焊焊接,如图5-46所示。

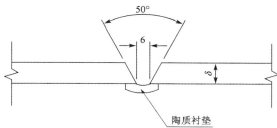

图5-46 顶板焊接示意图(尺寸单位:mm)

(2) MAG焊大流量富氩混合气体焊接防风技术

在焊接方法的选择上,若采用焊条手工电弧焊,则焊接效率低、劳动强度大、熔渣污染大;若采用药芯焊丝CO_2气体保护焊,则焊材管理难度大、焊缝易出现氢致裂纹。综合考虑,可采用富氩混合气体(MAG)保护焊,针对海上风大、雾大、浪大、多台风的恶劣自然环境,必须开展MAG大流量焊接防风技术的研究,主要从两方面考虑:一方面,创造局部的防风、防雨环境,如制作防风防雨棚;另一方面,选择专用的防风焊枪。

(3) 焊缝成型的打磨处理

盖面焊缝焊接完成后,应对焊缝进行打磨处理,以防止产生表面裂纹或诱发产生应力腐蚀开裂的情况发生。顶板焊缝应顺应力方向打磨,过焊孔位置的焊缝应打磨匀顺,成型不好的焊缝打磨成圆滑过渡,以减小应力集中。

通过对顶板横向对接焊接技术的研究,确定了采用单面焊双面成型、MAG焊防风技术以及焊缝成型的打磨处理,可确保焊缝连接的质量,进而有效提高顶板的使用寿命。

5.2.5 制造细节施工技术

经过多年发展,钢桥面板的制作工艺已趋于成熟,但由于各制造单位的制作理念、加工设备、工艺技术不同,对钢桥面板制造细节关注度和处理工艺也不尽相同。工程实践表明,合理正确的制造细节处理工艺,有利于提高钢桥面板的抗疲劳性能。

(1)对于 U 肋定位焊而言,焊肢过大,会对焊接熔透率产生影响,焊肢过小又会产生开裂,所以焊脚尺寸应不大于 4mm;定位焊缝应距设计焊缝端部 30mm 以上,其长度为 50~100mm,间距为 400~600mm,如图 5-47 所示。

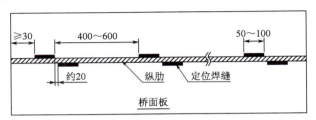

图 5-47 定位焊缝要求(尺寸单位:mm)

在板条肋组装时,两侧定位焊缝应错开 20mm,以利于焊接过程中的水汽排出;定位焊缝不得有裂纹、夹渣、焊瘤等缺陷,对于开裂的定位焊,必须先查明原因,然后再清除开裂的焊缝。

(2)在 U 肋与顶板焊接时,应在 U 肋内侧回焊 20mm;U 肋与横肋焊缝端部应进行围焊,围焊时宜在距端部 50mm 处起熄弧,不可在端部起熄弧,并将焊缝包头打磨圆顺;U 肋嵌补段采用焊接时,钢衬垫与 U 肋组装间隙应不大于 0.5mm,周圈采用 3~4mm 连续焊接,不可采用断续焊接;应对疲劳敏感部位的焊缝进行局部打磨处理,以消除应力集中,并有效提高钢桥面板的疲劳耐久性,如图 5-48 所示。

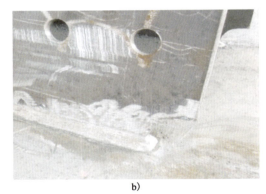

a)   b)

图 5-48 U 肋端部细节处理

(3)采用砂轮将焊缝打磨匀顺,可有效减小应力集中,从而提高焊接接头的疲劳耐久性。要注意的是磨削方向应与力线方向一致,否则在焊缝中会留下与力线垂直的刻痕,它相当于应力集中源,会导致接头疲劳强度降低。

(4)顶板单元焊接后,采用自动倒棱设备对自由边棱角进行打磨,可保证所有外露钢板边倒 $R2mm$ 圆角,比以往的砂轮倒棱效果大大提高。

(5)桥面板采用传统虎头卡吊装时,导致钢桥面板在卡具处产生 1~3mm 深的压痕,约为母材厚度的6%~19%,严重影响了钢桥梁的整体质量。对此,在港珠澳大桥生产过程中采用了板钩加橡胶垫或框式吊具进行吊运翻身,取得了良好的应用效果。

5.3 小　　结

提升加工制造质量,是改善正交异性钢桥面板疲劳性能、提高其疲劳寿命最为重要的途径之一。对于正交异性钢桥面板的单元合理构造和制造工艺进行了深入研究。首先,对正交异性钢桥面板疲劳性能的关键影响因素进行了分析,详细介绍了正交异性钢桥面板的细节构造设计和制造技术,提出了正交异性钢桥面板合理构造、横隔板合理构造、现场连接构造等关键部位的制造工艺及措施,形成了钢桥面板制作过程中的下料加工、组装技术、焊接技术以及制造细节处理等关键技术。为港珠澳大桥正交异性钢桥面板及钢箱梁结构的制造质量达到国际领先水平,总体制造精度达到毫米级奠定了坚实的基础。本章主要内容和结论如下:

(1)设计了多组熔透率不同的试验件,就熔透率对于纵肋与顶板焊缝部位疲劳性能的影响问题进行了研究,确定了能够满足港珠澳大桥120年的超长使用寿命要求的焊缝熔深。

(2)实腹式横隔板按构造设计可分为整体式横隔板、顶板带接板与横隔板搭接焊接、顶板带接板与横隔板对接焊接、顶板带接板与横隔板T形角接4种形式。研究表明,T形角接连接方式传力路线明确,能够保证横隔板上下部分组装焊接质量。因此,选用该方式作为港珠澳大桥横隔板的连接方式。

(3)通过深入研究研发了新型的U形肋加工生产线,全面提升加工精度和生产能力;研发了板单元自动化组装设备,保证了板单元组装定位的精度和定位焊质量;研发了板单元自动化、智能化焊接设备,全面提高了板单元焊接效率和焊接质量;引入超声相控阵等先进检测技术,并在关键疲劳易损部位焊接质量和焊接缺陷检测中得到了成功应用。

本章参考文献

[1] 钱冬生.钢桥疲劳设计[M],成都:西南交通大学出版社,1986.
[2] 王春生,冯亚成.正交异性钢桥面板的疲劳研究综述[J].钢结构,2009(9):10-13.
[3] EN 1993—2: 2006. Design of Steel Structures Part 2:Steel bridges[S]. 2006.
[4] 日本道路协会.钢道路桥的疲劳设计指针[S].日本东京:丸善株式会社,2002.
[5] 中交公路规划设计院有限公司.港珠澳大桥主体工程桥梁施工图设计[Z].2012.
[6] 方兴.钢桥典型裂纹成因及整治措施的研究.铁道科学研究院博士后研究工作报告[R].2010.
[7] 陶晓燕,刘晓光,张玉玲.正交异性钢桥面板受力特征研究[J].钢结构,2010(7):12-14.
[8] 赵欣欣.正交异性钢桥面板设计参数和构造细节的疲劳研究[D].北京:中国铁道科学研究院.2010.

[9] 铁道部科学研究院铁道建筑研究所.大型公路钢箱梁正交异性板工地接头构造细节的改进及应用[R].铁道部科学研究院,1999.

[10] 罗旭辉.钢箱梁U肋角焊缝的超声波探伤.[J].广州建筑,2002(3):41-43.

[11] 中华人民共和国行业标准.TB 10212—2009 铁路钢桥制造规范[S].北京:中国铁道出版社,2009.

[12] 王志生,李军平.大型钢箱梁有关设计及制造细节问题的探讨[J].钢结构,2010(4):56-58.

第6章 正交异性钢桥面板的疲劳模型验证试验

6.1 正交异性钢桥面板疲劳易损部位有限元仿真分析

6.1.1 有限元仿真分析模型

1) 有限元仿真分析的目的

建立有限元模型进行仿真分析的主要目的是：

(1) 通过有限元模型对实际结构进行仿真分析，评估实际结构理论安全性以及有限元模型与实际结构的相似性。

(2) 获得港珠澳大桥各个疲劳关注细节的最不利加载位置以及高应力区在全桥的出现位置。

(3) 为指导试验试件模型和足尺节段模型的优化设计提供理论依据。

(4) 了解试验模型的应力分布，并据此进行测点布置，对试验过程进行监测和控制。

2) 有限元模型的建立

(1) 多节段模型全桥位置的选取

港珠澳大桥正交异性钢桥面板的疲劳试验主要针对 6×110m 标准联非通航孔桥和 (110+150+110)m 钢箱连续梁跨崖 13-1 气田管线桥的桥面板结构，因此，根据港珠澳大桥设计图纸建立了 6×110m 标准联和 (110+150+110)m 钢箱连续梁桥两个全桥有限元模型。全桥模型对各个板件进行了较为准确的模拟，仅对实腹式横隔板上人孔开口、管道开口等附属结构进行了简化，以最大程度保证与实桥的等效性。全桥模型 1 为 6×110m 的标准联(图 6-1)，采用 4 节点 shell 63 单元，模型的单元总数为 1 069 933，节点数为 960 582。全桥模型 2 为 (110+150+110)m 钢箱连续梁桥(图 6-2)，采用 4 节点 shell 63 单元，模型的单元总数为 661 395，节点数为 598 351。全桥模型的网格划分如图 6-3 所示，整体网格划分较为均匀。两个模型均按照港珠澳大桥设计图纸中给出的结构约束体系进行约束。

在有限元仿真分析中，模型的计算分析耗时往往随着模型单元数量的增加呈对数增长，但理论上模型的单元划分越精细，仿真分析的结果越精确。因此，考虑到仿真分析计算结果的准确性以及恒载对疲劳影响较小等因素,本次试验的理论计算根据全桥分析结果适当选取了港珠澳大桥全桥模型中的多个节段建立局部优化模型对关键疲劳易损部位进行仿真分析。

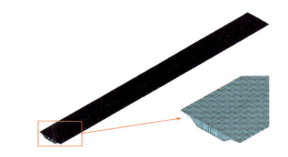

图 6-1　6×110m 的标准联几何模型

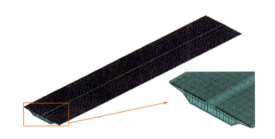

图 6-2　(110+150+110)m 钢箱连续梁几何模型　　　图 6-3　全桥模型空腹式横隔板网格划分

多节段的局部优化模型是通过在全桥模型的多个代表部位加载单轴荷载,计算对比疲劳关注细节处的最大主拉应力,选取其最不利的情况建立的。全桥的代表部位分别选取了 6×110m 标准联的边跨跨中、次边跨跨中、边跨支座和(110+150+110)m 钢箱连续梁跨崖 13-1 气田管线桥的中跨跨中、中墩支座、边跨跨中。单轴荷载的纵向加载位置为选取部位关注横隔板(关注疲劳细节所在的横隔板)的正上方,横向加载位置为靠近箱梁中心线的车轮正好位于从箱梁中心线往箱梁悬挑端算起第 2 个 U 肋的正上方。横纵向的加载位置是通过试算得到的,当单轴荷载作用在该位置上时,关注的疲劳细节处会出现较大应力。单轴荷载加载计算分析结果见表 6-1,关注的疲劳细节为 U 肋和横隔板交叉处。

全桥代表部位单轴荷载加载结果　　　表 6-1

全桥模型	局部位置	顶板厚(mm)	最大主拉应力(MPa)
6×110m 标准联	边跨跨中	22	29.3
	边跨支座	24	23.6
	次边跨跨中	22	19.0
(110+150+110)m 跨崖 13-1 气田管线桥	中跨跨中	22	24.5
	中跨跨中附近	18	25.0
	中跨支座	22	24.2
	边跨支座	22	24.3

对比全桥代表部位的单轴荷载加载结果,多节段大模型选取了 $6\times110m$ 标准联的边跨跨中部位。另外,需要注意的是港珠澳大桥钢箱连续梁桥面板顶板板厚在边跨跨中一定范围内是变化的,存在18mm、22mm两种厚度,横隔板(横肋板)也分为实腹式横隔板和空腹式(横肋板)两类,板厚分别是12mm和16mm。分析结果表明:

①在纵肋和横肋(即横隔板)完全相同的条件下,顶板板厚越小,疲劳关注细节的受力越不利。

②在纵肋和顶板完全相同的条件下,空腹式横隔板(即横肋板)的疲劳关注细节更为不利。

综上所述,有限元大模型选取了 $6\times110m$ 标准联边跨跨中附近顶板板厚18mm并以空腹式横肋板为中心的节段建立模型。

(2)多节段有限元模型的建立

多节段板壳元模型建立了以重点关注的空腹式横肋板为中间横肋板的顺桥向30m范围内12个节段的1/2结构,采用4节点shell 63单元,如图6-4所示。对以重点关注的空腹式横肋板为中间横肋板的顺桥向5m范围内的2个节段进行了单元细化,其他板件单元划分较为粗略,模型的单元总数为516 312,节点数为501 725。模型的一端固结,并在对称位置处施加对称约束。

多节段板壳元模型采用了shell 63单元,在计算分析焊缝等三维构造时存在不足。因此,针对顶板U肋焊缝这一疲劳关注细节建立了多节段实体板壳混合模型来进行计算分析对比。多节段实体板壳混合模型以多节段板壳元模型为基础,以重点关注横肋上的疲劳关注细节为中心的 $5m\times3.6m\times0.1m$ 范围内采用实体元(图6-5),实体元与板壳元之间通过创建耦合自由度集的方式进行耦合。多节段实体板壳混合模型建立了以重点关注空腹式横肋板为中间横肋板的顺桥向30m范围内12个节段的1/2结构,采用部分4节点shell 63单元和部分8节点solid 65单元,并对以重点关注的空腹式横肋板为中间横肋板的顺桥向5m范围内2个节段的板壳元进行了单元细化,实体单元大小与其接触的板壳单元相近。模型的单元总数为413 477,节点数为438 791。模型一端固结,在对称位置处施加对称约束。

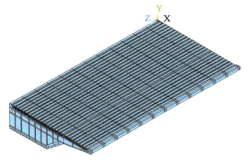

图6-4 多节段板壳元几何模型

图6-5 多节段实体板壳混合模型实体元部分

以上两个多节段有限元模型根据港珠澳大桥设计图纸对各个板件进行准确建模,U 肋开孔形状与设计完全一致,仅对实腹式横隔板上人孔开口、管道开口进行简化,对其他板件未进行任何简化。多节段模型的板壳元细化网格如图 6-6 和图 6-7 所示。

图 6-6　多节段模型空腹式横隔板网格划分

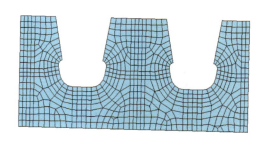

图 6-7　多节段模型局部单元细化图

6.1.2　标准疲劳车辆加载位置

1)加载位置说明

为确定疲劳关注细节在模型计算中轮轴作用的最不利加载位置,需要对轮轴荷载在钢箱梁桥面板上横向加载位置和纵向加载位置分别进行计算,从而判断每个疲劳关注细节对应的最不利加载位置。

轮轴加载的纵向位置说明如图 6-8 所示,轮轴加载的横向位置说明如图 6-9 所示,图中"X"表示加载车辆的中心线与箱梁中心线的水平距离。图中"Z"表示行车方向第一轴作用中心线距重点关注的空腹式横肋板的顺桥向水平距离,在第一轴还未到达重点关注的空腹式横肋板前 Z 为负,通过后为正。

2)横桥向加载工况说明

在确定轮轴作用的横桥向最不利加载位置时,考虑到:

(1)在实际交通中,快车道上主要行驶车辆为不计入疲劳影响的小车,紧急停车道为紧急停车用,大车、重车等对桥梁疲劳有贡献的车辆主要行驶在邻车道和慢车道上,因此,在疲劳分析计算时,只考虑邻车道和慢车道上的不利情况。

(2)Eurocode 1 中规定疲劳荷载模型 3(本试验所采用的等效标准疲劳车)的车辆中心线在车道上横向位置的频率分布应参照图 6-10,由图可知,车辆中心线偏离车道中心线超过 ±0.25m 的情况可以忽略。

基于以上两点,在确定轮轴作用的横桥向最不利加载位置时,只考虑轮轴中心线在邻车道和慢车道中心线上偏移不超过 ±0.25m 范围内的情况。

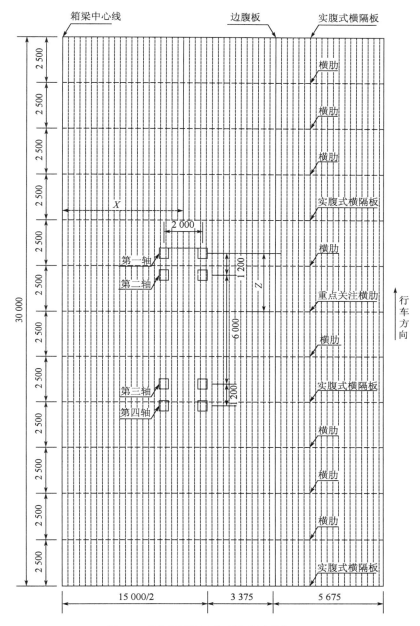

图 6-8 轮载作用位置平面图(尺寸单位:mm)

在确定轮轴作用的横桥向最不利加载位置时,先通过粗略试算得到轮轴作用的纵桥向某个不利加载位置,在保持该纵桥向加载位置不变的情况下,分别以等效标准疲劳车中心线在邻车道中心线和慢车道中心线向箱梁中心线方向偏移 0.25m 处为起点,逐步向悬挑端移动,并分别以邻车道中心线和慢车道中心线向悬挑端方向偏移 0.25m 处为终点,每次移动 0.05m,每个疲劳关注细节对应有 22 个工况。

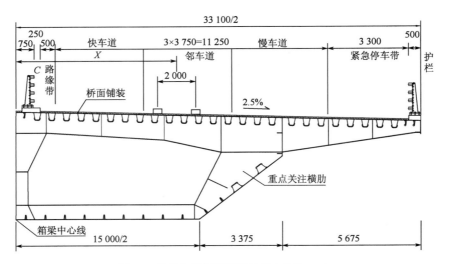

图 6-9 轮载作用位置断面图(尺寸单位:mm)

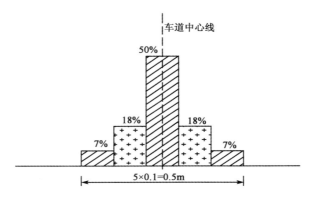

图 6-10 车辆位置横向概率分布图

3) 纵桥向加载工况说明

在确定轮轴作用的纵桥向最不利加载位置时,车轮作用的横向位置为横桥向最不利加载位置保持不变,标准疲劳车行车方向的前轴在距重点关注空腹式横肋板 5m 处($Z = -5m$)为起点,以每向前移动 0.2m 为一个工况,逐步到达并以全车通过重点关注的空腹式横肋板为止。

4) 考虑多车效应的加载工况说明

根据 BS 5400 和欧洲规范中疲劳相关章节规定,疲劳损伤计算必须考虑以下情形的多车效应:

(1) 同一车道上同时出现多辆疲劳车。

(2) 不同车道间疲劳车连续交替加载。

(3) 多车道同时加载疲劳车。

通过有限元仿真分析,各疲劳易损细节的影响线基准长度约为 10m。参考 BS 5400 相关条文,当关注区域影响线基准长度 L 小于 50m 时情形(1)发生的概率可以忽略不计。关于情形(2)对同一疲劳细节处的影响,BS 5400 主要考虑不同车道车辆加载应力历程出现正负值等情形时,对应疲劳细节应力幅值会有所增大。

在已确定的各个疲劳关注细节的最不利加载位置的基础上,通过分析计算以下工况来考虑多车道效应中情形(2)和(3)的影响。将横桥向最不利加载位置出现的车道定为目标车道,另外两个车道分别为 A 车道和 B 车道,保持标准疲劳车的纵桥向加载位置为各个疲劳关注细节对应的纵桥向最不利加载位置,分析计算:

(1)在目标车道以外的 A 车道中心线上加载一辆标准疲劳车。

(2)在目标车道以外的 B 车道中心线上加载一辆标准疲劳车。

(3)在目标车道横桥向最不利加载位置加载一辆疲劳车,同时在目标车道以外的 A 车道中心线上加载一辆疲劳车。

(4)在目标车道横桥向最不利加载位置加载一辆疲劳车,同时在目标车道以外的 B 车道中心线上加载一辆疲劳车。

6.1.3 理论分析与计算

针对横隔板 U 肋开孔部位、横隔板 U 肋焊缝、顶板 U 肋焊缝、U 肋对接(焊接、栓接)及顶板与边腹板焊缝 5 处待研究的疲劳易损部位,采用 6.1.2 节中所述加载工况进行加载,下面以横隔板 U 肋开孔部位为例,进行该部位的疲劳试验应力幅理论分析与计算说明。

(1)横桥向最不利加载位置的计算分析结果

将确定横隔板 U 肋开孔部位在轮轴作用的横桥向最不利加载位置的 22 个工况仿真分析结果绘于图 6-11 和图 6-12 中。图中的最大主拉应力为对应工况下重点关注空腹式横隔板上所有横隔板 U 肋开孔部位处的最大主拉应力。不同工况下,最大主拉应力出现在横隔板上位置可能不同。

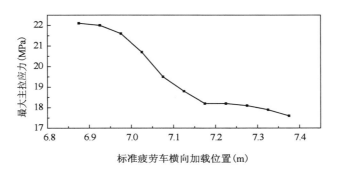

图 6-11 疲劳车在邻车道上横向移动时各工况对应应力

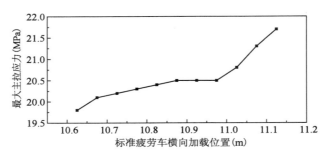

图 6-12　疲劳车在慢车道上横向移动时各工况对应应力

由仿真分析结果可知：等效标准疲劳车中心线在邻车道和慢车道中心线上偏移 ±0.25m 范围内时，横隔板 U 肋开孔部位对应的轮轴作用横桥向最不利加载位置为车辆中心线在邻车道中心线往快车道方向偏移 0.25m（$X = 6.875$m）处。此时，在由箱梁中心线向悬挑端方向算起，第 13 个 U 肋通过横隔板的开孔处出现最大主拉应力为 22.1MPa。

（2）纵桥向最不利加载位置的计算分析结果

将确定横隔板 U 肋开孔部位轮轴作用的纵桥向最不利加载位置的 93 个工况仿真分析结果绘于图 6-13 中。图中的最大主拉应力为对应工况下重点关注的空腹式横肋板上第 13 个 U 肋通过横隔板的开孔处的最大主拉应力。

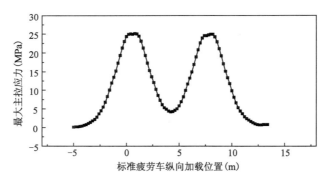

图 6-13　标准疲劳车纵向移动时目标区域在各工况下的应力

由仿真分析的计算结果可知：

①当车轮作用的横向位置为横桥向最不利加载位置（$X = 6.875$m）保持不变时，标准疲劳车两对相距 1.2m 的双轴的中心线与重点关注的空腹式横肋板重合（$Z = 0.6$m 或 7.8m）时为横隔板 U 肋开孔部位对应的轮轴作用的最不利纵向加载位置。

②各工况对应的主拉应力与标准疲劳车行车方向上最前轴的纵向位置的关系图中，两个波峰之间的波谷值与两端的谷值存在较大差异，一辆标准疲劳车顺桥向通行一次可认为对横隔板 U 肋开孔部位进行了两次应力幅值不相同的加载。两次应力幅值分别为 25.1MPa、20.9MPa。

通过变幅疲劳强度等效为常幅疲劳强度之间的关系式：

$$\Delta\sigma_0 = \left[\frac{\sum n_i (\Delta\sigma_i)^m}{\sum n_i}\right]^{\frac{1}{m}} \tag{6-1}$$

可将一辆等效标准疲劳车通过一次引起的 25.1MPa、20.9MPa 的变幅疲劳强度等效为两次 23.4MPa 的等幅疲劳强度。因为用于试验理论计算荷载谱的疲劳循环次数超过 5×10^6 次，且等效应力幅值小于常幅应力幅疲劳强度极限，故 m 取 5。

（3）多车效应的计算分析结果

将横隔板 U 肋开孔部位多车效应的 4 个工况仿真分析结果汇总，见表 6-2。

多车道效应工况（单位：MPa） 表 6-2

加载工况	加载位置	第1主应力	第2主应力	第3主应力
工况 I	快车道	7.7	0.8	0
工况 II	慢车道	0	-0.1	-1.4
工况 III	邻车道和快车道	32.5	—	—
工况 IV	邻车道和慢车道	23.6	—	—

考虑到加载工况（I）和（II）在横隔板 U 肋开孔部位处三个主应力方向与单独在邻车道最不利加载位置加载时主拉应力方向（记为方向 A）不一定重合，故在参考加载工况（III）和（IV）主拉应力结果的基础上偏于安全地得到以下两个结论：

①在快车道上加载时，横隔板 U 肋开孔部位处产生与方向 A 角度差异在 45°以内的主拉应力值为 7.7MPa。

②在慢车道上加载时，横隔板 U 肋开孔部位处产生与方向 A 角度差异在 45°以内的主拉应力值为 -1.4MPa。

参照 BS 5400 规范相关条文：多车效应情形（1）采用 BS 5400 的 Miner 计算调整系数 K_F 考虑影响线基准长度的影响；快车道上不考虑重车对桥梁的疲劳损伤作用；在根据目标区域拉应力历程确定应力幅值后，偏于安全地在这些应力幅值之上加上 $0.6\times1.4 = 0.84$（MPa），以考虑多车效应情形（2）的影响。

按照欧洲规范规定，快车道上应考虑慢车道上 1/10 重车数目的重车影响。因此，当采用欧洲规范进行相关计算时，偏于安全地按照以下方法计算多车效应：快车道上所有重车在加载时其邻近慢车道上都有一辆重车与之并列行驶；在根据目标区域拉应力历程确定应力幅值后，偏于安全地在这些应力幅值之上加上 1.4MPa。

综上所述，本试验理论计算中采用如下方式偏于安全地计算多车效应：快车道上所有重车在加载时其邻近慢车道上都有一辆重车与之并列行驶；在根据目标区域拉应力历程确定应力幅值后，偏于安全地在这些应力幅值之上加上 1.4MPa。港珠澳大桥在设计寿命期 120 年内目标慢车道的疲劳车加载次数为 $n_k = 61\,366\,564$，则 $\Delta\sigma_0$ 值为 $23.4 + 1.4 = 24.8$（MPa），作用次

数为 $2\times0.9n_k$;$\Delta\sigma_1$ 值为 $32.5+1.4=33.9(\mathrm{MPa})$,作用次数为 $2\times0.1n_k$。

根据公式:

$$n=\frac{\sum n_i(\Delta\sigma_i)^m}{(\Delta\sigma_0)^m} \quad (6-2)$$

将变幅疲劳应力 $\Delta\sigma_0$、$\Delta\sigma_1$ 折算到常幅疲劳应力 $\Delta\sigma_0$ 处,得到设计寿命期内疲劳车在横隔板 U 肋开孔部位处引起的 24.8MPa 等效常幅疲劳应力的作用次数。其中,疲劳循环次数超过 5×10^6 次,且等效应力幅值小于常幅应力幅疲劳强度极限,故 m 取 5。

(4)试验应力说明

根据港珠澳大桥的交通量预测数据计算分析可知,在其设计寿命期 120 年内对疲劳有贡献的车辆循环加载次数超过 6 000 万次。按照国内外目前的试验设备、技术水平和试验研究周期要求,不可能进行近亿次的加载试验。因此,在试验中需要根据线性积伤理论适当提高荷载幅度以降低循环次数。

参考 BS EN 1991-2:2003、BS EN 1993-1-9:2005、BS EN 1993-2:2006 中的相关规定采用图 6-14 所示方法将近亿次的实桥疲劳应力幅等效为 200 万次的试验应力幅。

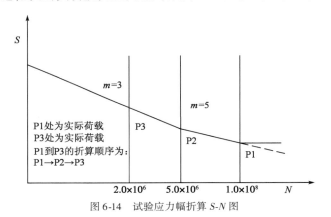

图 6-14　试验应力幅折算 S-N 图

由 $2.754n_k\Delta\sigma_0^5=5\times10^6\Delta\sigma_0'^5$,将应力幅值 $\Delta\sigma_0$ 等效折算疲劳次数为 5×10^6 处,得到对应的等效应力幅值 $\Delta\sigma_0'$:

$$\Delta\sigma_0'=\Delta\sigma_0\left(\frac{2.754n_k}{5\times10^6}\right)^{\frac{1}{5}}$$

由 $5\times10^6\Delta\sigma_0'^5=2\times10^6\Delta\sigma_s^3$ 将应力幅值 $\Delta\sigma_0'$ 等效折算到 200 万次对应应力幅值 $\Delta\sigma_s$:

$$\Delta\sigma_s=\Delta\sigma_0\left(\frac{2.754n_k}{5\times10^6}\right)^{\frac{1}{5}}\left(\frac{5\times10^6}{2\times10^6}\right)^{\frac{1}{3}}=2.744\sigma_1=68.1(\mathrm{MPa})$$

(5)计算结果汇总

其他各疲劳易损部位参照上述具体计算流程确定其对应的疲劳试验应力幅,现将各个疲劳关注细节的有限元仿真分析结果汇总,如表 6-3 所示。

理论计算结果汇总 表6-3

疲劳关注细节	实桥疲劳车引起的疲劳				等效试验疲劳	
	变幅疲劳		等效常幅疲劳			
	应力幅（MPa）	作用次数（次）	应力幅（MPa）	作用次数（次）	应力幅（MPa）	作用次数（次）
U肋下方开孔	24.8	110 459 815	24.8	168 696 684	68.1	2 000 000
	33.9	12 273 313				
横肋板U肋焊缝	29.0	368 199 384	29.2	368 202 023	93.0	2 000 000
	2.0	36 819 938				
	2.7	368 199 384				
顶板U肋焊缝	19.2	220 919 630	19.2	287 993 285	58.8	2 000 000
	23.8	24 546 626				
U肋对接	21.3	220 919 630	21.3	320 763 030	66.4	2 000 000
	28.2	24 546 626				
边腹板、顶板焊缝	2.4	165 689 723	2.4	198 889 034	6.8	2 000 000
	2.7	18 409 969				

6.2 正交异性钢桥面板试件模型试验

6.2.1 试验模型设计

1) 试验模型设计的基本原则

试验模型设计的一般原则是：模型应能够反映实际结构的主要力学特征，可忽略部分次要因素。试件的尺寸一般根据研究目的的实现效果、试验的设备及场地大小确定。如果模型不可能做成与实际结构一样大小，其应力分布与实际结构就会存在一定的差异。但设计模型时对这种误差的控制应遵循如下原则：

(1) 该差异应在一定范围内，否则试验将失去意义。

(2) 模型待研究部位的应力应该略大于或等于实际结构的应力，这样才能得到偏于安全的试验结果。

在本试验中，通过各个试验模型与对应的实桥疲劳关注细节处的几何相似、质量分布相似、物理相似和受力模式相似来保证试验结果的可信性。试验模型的主要板件板厚、构造细节尺寸与实桥疲劳关注细节处完全一致以保证几何相似；试验模型的板件材料与实桥一致以保证质量分布相似；试验模型的制造和焊接工艺与实桥完全一致，且试件与实桥疲劳关注细节的局部比例为1:1以保证物理相似。

为使疲劳试验模型加载时能够真实反映实际桥梁的受力状态，小试件模型试验按照不同的疲劳易损部位分别设计了相应的试验模型。在进行疲劳荷载试验时,进行静载加载以确定试验模型各个疲劳易损部位目标位置处的主拉应力最大值实测结果是否与实际桥梁等效,并且验证各个试验模型目标位置处及其附近区域主拉应力分布情况是否与实桥相同。为了实现以上所述试验模型与实际桥梁间的疲劳损伤等效原则,相应的实现路线如图6-15所示。后期疲劳试验现场测试数据表明,仿真分析结果与试验结果吻合良好,该思路是可靠并且可行的。

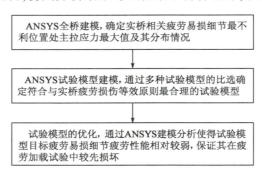

图6-15　试验模型与实际桥梁疲劳损伤等效原则的实现思路

2) 试验模型概况

根据多节段模型关于四类疲劳关注细节的仿真分析结果,本试验共设计了4组试件以考查所研究的4类疲劳关注细节:

第一组试件主要研究横隔板开孔形状及横隔板U肋焊缝的疲劳性能。

第二组试件主要研究顶板U肋焊缝焊接工艺及不同熔透率对该部位疲劳性能的影响。

第三组试件主要研究U肋纵向对接连接方式采用焊接时的疲劳性能。

第四组试件主要研究U肋纵向对接连接方式采用栓接时的疲劳性能。

4组小试件模型设计概况如表6-4所示。为节约试验成本和试验时间,本次试验根据试验模型尺寸和试验场地要求设计了两个荷载分配梁,通过分配梁实现两个试件的同时加载,分配梁如图6-16所示。

a) 小尺寸荷载分配梁

b) 大尺寸荷载分配梁

图6-16　荷载分配梁构造图

为使试件构造简单可靠,并保证试件测试部位受力行为与实桥具有良好的相似性,试件都采用了简支梁的形式,试件通过张拉钢绞线与试验室地锚连接。所有试件所用材料与实桥相同,采用Q345qD的钢材。试件的顶板、横隔板和闭口加劲肋的板厚均与实桥一致:顶板采用板厚 18mm 的钢材;横隔板采用 12mm 厚的钢材;U 肋采用板厚 8mm 的钢材。闭口加劲肋大小、形状和构造细节均与实桥一致,同时要求试件制造和焊接工艺与实桥制造、焊接工艺相一致。

对于 4 组试验模型需补充强调以下几点:

(1)第一组试件用于横隔板开孔形状疲劳性能研究和横隔板 U 肋焊缝疲劳性能研究。在完成横隔板开孔形状疲劳性能研究试验之后,应将该次试验对横隔板 U 肋焊缝疲劳这一疲劳细节的影响按照线性累积损伤理论折算考虑到后续的横隔板 U 肋焊缝疲劳性能研究试验中。

(2)第二组试件包括两个试件,两者的构造外观完全一致,仅顶板与 U 肋焊缝熔透率不同,分别为 87.5% 和 81.25%,据此来通过试验研究熔透率对该部位疲劳性能的影响。

(3)第一、二组试件用小分配梁进行试验,第三、四组试件用大分配梁进行试验。

(4)各组试件的加载位置和加载荷载幅值 P 通过建立试件有限元模型进行仿真分析得到,当试件在加载位置作用荷载幅值 P 时,对应疲劳关注细节会达到表 6-4 所示作用 200 万次的等效试验常应力幅值,并且此时试件上的其他高应力区的应力幅值不会超过容许值。

3)试验模型与多节模型分析结果对比

为使疲劳试验模型加载时能够真实反映实际桥梁的受力状态,小试件模型试验按照不同的疲劳易损部位分别设计了相应的试验模型。在进行动载试验时,各个疲劳易损部位试验模型目标位置处的主拉应力最大值要求与实际桥梁等效,并且各个试验模型目标位置处及其附近区域主拉应力的分布情况也要求与实际桥梁基本一致。各个疲劳易损部位对应的多节段模型与试件模型的仿真分析结果对比如图 6-17 ~ 图 6-20 所示。多节段模型应力等值线图为等效疲劳车通行一次疲劳关注细节对应的应力历程中主拉应力最大时的加载情形,如 6.1.3 节对应疲劳细节计算结论所述。试件模型应力等值线图为疲劳试验中正弦波荷载达到峰值时的加载情形,见表 6-4。

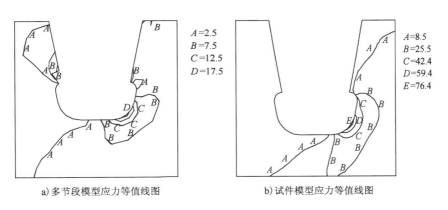

a)多节段模型应力等值线图　　　b)试件模型应力等值线图

图 6-17　疲劳细节一应力等值线图对比(单位:MPa)

表 6-4 小试件模型设计汇总

序号	试验目的	试件示意图(mm)	试件个数	加载位置	单个试件加载荷载幅值 P(kN)
第一组试件	横隔板 U 肋开孔形状疲劳性能研究		2	试件跨中顶板	103.0
	横隔板 U 肋焊缝疲劳性能研究			距试件跨中100mm顶板处	171.5

续上表

序号	试验目的	试件示意图(mm)	试件个数	加载位置	单个试件加载荷载幅值 $P(kN)$
第二组试件	顶板U肋焊缝焊接工艺及熔透率研究		2	U肋中心位置正上方顶板处	103.0

续上表

序号	试验目的	试件示意图(mm)	试件个数	加载位置	单个试件加载荷载幅值 P(kN)
第三组试件	U肋纵向连接采用焊接方式的疲劳性能		2	试件顶板跨中	93.0
第四组试件	U肋纵向连接采用栓接方式的疲劳性能		2	试件顶板跨中	93.0

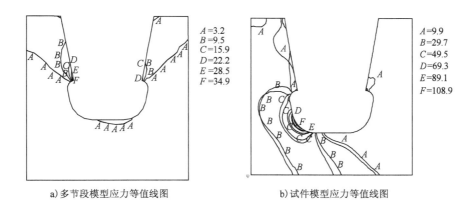

图 6-18　疲劳细节二应力等值线图对比(单位:MPa)

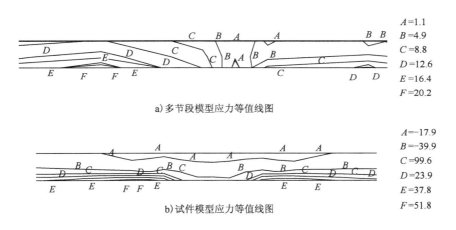

图 6-19　疲劳细节三应力等值线图对比(单位:MPa)

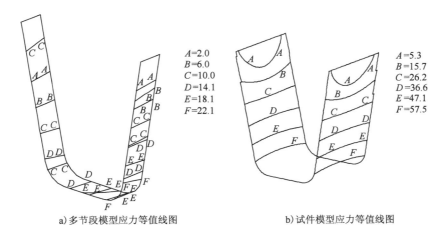

图 6-20　疲劳细节四应力等值线图对比(单位:MPa)

根据仿真分析的计算结果可知,横肋板 U 肋开孔、横肋板 U 肋焊缝与顶板 U 肋焊缝对应的疲劳试验试件模型在适当的荷载和加载位置下,疲劳关注细节及其附近区域的受力模式与多节段模型在对应位置处的受力模式基本一致,即对应的疲劳试验试件模型在试验中能够反映实桥在相应疲劳关注细节处的疲劳性能。

在 U 肋对接试件模型设计时考虑试件模型尺寸的因素,试件模型的加载位置没有选择最不利的 U 肋正上方偏载,而是在正上方加载,这就造成了在试件模型仿真分析中 U 肋对接疲劳关注细节的最不利情形是高应力区出现在 U 肋底部的中央,而多节段模型仿真分析中该疲劳关注细节的最不利情形是高应力区出现在 U 肋底部的一侧。但是通过分析可知,无论是偏载还是正上方加载,U 肋对接处的主拉应力的方向均为纵桥向,故 U 肋对接试件模型能够反映实桥在 U 肋对接处的疲劳性能。

6.2.2　试验模型制作

试验中模型试件的构造形式、布置图、材料材质、制造和安装等部分除特殊说明外,均按《港珠澳大桥主体工程桥梁 DB01 标段钢结构制造施工招标文件》中设计说明的要求处理。

试验模型试件共 8 个,分为 4 组,每组 2 个。所有试件尺寸大小不超过 2 500mm × 700mm × 718mm。试验模型通过相应的荷载分配梁进行疲劳加载,分配梁尺寸大小不超过 840mm × 220mm × 330mm,分配梁数量为 2 个。所有试验模型的制造工艺和材料性能要求均与实桥一致。试验模型加工件的总重约 1.46t,包括试验模型和荷载分配梁。

6.2.3　试验模型的加载与测试

港珠澳大桥正交异性钢桥面板小试件疲劳试验在四川建筑职业技术学院结构技术中心完成。该中心建于 2008 年,建筑面积 1 500m²,属于国家示范建设项目,如图 6-21 所示。该中心所拥有的进口 MTS793 试验系统能够满足疲劳试验荷载加载和测试要求。

图 6-21　结构技术中心试验现场

1）试验加载与测试设备

（1）MTS793 试验系统

美国 MTS 公司的 MTS793 试验系统,具有精确试验能力,可用于材料及结构构件动静态力学性能试验,测定各种材料及构件在拉压及拉压交变应力状态下的疲劳特性,进行高低周疲劳试验、程序疲劳试验等,如图 6-22 所示。

（2）高速静态数据采集仪 UCAM-60B

高速静态数据采集仪 UCAM-60B 是日本共和电业公司推出的高精度静态应变数据采集仪,它由测试主机和外接线箱组成。测试主机带有 30 个测试通道,可使用外接接线箱扩展通道数,最多可扩展 1 000 个测试通道,如图 6-23 所示。UCAM-60B 还具有应变测试分辨率高、应变测试量程大、测试速率快等优点,可以满足试验的相关要求。

2）试验模型加载位置与测点布置

试验采用以应变测试为主、位移测试为辅的测试手段,并通过试验过程中的探伤检测疲劳易损部位是否发生疲劳损伤。港珠澳大桥正交异性钢桥面板小试件疲劳试验需要验证的部分疲劳细节对应的最不利位置处于横肋板 U 肋下方开孔弧口边缘处和各个焊缝处。上述目标位置处无法布置应变片,因此需要根据试件实际情况选取关键测点,根据实测数据对比仿真分析结果并据此判定疲劳易损部位目标位置疲劳损伤情况。

疲劳试件关键测点选取原则为:

①测点处与疲劳易损部位目标位置相距较近,确保测试结果能够有效反映目标位置的实际受力状态。

②所选测点处便于布置应变片。

③测点处主拉应力较大,确保测试结果不会被系统测试误差湮没。此外,必要情况下在试件应力最大位置布置测点以了解结构的实际受力状态。

在试验中试件上除了布置关键测点用于测试对应的疲劳关注细节外,还在其他位置布置了关键测点,用于与仿真分析结果对比和试验监控。由于布置的测点较多,此处仅介绍各试件对应的关键应变测点。

由于结构疲劳损伤是局部损伤,在裂纹萌生和稳定发展期间结构整体刚度等宏观参数不会受到较大影响。另一方面,为防止试验疲劳加载时位移计指针来回反复移动损坏位移计,所以在每次静载完成后,均将所有位移计从试件上移除。由于不能保证每次位移计安装位置及其指针状态等均完全一致,故各试验模型的位移计测试仅作为评判试件几何边界条件和受荷状态的参考之一。

（1）横隔（肋）板 U 肋交叉处构造细节模型加载位置和测点布置

①横隔（肋）板 U 肋开孔形状疲劳性能研究。

a) MTS控制系统FlexTest60　　b) 超静音液压油缘　　c) 电控液压分油站　　d) 高频响伺服阀

e) 作动器

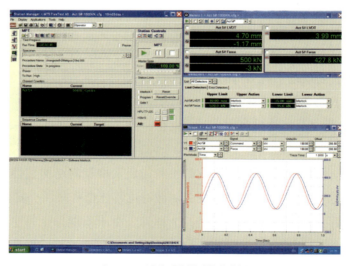

f) MTS793试验系统测试软件截图

图 6-22　MTS793 试验系统

第6章 正交异性钢桥面板的疲劳模型验证试验

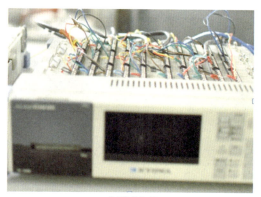

a) 测试主机

b) 接线箱

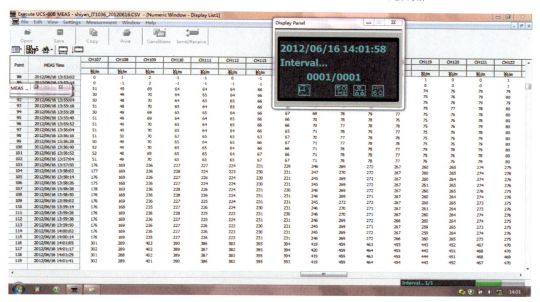

c) UCAM-60B测试软件截图

图6-23 高速静态数据采集仪 UCAM-60B

第一组试件用于横隔(肋)板 U 肋开孔形状疲劳性能研究,在试件跨中加载。如图 6-24 所示,顶板上的紫色板件即为模拟车轮的加载垫板,在加载垫板与顶板之间放置橡胶垫块模拟车轮的接触面。

由于实际操作中无法在弧口边缘粘贴应变片,故选取在离弧口边缘较近的地方粘贴应变片,图 6-24 所示"主拉应力测试点"位置为试件的关键应变测点。试验现场测点位置距离弧口边缘约 2cm。位移计安装在沿试件纵向 U 肋中心位置的 U 肋边缘位置。试件所有关键测点均布置在横隔(肋)板面上且是对称的,关键测点编号和位置如图 6-25 和图 6-26 所示。

159

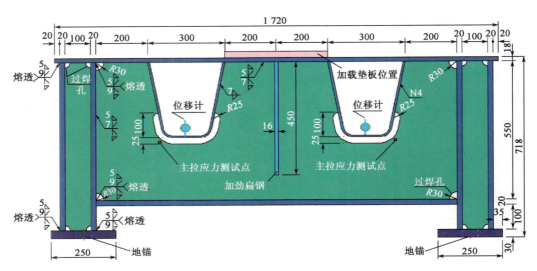

图 6-24 横隔(肋)板 U 肋开孔模型加载位置和测点布置(尺寸单位:mm)

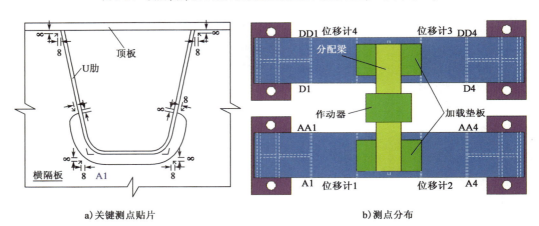

a) 关键测点贴片　　　　　　　　b) 测点分布

图 6-25 横隔(肋)板 U 肋开孔试件关键测点示意图(尺寸单位:mm)

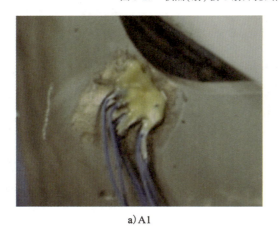
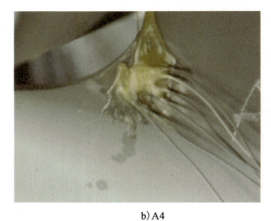

a) A1　　　　　　　　　　　　b) A4

图 6-26

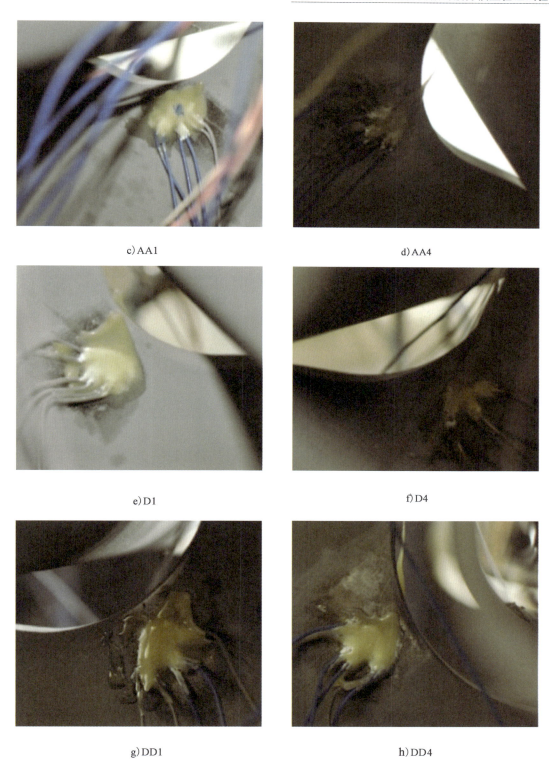

图 6-26 横隔(肋)板 U 肋开孔试件关键测点照片

②横隔（肋）板 U 肋焊缝疲劳性能研究。

第一组试件用于横隔（肋）板 U 肋焊缝疲劳性能研究，在试件跨中沿纵向偏移 100mm 处加载，如图 6-27 所示，顶板上的紫色板件即为模拟车轮的加载垫板，在加载垫板与顶板之间放置橡胶垫块模拟车轮的接触面。

当试件用于研究横隔（肋）板 U 肋开孔形状疲劳性能研究时，试件主拉应力关键测点新增加了一处，即加载垫板正下方横隔（肋）板与 U 肋焊缝下侧 U 肋外侧板面上。新增加的主拉应力关键测点与近侧横隔（肋）板 U 肋开孔处交叉点相聚约 1cm。位移测点如图 6-27 所示。需要说明的是，横隔（肋）板 U 肋焊缝试件与横隔（肋）板 U 肋开孔试件是同一组试件，某些关键测点位置相同，但编号不同，关键测点的编号和位置如图 6-28 和图 6-29 所示。

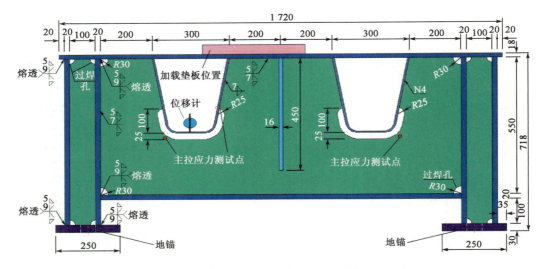

图 6-27 横隔（肋）板与 U 肋焊缝模型加载位置和测点布置（单位：mm）

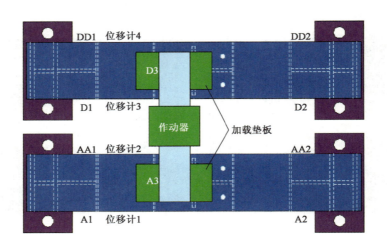

图 6-28 横隔（肋）板与 U 肋焊缝试件关键测点分布示意图

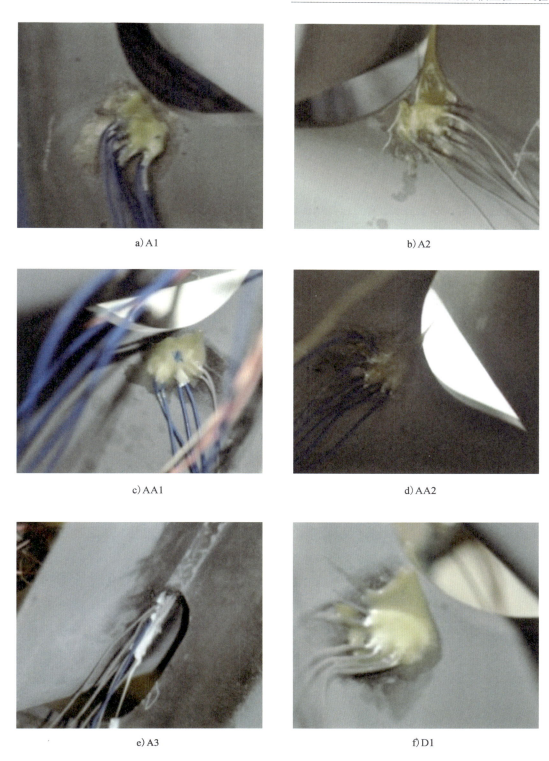

图 6-29

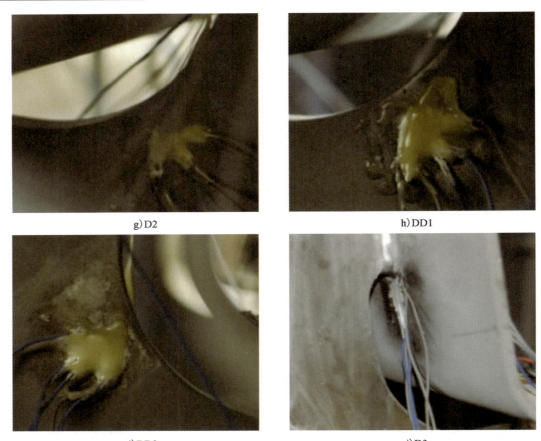

g) D2　　　　　　　　　　　　　h) DD1

i) DD2　　　　　　　　　　　　　j) D3

图 6-29　横隔(肋)板与 U 肋焊缝试件主拉应力关键测点照片

(2)顶板 U 肋焊缝焊接工艺及熔透率研究试验模型的加载位置和测点布置

第二组试件用于顶板 U 肋焊缝的焊接工艺及熔透率研究,在试件 U 肋正上方加载,如图 6-30 所示。顶板上的紫色板件即为模拟车轮的加载垫板,在加载垫板与顶板之间放置橡胶垫块模拟车轮的接触面。

本组试验单个试件主拉应力关键测试点有 8 处:测点 1、2 位于横隔(肋)板在 U 肋下方开孔弧口中间距离边缘约 1cm 处,试件正反面均布置测点;测点 3、4 位于加载垫板正下方 U 肋外侧板面上且距离横隔(肋)板与 U 肋焊缝约 1cm;测点 5、6 位于横隔(肋)板加载垫板正下方 U 肋内侧板面上且距离顶板与 U 肋焊缝约 1cm。位移计布置与第一组试验相同。试件一顶板和 U 肋焊缝熔透率为 87.5%,试件二顶板和 U 肋焊缝熔透率为 81.25%。关键测点编号和位置如图 6-30 和图 6-31 所示。

(3) U 肋焊接对接模型的加载位置和测点布置

第三组试验模型用于 U 肋纵向连接采用焊接方式的疲劳性能研究,在试件跨中加载,如图 6-32 所示。顶板上的紫色板件即为模拟车轮的加载垫板,在加载垫板与顶板之间放置橡胶垫块模拟车轮的接触面。

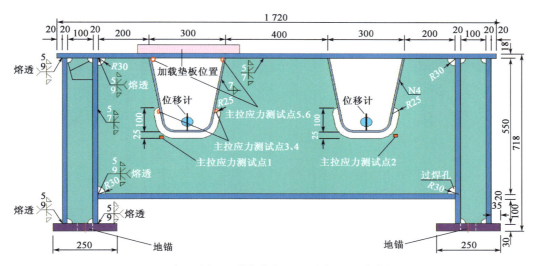

图 6-30　顶板 U 肋焊缝试件加载位置和测点布置(尺寸单位:mm)

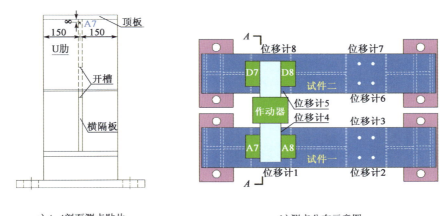

a) A-A 剖面测点贴片　　　　　　　b) 测点分布示意图

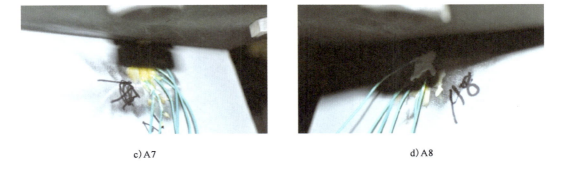

c) A7　　　　　　　　　　　　d) A8

图　6-31

图 6-31 顶板 U 肋焊缝试件主拉应力关键测点(尺寸单位:mm)

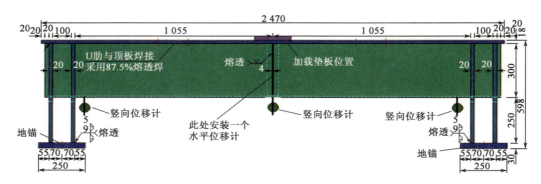

图 6-32 U 肋焊接对接试验模型加载位置和测点布置(尺寸单位:mm)

单个试件共布置主拉应力关键测点 4 处,分别位于试件跨中加载垫板正下方 U 肋底板对接焊缝附近两侧。测点沿试件纵向距离对接焊缝 1cm 左右,横向位于对接焊缝中间位置。在试件两端内侧隔板附近 U 肋底板装有两个竖向位移计,在试件跨中 U 肋底板装有一个竖向位移计,在试件跨中 U 肋侧面装有一个水平位移计。关键测点均位于试件 U 肋底部对接焊缝附近且相互对称,关键测点编号和位置如图 6-33~图 6-36 所示。

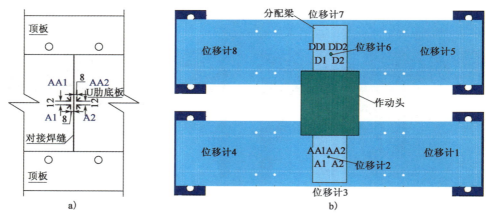

图 6-33 U 肋对接焊缝试件主要测点示意图(尺寸单位:mm)

第6章 正交异性钢桥面板的疲劳模型验证试验

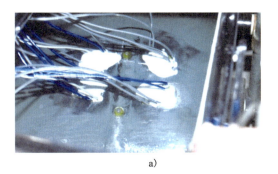
a)

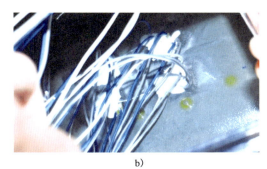
b)

图 6-34 U 肋对接焊缝试件主拉应力关键测点

a) 位移计1

b) 位移计2

c) 位移计3

d) 位移计4

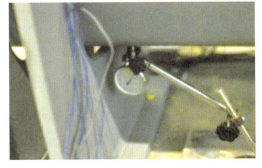
e) 位移计5

f) 位移计6

图 6-35

g) 位移计7

h) 位移计8

图 6-35　U 肋对接焊缝试件位移计测点

图 6-36　U 肋焊接对接试验的加载

(4) U 肋高强度螺栓连接对接模型的加载位置和测点布置

本组试验模型用于 U 肋纵向连接采用高强度螺栓连接方式的疲劳性能研究,在试件跨中加载,如图 6-37 所示。顶板上的紫色板件即为模拟车轮的加载垫板,在加载垫板与顶板之间放置橡胶垫块模拟车轮的接触面。

高强度螺栓对接 U 肋试件关键测点的编号和位置如图 6-38 和图 6-39 所示。试件两端内侧隔板附近 U 肋底板装有两个竖向位移计,试件跨中附近 U 肋底板装有一个竖向位移计,试件跨中外栓接板装有一个水平位移计,如图 6-37 所示。

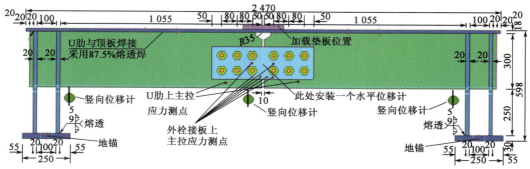

图 6-37　U 肋高强度螺栓连接对接试验模型加载位置和测点布置(尺寸单位:mm)

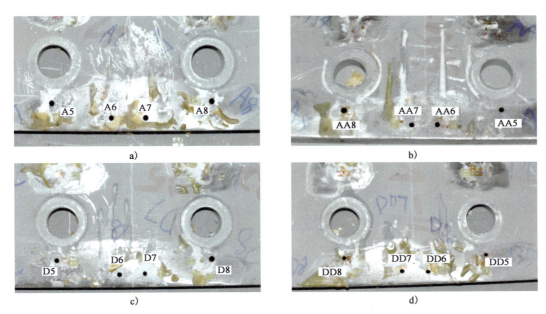

图 6-38 U 肋高强度螺栓连接对接试件关键测点编号图

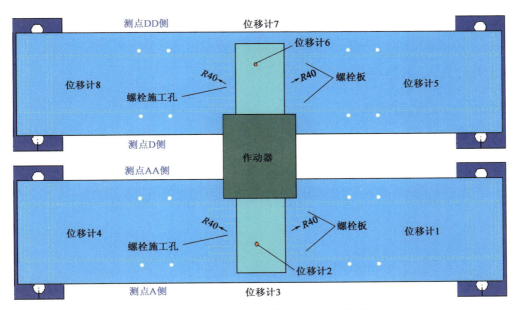

图 6-39 U 肋高强度螺栓连接对接试件整体平面图

3) 试验加载与测试方案

本次疲劳试验首先通过多节段模型的仿真分析计算确定各疲劳细节对应的试验中作用 200 万次的等效常幅应力幅值,再通过对小试件模型的仿真分析计算确定各试件的加载位置及荷载幅值 P,然后按正弦波方式疲劳加载 0、50、75、100、125、150、175 和 200 万次结束后分别进行一次静载试验并测试数据。试验加载和测试的步骤为:

(1) 正式施加疲劳荷载前先分级施加一组静载,加载方式为分级加载到仿真分析确定的荷载值 P,并按荷载分级步差继续加载到 P'(P' 一般比 P 大一个荷载分级步差,以保证试验所需的荷载-应力曲线包含在测试结果中),然后按照荷载分级步差逐步卸载。静载有两个作用:首先,可以通过静载测试得到试件受力指标以验证仿真分析是否符合实际,从而综合考虑实际情况确定疲劳荷载上下限值;其次,静载试验试件应力数值可以作为基准值,以此为标准通过比较试件在疲劳加载期间的静载结果来判定结构是否发生疲劳破坏。

(2) 按照步骤(1)确定的疲劳荷载上下限值进行 50 万次疲劳加载。

(3) 按照步骤(1)的静载方案进行一次静载,将当前静载试验结果与疲劳加载前的静载试验结果对比分析,当两次测试结果差值在容许范围内时继续施加疲劳荷载,若结果差值相差较大时分析相关原因。在确定试件已出现疲劳损坏时,暂停试验并对试件进行超声波和磁粉探伤。

(4) 在步骤(3)确定可以继续施加疲劳荷载后,按照步骤(1)确定的疲劳荷载上下限值进行 25 万次疲劳加载。

(5) 重复步骤(3)和步骤(4)的内容,期间疲劳加载累计次数达到 100 万次时,分级施加静载后暂停试验,并对试件进行一次疲劳探伤。当疲劳加载累计次数达到 200 万次时,分级施加静载后对试件进行一次疲劳探伤。根据应力测试结果和探伤分析结果,相应的疲劳易损细节的抗疲劳性能验证试验结束。

6.2.4 主要试验结果

根据确定的港珠澳大桥正交异性钢桥面板疲劳荷载参数,对前文所述 5 种疲劳易损部位对应试件进行了疲劳验证试验。疲劳验证试验主要测试手段包括测点应变花测试和位移计测试,其中应变花由 0°、45°、90° 三向应变片组成,主要用来测量测点主拉应力,其计算公式为:

$$\sigma_1 = \frac{E(\varepsilon_{0°} + \varepsilon_{90°})}{2(1-\mu)} + \frac{\sqrt{2}E}{2(1+\mu)}\sqrt{(\varepsilon_{0°} - \varepsilon_{45°})^2 + (\varepsilon_{45°} - \varepsilon_{90°})^2} \quad (6\text{-}3)$$

式中: σ_1——主拉应力,MPa;

E——弹性模量,对于钢材取为 2.1×10^5 MPa;

μ——泊松比,对于钢材取为 0.3;

$\varepsilon_{0°}$、$\varepsilon_{45°}$、$\varepsilon_{90°}$——三向应变花中 0°、45°、90° 三个应变片应变值,单位为 1×10^{-6}。

为确保静载数据采集期间试件受力状态稳定性,试验试件在同一受力状态下使用静态应变高速采集仪 UCAM-60B 重复采集数据,待数据稳定性满足要求后继续加载或卸载。每次位移计读数由两人独立完成,在两人读数吻合时,当前次位移计读数工作完成。

1)横隔(肋)板 U 肋开孔开口形状疲劳性能研究

根据多节段模型仿真分析结果和试验模型设计的相关内容,当试件横隔(肋)板 U 肋开孔弧口边缘主拉应力达到目标应力幅值 68.1MPa 时,荷载分配梁加载荷载幅值为 214kN。根据仿真分析结果和实测数据对试件加载的荷载幅值做适当调整,最终确定 MTS 加载机作动器加载上下限值为 265kN 和 50kN,加载频率为 4.5Hz。

图 6-40 ~ 图 6-43 为横隔(肋)板 U 肋开孔试件在荷载分配梁承受正弦波疲劳荷载完成 0、50、75、100、125、150、175 和 200 万次加载次数后各个关键测点主拉应力相关数据。

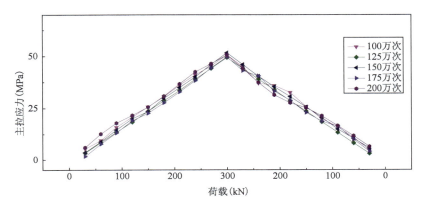

图 6-40 A1 测点疲劳荷载间静载主拉应力

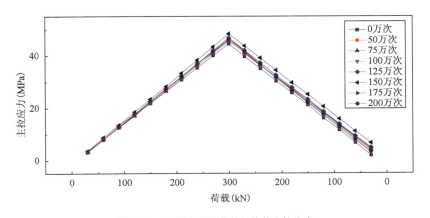

图 6-41 A4 测点疲劳荷载间静载主拉应力

由后续测试数据显示:横隔(肋)板开孔试件关键测点位置荷载应力关系满足线性关系;所有关键测点加载应力曲线与卸载应力曲线几乎重合;所有关键测点在疲劳加载所有阶段荷载应力曲线吻合良好。在横隔(肋)板开孔试件疲劳荷载加载到 100 万次和 200 万次时分别对试件进行了疲劳探伤,探伤结果显示试件未出现疲劳裂纹,这与上述数据结论也是吻合的。

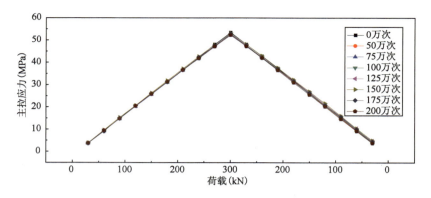

图 6-42 D1 测点疲劳荷载间静载主拉应力

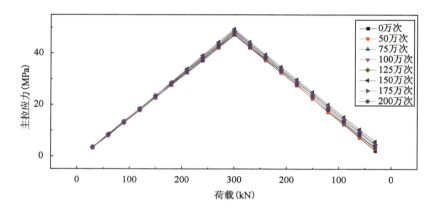

图 6-43 D4 测点疲劳荷载间静载主拉应力

2) 横隔(肋)板 U 肋焊缝疲劳性能研究

根据 6.1.3 节多节段模型仿真分析结果和 6.2.1 节试验模型设计的相关内容,当试件横隔(肋)板与 U 肋焊缝主拉应力达到目标应力幅值 93.0MPa 时,两试件共用荷载分配梁加载荷载幅值为 343kN。根据仿真分析结果和实测数据对试件加载的荷载幅值做适当调整,最终确定 MTS 加载机作动器加载上下限值为 393kN 和 50kN,加载频率为 4Hz。图 6-44~图 6-47 为横隔(肋)板 U 肋焊缝试件在荷载分配梁承受正弦波疲劳荷载完成 0、50、75、100、125、150、175 和 200 万次加载次数后各个关键测点主拉应力相关数据。

测试数据显示:横隔(肋)板与 U 肋焊缝试件关键测点位置荷载应力关系满足线性关系;所有关键测点加载应力曲线与卸载应力曲线吻合良好;所有关键测点在疲劳加载各个阶段荷载应力曲线吻合较好。在横隔(肋)板与 U 肋焊缝试件疲劳荷载加载到 100 万次和 200 万次时分别对试件进行了疲劳探伤,探伤结果显示试件未出现疲劳裂纹,这与测试数据结论也是吻合的。

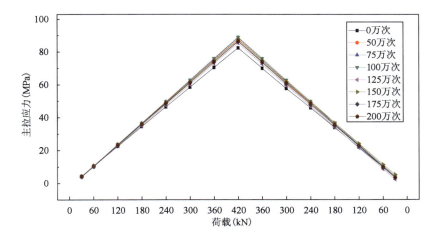

图 6-44 A1 测点疲劳荷载间静载主拉应力

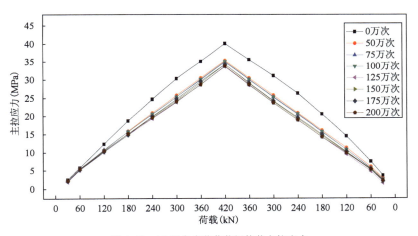

图 6-45 A3 测点疲劳荷载间静载主拉应力

3) 顶板 U 肋焊缝焊接工艺及熔透率研究

根据 6.1.3 节多节段模型仿真分析结果和 6.2.1 节试验模型设计的相关内容,当试件顶板与 U 肋焊缝主拉应力达到目标应力幅值 58.8MPa 时,两试件共用荷载分配梁加载荷载幅值为 208kN。根据仿真分析结果和实测数据对试件加载的荷载幅值做适当调整,最终确定 MTS 加载机作动器加载上下限值为 256kN 和 50kN,加载频率为 6Hz。图 6-48 ~ 图 6-51 为顶板 U 肋焊缝试件在荷载分配梁承受正弦波疲劳荷载完成 0、50、75、100、125、150、175 和 200 万次加载后各个关键测点主拉应力相关数据。

后续测试数据显示:顶板 U 肋焊缝试件关键测点位置荷载应力关系满足线性关系;所有关键测点加载应力曲线与卸载应力曲线吻合良好;所有关键测点在疲劳加载所有阶段荷载应力曲线吻合良好,在静载期间最大荷载 300kN 时同一关键测点主拉应力前后相差 5MPa 以内。

在顶板与 U 肋焊缝试件疲劳荷载加载达到 100 万次和 200 万次时分别对试件进行了疲劳探伤,探伤结果显示试件未出现疲劳裂纹,这与上述数据结论也是吻合的。

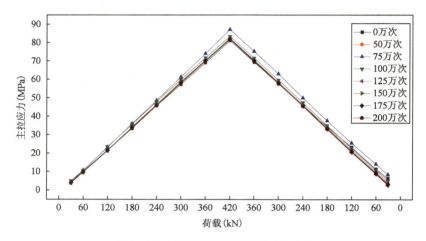

图 6-46　D1 测点疲劳荷载间静载主拉应力

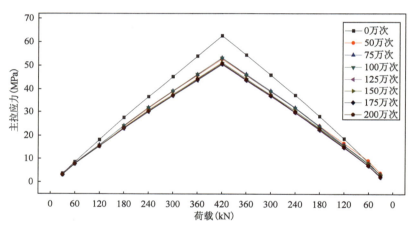

图 6-47　D3 测点疲劳荷载间静载主拉应力

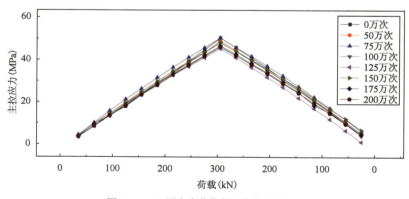

图 6-48　A7 测点疲劳荷载间静载主拉应力

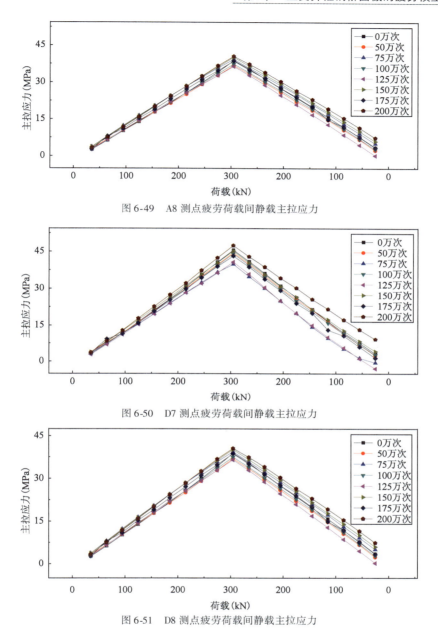

图 6-49 A8 测点疲劳荷载间静载主拉应力

图 6-50 D7 测点疲劳荷载间静载主拉应力

图 6-51 D8 测点疲劳荷载间静载主拉应力

4) U 肋焊缝对接研究

根据 6.1.3 节多节段模型仿真分析结果和 6.2.1 节试验模型设计的相关内容,当 U 肋焊缝对接试件对接焊缝处主拉应力达到目标应力幅值 66.4MPa 时,荷载分配梁加载荷载幅值为 194kN。根据仿真分析结果和实测数据对试件加载的荷载幅值做适当调整,最终确定 MTS 加载机作动器加载上下限值为 229kN 和 50kN,加载频率为 6Hz。图 6-52 ~ 图 6-55 为 U 肋焊接对接试件在荷载分配梁承受正弦波疲劳荷载完成 0、50、75、100、125、150、175 和 200 万次加载次数后各个关键测点主拉应力相关数据。

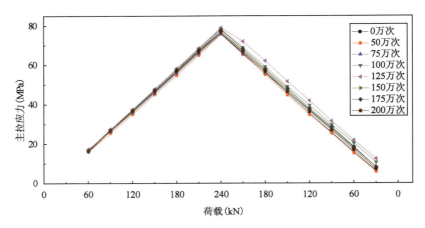

图 6-52　A1 测点疲劳荷载间静载主拉应力

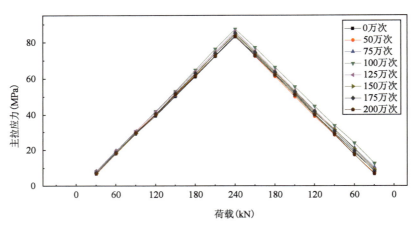

图 6-53　A2 测点疲劳荷载间静载主拉应力

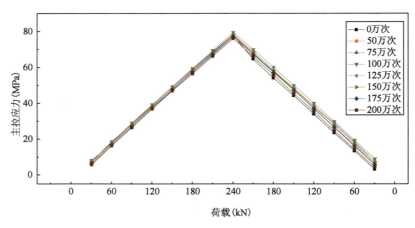

图 6-54　D1 测点疲劳荷载间静载主拉应力

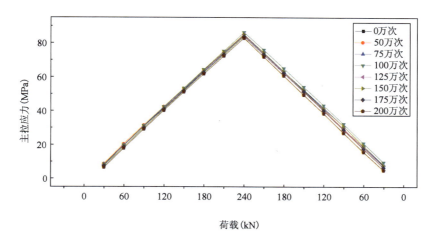

图 6-55 D2 测点疲劳荷载间静载主拉应力

后续测试数据显示：U 肋焊缝对接试件关键测点位置荷载应力关系满足线性关系；所有关键测点加载应力曲线与卸载应力曲线几乎重合；所有关键测点在疲劳加载所有阶段荷载应力曲线吻合良好。在 U 肋对接焊缝试件疲劳荷载加载到 100 万次和 200 万次时分别对试件进行了疲劳探伤，探伤结果显示试件未出现疲劳裂纹，这与上述表格数据结论吻合。

5) U 肋高强度螺栓对接研究

多节段有限元模型仿真分析所得 U 肋对接焊缝试件对接焊缝目标主拉应力幅值，是假定所有 U 肋对接方式均为焊接并取 U 肋对接焊缝的最不利值得到的。欧洲钢桥疲劳设计规范《BS EN 1993-1—9：2005》规定：轴向拉力作用下双面盖板对接高强度螺栓连接的板件疲劳计算应力幅值，应按构件毛截面计算，这一规定对受力较为复杂的正交异性桥面板 U 肋高强度螺栓对接板件是否适用有待进一步研究。有鉴于此，本次试验就 U 肋纵向连接方式为高强度螺栓连接和焊接两种方式进行对比试验，以确定这两种 U 肋纵向连接方式抗疲劳性能的优劣。因此，U 肋高强度螺栓对接试件疲劳荷载取值与 U 肋焊缝对接试件相同，即作动头疲劳荷载上下限值为 229kN 和 50kN，疲劳荷载加载次数为 200 万次。静载试验中关键测点主拉应力随荷载的变化曲线如图 6-56 ~ 图 6-58 所示。

测试数据显示：U 肋对接栓接试件关键测点位置荷载应力关系满足线性关系；所有关键测点加载应力曲线与卸载应力曲线吻合良好；所有关键测点在疲劳加载所有阶段荷载应力曲线吻合良好。在 U 肋对接栓接试件疲劳荷载加载到 200 万次时对试件进行了探伤，结果表明试件未出现疲劳裂纹。

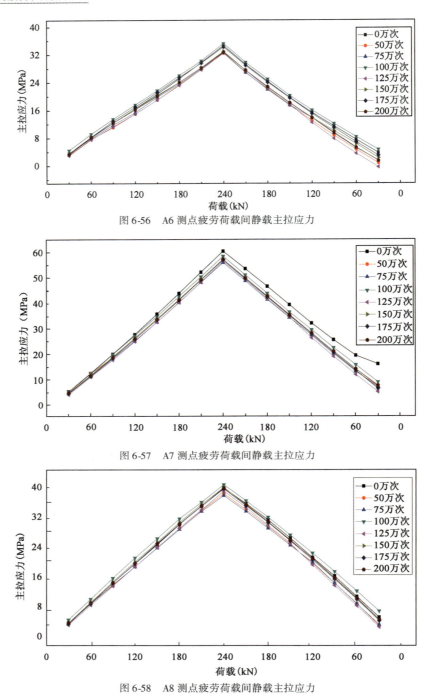

图 6-56　A6 测点疲劳荷载间静载主拉应力

图 6-57　A7 测点疲劳荷载间静载主拉应力

图 6-58　A8 测点疲劳荷载间静载主拉应力

6）实测数据与理论数据对比

试验过程中通过实测数据与理论数据的相互比较，在对试验进行监控的同时验证仿真分析结果的正确性。如图 6-59 所示为各个试件模型关键测点的理论值和实测值的对比，加载方式见表 6-4。其中应力等值线图中的 *Mea.* 值为实测值，*Cal.* 值为理论值。表 6-5～表 6-8 为所有关键测点的理论值和实测值对比的汇总,其中 σ_{ave} 为测试值的平均值,$\sigma_{ave}/\sigma_{cal}$ 为测试平均值与理论值的比值,σ_{max}、σ_{min} 为测试值的最大值和最小值,Δ 为最大值与最小值之差。

a) 横隔(肋)板U肋开孔试件

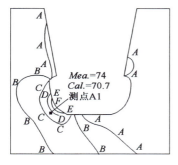
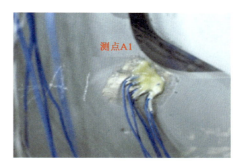

b) U肋与横隔(肋)板焊缝试件测点A1理论值与实测值比较

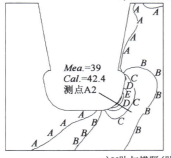

c) U肋与横隔(肋)板焊缝试件测点A2理论值与实测值比较

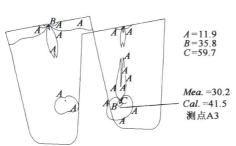

d) U肋与横隔(肋)板焊缝试件测点A3理论值与实测值比较

图 6-59

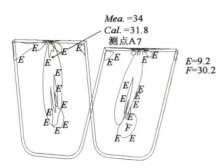

e) 顶板U肋焊缝试件测点A7理论值与实测值比较

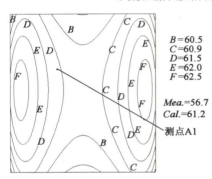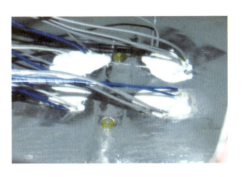

f) U肋焊缝对接试件测点A1理论值与实测值比较

图 6-59 试件关键测点理论值与实测值比较（单位：MPa）

横隔（肋）板 U 肋开孔试件关键测点理论值与实测值汇总（单位：MPa）　　表 6-5

测点	A1	A4	AA1	AA4	D1	D4	DD1	DD4
计算值	31.2	31.2	31.2	31.2	31.2	31.2	31.2	31.2
0 万次	—	30.9	32.0	32.3	36.5	34.5	35.0	38.2
50 万次	—	32.1	32.1	32.4	36.4	34.5	35.1	38.6
75 万次	—	31.6	32.7	32.5	36.4	34.1	33.1	37.5
100 万次	36.0	31.5	32.4	32.9	36.6	34.4	37.7	38.8
125 万次	33.5	32.0	33.0	33.2	36.7	34.9	33.6	37.8
150 万次	34.9	33.3	33.4	33.8	37.1	35.1	34.8	39.0
175 万次	32.8	32.1	32.7	33.4	36.7	35.2	35.4	41.9
200 万次	36.6	32.1	32.1	32.9	36.6	34.6	34.9	37.9
σ_{ave}	34.8	32.0	32.6	32.9	36.6	34.7	35.0	38.7
$\sigma_{ave}/\sigma_{cal}$	1.11	1.02	1.04	1.06	1.17	1.11	1.12	1.24
σ_{max}	36.6	33.3	33.4	33.8	37.1	35.2	37.7	41.9
σ_{min}	32.8	30.9	32.0	32.3	36.4	34.1	33.1	37.5
Δ/σ_{max}	0.10	0.07	0.04	0.04	0.02	0.03	0.12	0.11

U 肋与横隔(肋)板焊缝试件关键测点理论值与实测值汇总(单位:MPa)　　表 6-6

测点	A1	A2	A3	AA1	AA2	D1	D2	D3	DD1	DD2
理论值	70.7	42.4	41.5	70.7	42.4	70.7	42.4	41.5	70.7	42.4
0 万次	70.5	36.5	35.1	59.0	40.0	69.0	47.8	53.9	75.3	47.5
50 万次	74.9	37.2	30.4	61.0	46.3	70.3	46.3	45.9	74.4	40.6
75 万次	75.4	36.2	29.9	60.5	46.9	74.0	46.6	46.2	74.6	40.9
100 万次	75.9	39.0	30.1	61.8	47.3	71.7	46.7	46.3	75.0	39.9
125 万次	72.9	39.0	28.7	60.2	48.1	69.8	49.0	43.7	73.5	39.4
150 万次	74.6	46.2	29.1	60.7	49.0	70.3	49.6	44.5	74.1	39.6
175 万次	73.7	38.7	29.5	60.1	49.5	70.0	49.1	43.9	73.7	39.9
200 万次	73.9	39.4	28.6	61.5	49.0	69.9	50.0	44.2	74.0	39.8
σ_{ave}	74.0	39.0	30.2	60.6	47	70.6	48.1	46.2	74.3	41.0
$\sigma_{ave}/\sigma_{cal}$	1.05	0.92	0.73	0.86	1.11	1.00	1.14	1.11	1.05	0.97
σ_{max}	75.9	46.2	35.1	61.8	49.5	74.0	50.0	53.9	75.3	47.5
σ_{min}	70.5	36.2	28.6	59	40	69	46.3	43.7	73.5	39.4
Δ/σ_{max}	0.07	0.22	0.19	0.05	0.19	0.07	0.07	0.19	0.02	0.17

顶板 U 肋焊缝试件关键测点理论值与实测值汇总(单位:MPa)　　表 6-7

测点	A7	A8	D7	D8
计算值	31.8	31.8	31.8	31.8
0 万次	34.1	25.8	30.7	25.8
25 万次	33.5	25.1	29.9	25.1
50 万次	36.4	28.4	28.3	28.4
75 万次	33.9	25.8	29.6	25.8
100 万次	32.6	25.7	28.2	25.7
125 万次	34.7	28.4	31.2	28.4
150 万次	33.2	27.2	29.8	27.2
175 万次	34.3	28.4	32.1	28.4
200 万次	32.9	27.3	30.1	27.3
σ_{ave}	34.0	26.9	30.0	26.9
$\sigma_{ave}/\sigma_{cal}$	1.07	0.85	0.94	0.85
σ_{max}	36.4	28.4	32.1	28.4
σ_{min}	32.6	25.1	28.2	25.1
Δ/σ_{max}	0.10	0.12	0.12	0.12

U 肋焊缝对接试件关键测点理论值与实测值汇总(单位:MPa)　　表 6-8

测点	A1	A2	AA1	AA2	D1	D2	DD1	DD2
计算值	61.2	61.2	61.2	61.2	61.2	61.2	61.2	61.2
0 万次	56.2	61.1	56	64.9	58.7	63.7	55.2	67.6
50 万次	54.7	61.9	55.8	64.4	58.7	63.9	55.6	65.1

续上表

测点	A1	A2	AA1	AA2	D1	D2	DD1	DD2
75 万次	55.7	61.6	54.7	62.9	57.6	62.9	55.2	64
100 万次	57.6	64.8	57.9	67.1	59.4	64.3	57	67.6
125 万次	58.3	63.9	57.4	67.1	58.1	63.4	55.7	64.2
150 万次	56.9	62.3	58.1	67.7	59	64	55.3	65.3
175 万次	57.5	63	56.5	66.7	57.5	62.6	51.9	63.2
200 万次	56.7	61.6	55.3	65.6	56.5	61.7	53.6	62.6
σ_{ave}	56.7	62.5	56.5	65.8	58.2	63.3	54.9	64.4
$\sigma_{ave}/\sigma_{cal}$	0.93	1.02	0.92	1.08	0.95	1.03	0.90	1.05
σ_{max}	58.3	64.8	58.1	67.7	59.4	64.3	57	67.6
σ_{min}	54.7	61.1	54.7	62.9	56.5	61.7	51.9	62.6
Δ/σ_{max}	0.06	0.06	0.06	0.07	0.05	0.04	0.09	0.04

根据以上图表可知：各个试件模型除个别测点的理论值和实测值存在一定的偏差外，主要关键测点和绝大多数关键测点的理论值与实测值基本吻合，验证了理论仿真分析结果和试验实测结果的正确性。

6.3 正交异性钢桥面板大型足尺节段模型疲劳验证试验

由结构的受力和疲劳特性所决定，采用缩尺或足尺试件模型试验进行正交异性钢桥面板疲劳性能研究的主要困难和挑战有三：

（1）试件模型尺度较小，难以准确模拟关键疲劳易损部位的局部受力和变形状态。

（2）试件模型板件的加工和匹配精度及焊接质量与实际结构均存在差异。

（3）试件模型无法模拟车辆的走行效应。

因此，对于正交异性钢桥面板疲劳研究而言，通过足尺节段模型进行试验研究是极为必要的。

国内外针对正交异性钢桥面板进行了大量的足尺节段模型试验，如美国 Leigh 大学 Tsakopoulos 和 Fisher 等人针对 Williamsburg 大桥的加固进行了正交异性钢桥面板大型足尺节段模型疲劳试验，研究结果表明节段模型与试件模型局部区域受力状态差异较小，但两者变形相差显著导致足尺试件模型难以模拟横隔板（横肋板）与 U 形纵肋间的面外变形效应；日本研究人员 MiKi 等人采用多作用点异步加载模拟行车效应的方法进行了足尺节段模型疲劳试验，研究结果表明，多点异步加载方式能较好地模拟车辆的走行效应，可在试验中取代疲劳车，从而避免疲劳车荷载小、试验周期长及成本高等缺点。

足尺节段模型疲劳试验能更准确地模拟实桥结构的受力与变形，同时对足尺试件模型的试验结果进行检验和校正，弥补足尺试件模型不能准确反映结构变形对试验结果造成的偏差。因此,进行足尺节段模型验证试验是确保实桥在使用安全寿命期内行车安全的必要手段之一。

6.3.1 试验模型设计

1)试验模型设计原则

足尺节段疲劳验证试验模型基于实际桥梁结构进行设计,模型设计的关键在于确保试验模型在交变荷载作用下能够反映实际桥梁结构中所关注疲劳易损部位的疲劳特性,进而模拟各个细节的疲劳累积损伤过程。足尺节段模型疲劳试验的主要目标是验证各疲劳细节在设计使用期内的抗疲劳性能,为桥梁结构的长寿命安全服役提供科学依据。为实现上述目标,足尺节段疲劳试验模型除遵循试件模型设计的基本原则(材料、构造细节、焊接制造工艺、应力幅值等相同)外,还应满足以下几个方面的条件:

(1)同一模型中不同位置加载可开展所关注的多个疲劳易损部位的疲劳试验,以综合验证各关注疲劳易损部位的抗疲劳性能。

(2)除各疲劳细节受力状态与实桥一致外,所加荷载亦能模拟实际桥梁结构中车辆通行对各关键疲劳易损部位的作用效应。

(3)所设计的疲劳试验模型应能在现有条件下进行加工制作,且便于加载和测试。

疲劳试验模型的设计借鉴了国外足尺节段模型设计的方法和相关经验教训,以使所设计的模型能够更真实地对港珠澳大桥正交异性钢桥面板的抗疲劳设计研究成果进行验证,并为国内类型相同或相似桥梁结构的抗疲劳设计提供参考,为提升我国钢箱梁正交异性钢桥面板的抗疲劳设计水平奠定基础。

2)试验模型概况

综合考虑以上所述基本原则、条件以及既有研究成果的调查分析,为准确模拟实桥结构中所关注疲劳易损部位的疲劳特性,基于疲劳试验模型设计的理论研究和有限元仿真分析,针对疲劳试验足尺节段模型进行了深入系统的研究。以实桥中疲劳易损部位的疲劳特性及其应力分布特征为基准,依据多节段模型有限元仿真分析获得的理论计算结果,选取实桥整体模型中的最不利位置所在节段,根据标准疲劳车作用下实桥理论分析结果以及所关注疲劳细节的不同,分别建立了抗疲劳设计验证试验足尺节段仿真分析模型,同时通过多个方案的综合比较确定了模型设计方案:模型一与模型二。其有限元仿真分析几何模型分别如图 6-60 和图 6-61 所示。

足尺节段疲劳试验模型一的设计目标在于对横隔板(横肋板)弧形开口部位、横隔板(横肋板)与 U 肋焊缝部位、U 肋与顶板焊缝部位、U 肋纵向对接栓接连接部位 4 个关键疲劳易损部位的抗疲劳设计进行综合验证。该模型长 8.096m,宽 2.38m,高 1.418m,包含有 5 块横隔板和4个U肋,中间横隔板间距为2.5m,端部相邻横隔板间距为1.5m;模型采用与实桥一致的Q345qD钢材,其腹板、顶板、横隔板、U肋厚度分别为20mm、18mm、16mm和8mm;U肋的大小、形状、间距布置和构造细节以及模型的制造和焊接工艺均与实桥一致。对于U肋对接采用栓接形式的疲劳易损部位,板壳模型难以反映该部位的复杂受力状态,采用板壳元与螺栓连接局部实体混合模型计算循环荷载作用下该细节的应力幅值,局部实体模型如图6-62所示。

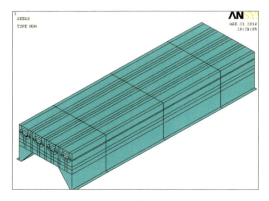

图6-60 足尺节段模型一几何模型

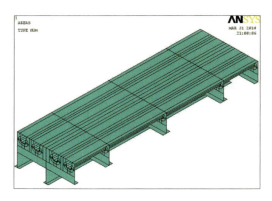

图6-61 足尺节段模型二几何模型

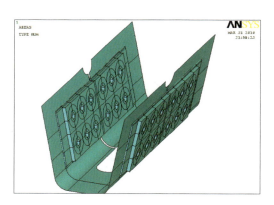

图6-62 U肋栓接部位细节几何模型

足尺节段疲劳试验模型二旨在以边腹板与顶板连接焊缝理论分析的研究成果为基础,进一步通过足尺模型系统验证该疲劳易损部位的抗疲劳性能。模型二基本几何尺寸为长8.096m,宽2.52m,高1.418m,横隔板间距布置与模型一相同,U肋以边腹板为中心两侧对称布置,每侧2个。材料、板厚以及加劲肋的形状、大小、构造细节和模型的加工制作均与实桥保持一致。

足尺节段模型一与模型二的有限元仿真分析模型中各板件均采用四节点 shell 63 单元模拟。对于U肋对接采用栓接形式的疲劳易损部位,实体部分采用 soild 45 单元进行模拟;螺栓的接触作用通过接触单元 CONTA 173 和 TARGE 170 模拟。模型一与模型二的整体仿真分析模型分别如图 6-63 和图 6-64 所示。为便于表示,图中模型一仅示出仿真分析模型的 1/4;模型二仅示出仿真分析模型的 1/2。模型一单元总数为 154 024 个,节点总数为 153 233 个;模型二单元总数为 120 738 个,节点总数为 119 864 个。为对疲劳易损部位进行准确模拟,针对横隔板与 U 肋交叉部位进行更为精细的网格划分,如图 6-63 所示。模型采用螺栓固定于滑道梁上,并通过地锚将滑道梁固定实现整个模型的边界约束条件。

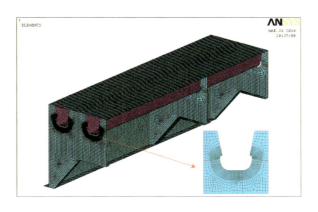

图 6-63　足尺节段模型一 1/4 有限元模型

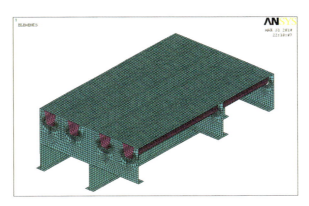

图 6-64　足尺节段模型二 1/2 有限元模型

根据有限元仿真分析所建立的模型,进一步优化并综合考虑加载、测试实施的方便以及边界条件的模拟和加载过程中试验模型的稳定性等几方面问题,分别绘制出模型一与模型二改进后的相关图纸供试验模型加工制作,如图 6-65 和图 6-66 所示。模型一与模型二中 U 肋的编号相同,其侧面图中从左至右编号分别为 1 至 4。

为确保试验加载过程中边界条件模拟的准确性、可靠性和稳定性,同时解决同一试验模型中因各关注疲劳易损部位最不利加载位置不同而需在横向移动以实现疲劳加载的问题,根据模型方案和试验室条件设计了边界条件模拟的滑道梁系统,如图 6-67 所示。试验模型支承并固定于 3 片滑道梁之上,通过滑道梁实现模型与试验室地锚的有效连接。

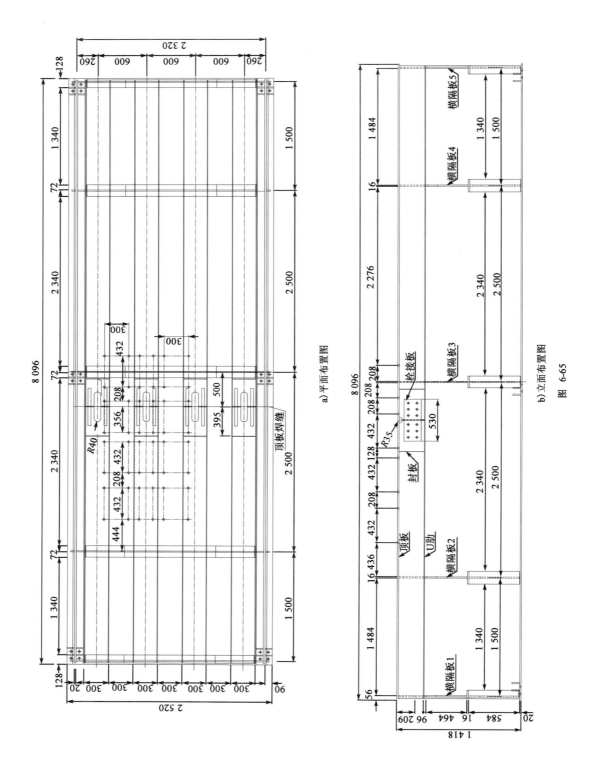

图 6-65

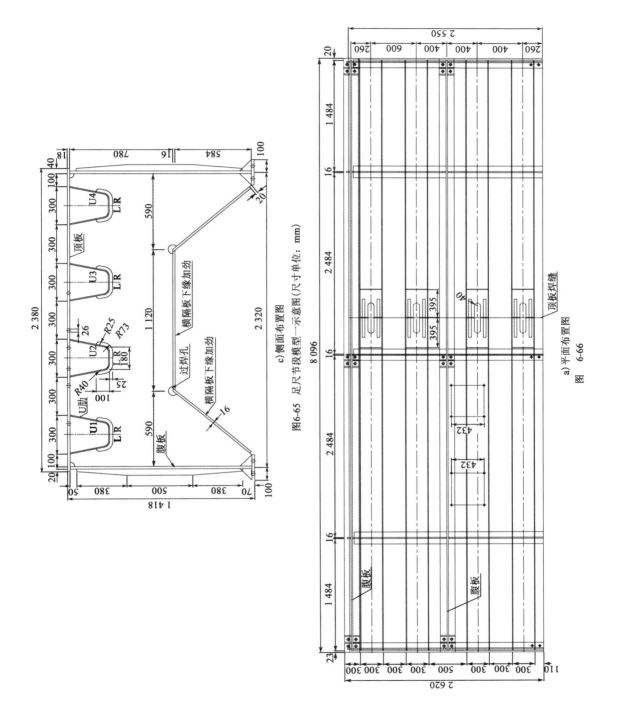

图6-65 足尺节段模型一示意图(尺寸单位：mm)

图6-66

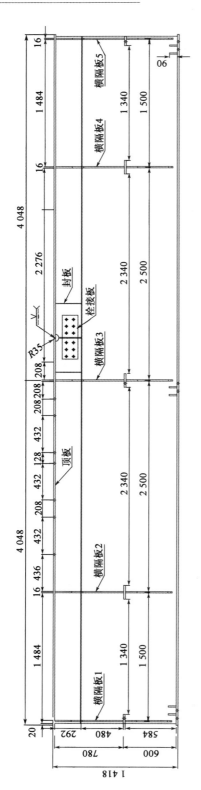

图 6-66 足尺节段模型示意图(尺寸单位：mm)

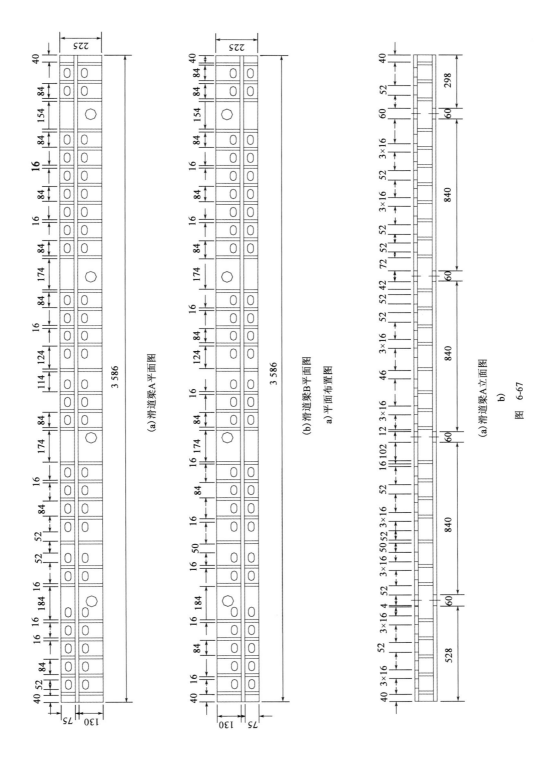

图 6-67

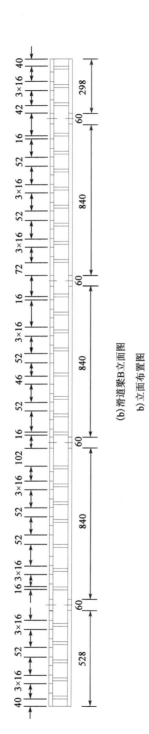
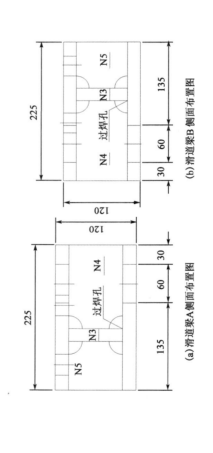

图6-67 滑道梁示意图（尺寸单位：mm）

综合足尺节段疲劳验证试验模型一与模型二的有限元仿真分析结果,将试验模型所确定的各关键疲劳易损部位的设计方案汇总,见表 6-9。表中坐标系的选取如图 6-68 所示,其中加载点中心为作动器的几何中心。

试验模型设计方案汇总 表 6-9

疲劳细节	关注疲劳细节位置(mm)	等效试验应力幅值 (MPa/200 万次)	加载点中心坐标 (x,y)(m)	荷载加载幅值 P(kN)
横隔板 (横肋板) 弧形开口 部位	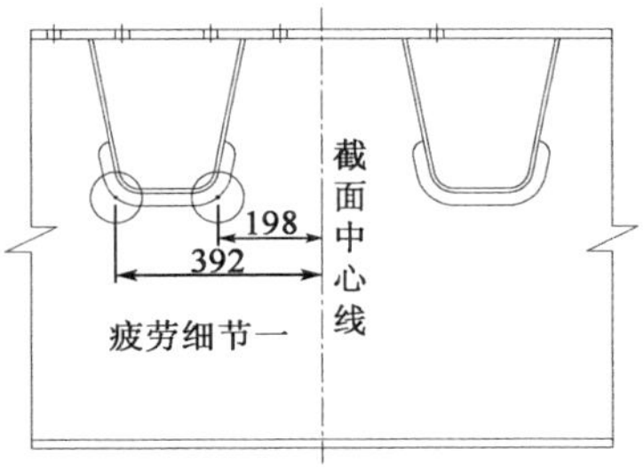	68.1	(0.59, 4.0) (0.59, 5.2)	174
横隔板 (横肋板) 与 U 肋焊 缝部位	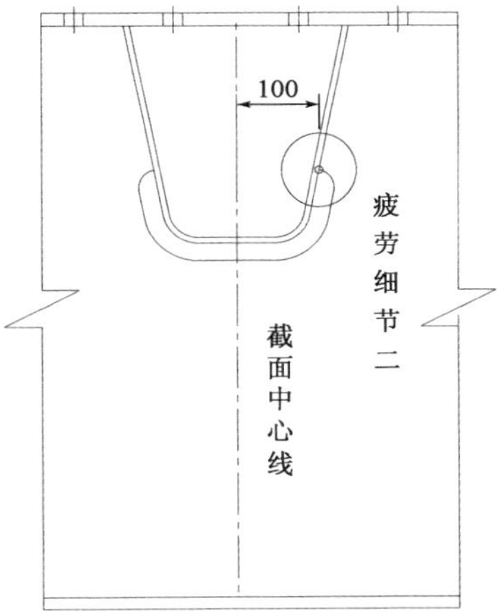	93.0	(1.19, 4.0) (1.19, 5.2)	333.4
U 肋与顶 板焊缝部位	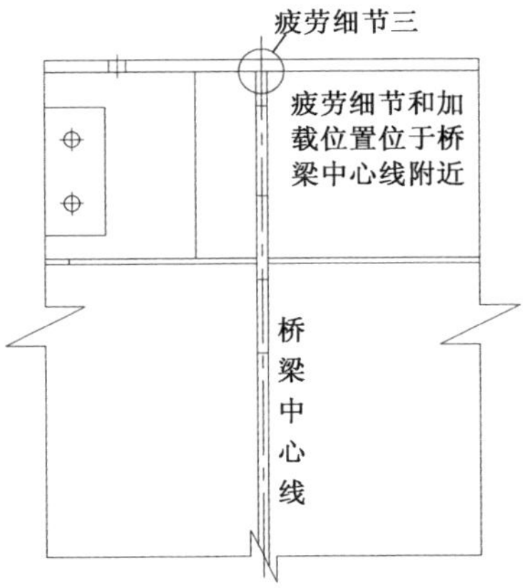	58.8	(0.89, 4.64) (0.89, 5.84)	185.4

续上表

疲劳细节	关注疲劳细节位置(mm)	等效试验应力幅值（MPa/200万次）	加载点中心坐标(x,y)(m)	荷载加载幅值P(kN)
U肋纵向对接栓接连接部位	疲劳细节四	113.1	(0.89, 4.64) (0.89, 5.84)	266
边腹板顶板焊缝	疲劳细节五 疲劳细节加载点位置距离桥梁中心线600mm	10.4	(1.56, 4.64) (1.56, 5.84)	170

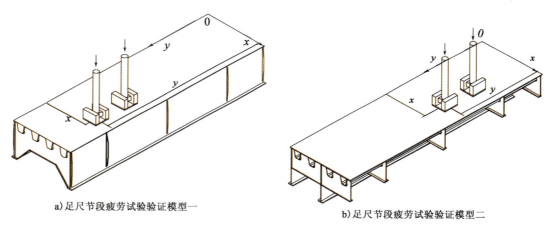

a) 足尺节段疲劳试验验证模型一 　　b) 足尺节段疲劳试验验证模型二

图6-68 足尺节段模型一与模型二坐标系示意图

3) 试验模型等效性验证

对于采用正交异性钢桥面板的桥梁,可根据全桥多节段模型仿真分析得出实桥结构中各疲劳易损细节的疲劳特性和力学行为特征,根据分析结果指导足尺节段模型的设计、加载与测试。试验模型关于各关注细节在应力幅值与应力分布特征方面与实际结构的吻合程度,是评价试验模型有效性的重要标准之一。根据分析结果,全桥多节段模型与足尺节段模型对应的各个疲劳关注细节的主拉应力等值线详细对比如图6-69~图6-73所示。图中全桥多节段模型施加荷载为标准疲劳车荷载(轮轴布置如图3-38所示),轮重P_1为40kN。为最大程度的与实桥加载一致,试验模型采用标准疲劳车单轴的单轮面积加载,轮重P_2如相应图中所示,全桥模型与疲劳试验模型的单轮加载面积保持一致。

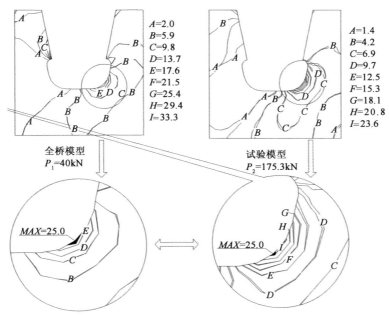

图 6-69　疲劳细节一[横隔板(横肋板)弧形开口部位]模型对比(单位:MPa)

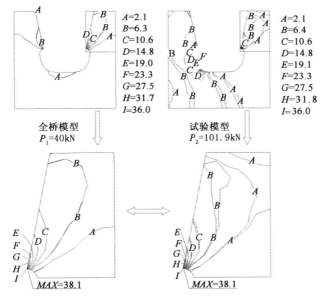

图 6-70　疲劳细节二[横隔板(横肋板)与 U 肋焊缝部位]模型对比(单位:MPa)

仿真分析研究表明,在某特定加载位置施加适宜荷载值,可使足尺节段疲劳验证试验模型与全桥多节段模型关于各细节处的主拉应力以及附近区域的力学行为特征基本相同。因此,足尺节段模型能够较为准确地模拟各个疲劳关注细节在实际桥梁结构中的疲劳损伤发展过程,能够实现对所关注细节的抗疲劳性能的综合验证。

对于U肋对接采用栓接形式的构造细节,为准确模拟该部位的应力幅值和周围区域的应力分布特征,在足尺节段模型中建立了螺栓局部实体模型。从应力等值线图及最大主拉应力所在位置的对比分析可看出,该部位主拉应力值相等且周围区域的应力分布特征较为相似,故所设计的足尺节段模型能够模拟该细节在实际桥梁结构中的力学行为特征。

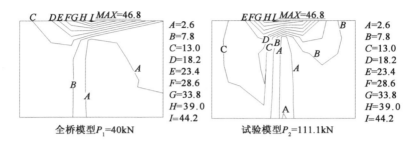

图6-71　疲劳细节三(U肋与顶板焊缝部位)模型对比(单位:MPa)

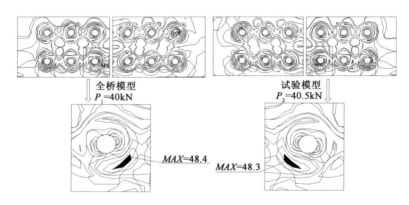

图6-72　疲劳细节四(U肋纵向对接栓接连接部位)模型对比(单位:MPa)

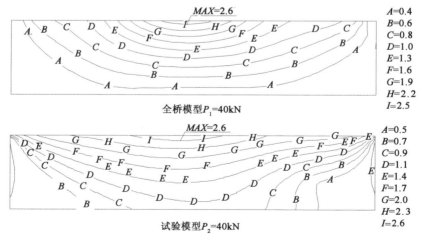

图6-73　疲劳细节五(边腹板与顶板焊缝)模型对比(单位:MPa)

6.3.2 试验模型制作

足尺节段模型试验共包括两个模型:模型一与模型二。与试件模型相同,为反映实桥结构的受力特征,足尺节段模型的结构构造与布置、材料及其力学特性、加工制作、安装与运输等均严格按《港珠澳大桥主体工程桥梁 DB01 标段钢结构制造施工招标文件》和设计施工图中的要求执行。模型在工厂车间内的制作过程如图 6-74 所示,经加工并涂装后运至试验现场的模型如图 6-75 所示,两个足尺模型质量分别约 11t。同时,为使足尺节段模型试验更能反映桥面板实际受力状况,加载过程中在加载点与桥面板接触部位设置类似于车轮的橡胶垫,接触面积为 540mm×540mm。对于开展边腹板与顶板焊缝验证试验的足尺节段模型二,在悬臂部分设置了 3 个悬臂支撑以提高模型的整体刚度和疲劳加载过程中的稳定性,其示意如图 6-76 所示。

a)
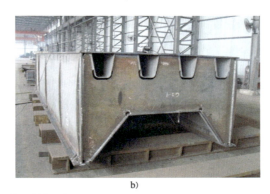
b)

图 6-74 足尺节段模型制作现场

a)

b)

图 6-75 足尺节段疲劳试验模型

6.3.3 试验模型的加载与测试

港珠澳大桥足尺节段模型(模型一与模型二)疲劳验证试验在西南交通大学结构工程试验中心完成。该中心是目前西部地区最大的土木工程试验研究基地,承担过南京长江二桥、南京长江三桥、苏通大桥等多座大型桥梁的疲劳试验研究工作,试验中心所具备的试验设备和测试条件能够满足开展港珠澳大桥疲劳试验研究的要求,如图6-77所示。

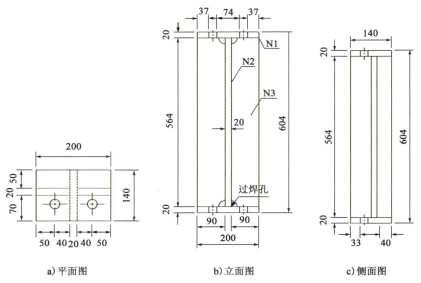

a) 平面图　　b) 立面图　　c) 侧面图

图6-76　悬臂支撑示意图(尺寸单位:mm)

图6-77　结构试验中心试验现场

1) 试验加载

本次疲劳验证试验所采用的加载设备和测试设备与试件模型相同,均为美国MTS公司生产的试验系统和日本共和电业公司的新一代高速静态数据采集仪UCAM-60B(详见6.2.3节)。为真实模拟车辆的走行引起的各板件的面外变形效应,采用双作用点正弦波荷载异步加载,两作用点的荷载幅值一致。其加载荷载幅值及加载点位见表6-9。经仿真模拟计算,当两作用点相位差为90°时,能较好地满足本次试验的要求。根据作用位置的不同及加载点处局部刚度的差异,并在试验中进行调整,实际加载频率为0.75~2.5Hz。现根据表6-9中的加载位置确定加载工况如下:

(1) 荷载幅确定工况:在试验开始前,需采用静载加载的方式,模拟动载加载过程,调整实

际作用的荷载幅值 ΔP 以确保实际应力幅达到理论应力幅值。即根据动载模拟得到的实际应力幅值调整应加载的实际荷载幅值,以消除因边界条件不稳定或仿真模型简化等因素导致理论加载荷载幅值作用在试验结构上得到的实际应力幅值与理论应力幅值不符的影响。

(2) 静载荷载工况:在试验开始前和加载过程中,累积作用次数为 0、25、50、75、100、125、150、175 和 200 万次时,进行静载加载。加载方式为 $0.1P \to 0.25P \to 0.5P \to 0.75P \to P \to 0.75P \to 0.5P \to 0.25P \to 0.1P$ 共 9 级加载,主要目的在于检验各测试元件和设备的工作状态是否正常,研究试验模型的实际受力特性,并考查其变化是否异常。每级静载需持荷 5min,待结构受力稳定后进行数据采集,以减小数据采集过程中环境温度变化以及其他扰动因素的影响,试验次数超过 100 万次后每加载 50 万次采用磁粉进行一次探伤,检查模型各关键易损部位是否出现开裂或异常。

(3) 动载荷载工况:设计寿命期疲劳特性验证试验工况,通过改变加载位置验证各待研究疲劳易损部位设计寿命期内的抗疲劳安全性。各疲劳易损部位对应的作动器位置见表 6-9,荷载下限和上限分别取为 30kN 和 $\Delta P+30$kN。其中 ΔP 根据荷载幅确定工况实际幅值,表 6-9 中的荷载幅为最终实际加载的荷载幅。

待足尺节段模型安装和测点布置完成后,即可进行荷载工况加载。根据加载位置的不同,确定了针对各疲劳易损部位的节段模型安装位置,可通过模型沿滑道梁横纵向移动作细部调整以实现加载位置的准确定位。滑道梁与模型采用高强度螺栓连接固定以保证加载系统边界条件的稳固。此处仅示出足尺节段模型一针对疲劳细节一和足尺节段模型二的安装位置,如图 6-78 和图 6-79 所示。

为反映轮载与桥面板的实际接触面积和作用效应,在作动器与顶板之间依次放置加载垫板和橡胶垫以模拟车轮的接触面,其中加载垫板与模型采用高强度螺栓连接,橡胶垫厚为 2cm,如图 6-80 所示。

2) 试验测试

根据疲劳试验模型的设计方案,横隔板(横肋板)弧形开口部位、横隔板(横肋板)与 U 肋焊缝部位、U 肋与顶板焊缝部位、U 肋纵向对接栓接连接部位 4 个疲劳易损部位的抗疲劳设计通过足尺节段模型一的疲劳加载试验进行验证;而边腹板与顶板焊缝部位的抗疲劳设计通过足尺节段模型二的疲劳加载试验进行验证。试验中各关注细节关键测点的布置除遵循试件模型中的布置原则外,通过建立精细化的有限元仿真分析模型指导测点的布置。对于各个疲劳易损部位最不利区域、高应力区域以及模型中的焊缝众多、面内外变形较大的部位,在满足所采用的钢结构桥梁疲劳评价方法对测点布置要求的条件下,应尽可能多布置一定数量的应力和面内外位移测试点以获取较多的实测数据,并通过与理论计算数据的对比充分验证模型设计的合理性,从而提高测试数据的可靠性和准确性,实时监测各易损部位的疲劳损伤演化过程。

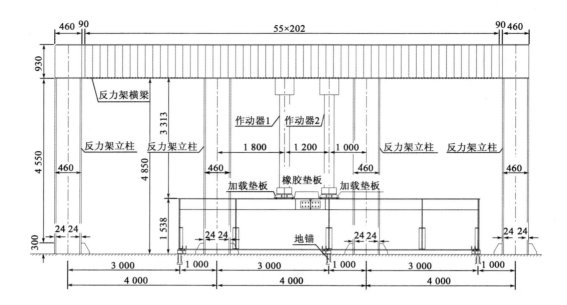

a) 立面图

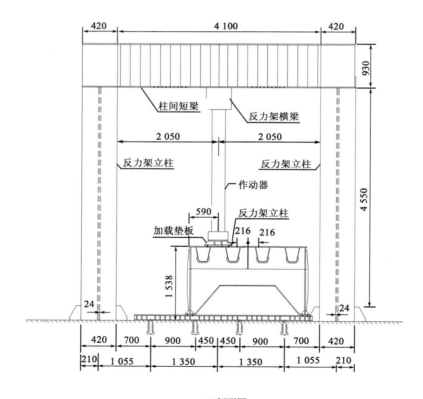

b) 侧面图

图 6-78　足尺节段模型一加载示意图(尺寸单位：mm)

第6章 正交异性钢桥面板的疲劳模型验证试验

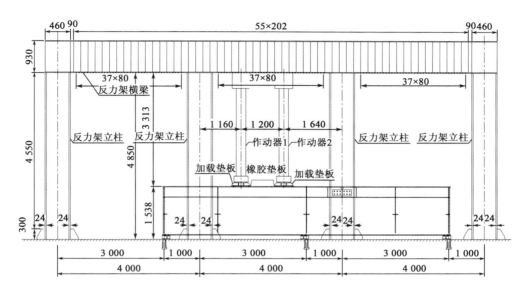

a) 立面图

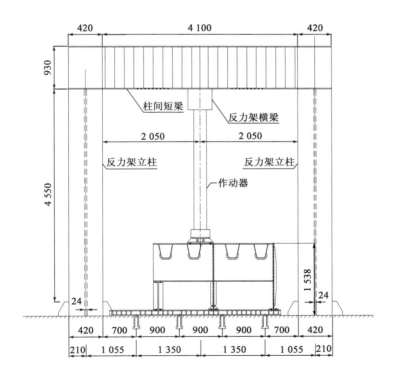

b) 侧面图

图 6-79　足尺节段模型二加载示意图(尺寸单位：mm)

图 6-80 加载垫板与橡胶垫

疲劳易损部位关键测点的布置主要集中于各部位的最不利区域。在开展其中某一个疲劳易损部位抗疲劳设计验证试验的同时,其余关注部位均布置相应测点,以便于通过实测数据观测各易损部位的疲劳损伤发展过程。疲劳验证试验过程中采用以应变测试为主、位移测试为辅,应变与位移同时监测的测试手段。在足尺节段模型中主要关注部位位于横隔板(横肋板)2 与横隔板(横肋板)3 区间段及横隔板(横肋板)3 周围,因此测点布置主要分布在上述区域。由于测点布置繁多,为准确表示测点部位,现建立如图 6-81 所示的测点表示方法。

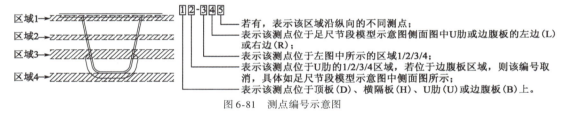

图 6-81 测点编号示意图

根据确定的编号系统对各测点进行编号。各关键测点的布置如图 6-82 ~ 图 6-87 所示,各测点主拉应力采用 0°、45°、90° 三向应变花所测量的应变换算获得,图中所标识的距离未考虑焊缝的宽度,即实际测点与板件边缘的距离需加上焊缝宽度。

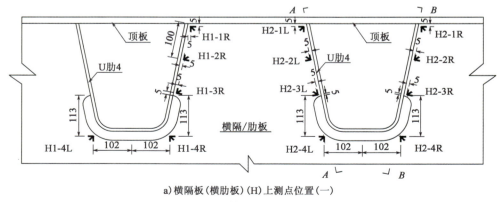

a) 横隔板(横肋板)(H)上测点位置(一)

图 6-82

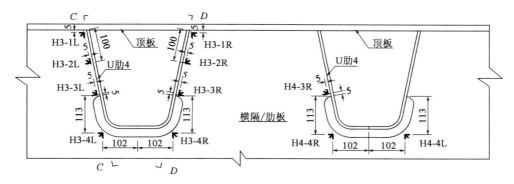

b) 横隔板(横肋板)(H)上测点位置(二)

图 6-82 足尺节段模型一横隔板(横肋板)(H)上测点布置图(尺寸单位:mm)

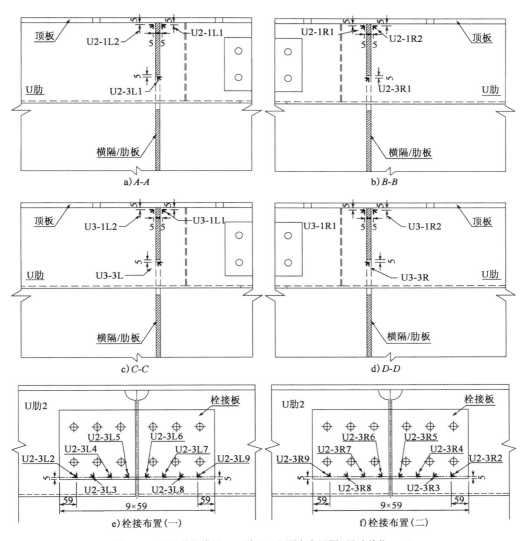

图 6-83 足尺节段模型一U肋(U)上测点布置图(尺寸单位:mm)

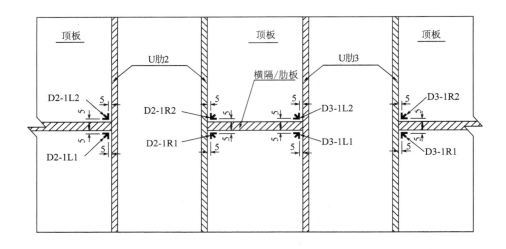

图 6-84 足尺节段模型一顶板(D)上测点布置图(尺寸单位:mm)

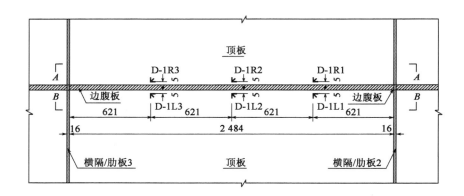

图 6-85 足尺节段模型二顶板(D)上测点布置图(尺寸单位:mm)

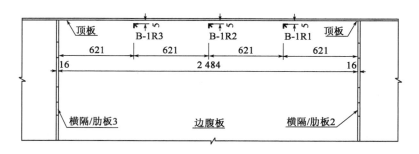

a)边腹板(H)上测点布置(A-A)

图 6-86

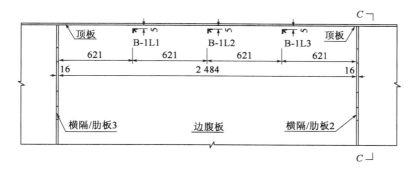

b) 边腹板(H)上测点布置(*B-B*)

图 6-86 足尺节段模型二边腹板(H)上测点布置图(尺寸单位:mm)

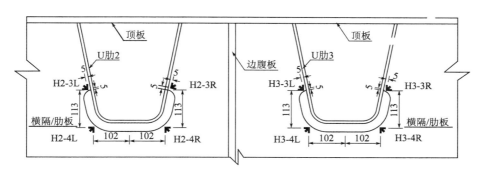

图 6-87 足尺节段模型二横隔板(横肋板)(H)上测点布置图(*C-C*)(尺寸单位:mm)

6.3.4 主要试验结果

根据足尺节段模型一与模型二对各个关注细节所开展的抗疲劳设计验证试验,对各测点在测试方案设定的疲劳加载次数下静载试验中所获取的应变数据按 6.2 节中式(6-3)进行计算可得到测点对应的主拉应力值。

静载试验过程中加卸载阶段每级荷载作用下应变与位移的测试均在结构受力及变形稳定的条件下进行采集。为提高测试数据的准确性,减小因人为读数等主观因素导致的偶然误差,静载试验在疲劳加载卸除并保证一定的暂停时间后进行,且足尺节段模型一与模型二各细节在静载试验中的数据均由静态应变高速采集仪自动采集。

1) 横隔板(横肋板)弧形开口部位疲劳性能研究

结合全桥多节段模型以及足尺节段模型的仿真计算结果和模型设计方案,当横隔板(横肋板)弧形开口部位达到等效常幅应力幅 68.1MPa 时,在足尺节段模型一中该细节对应的最不利位置施加的疲劳荷载幅值为 174kN。疲劳加载试验中,首先加载至 30kN 确保模型边界条件连接良好且稳定性满足要求,同时将此荷载值作为横隔板 U 肋开孔部位疲劳试验加载的初值(下限值)。因在疲劳荷载作用下,各测试点的主拉应力均处于线弹性范围,可根据初始荷载值下关键测点的主拉应力与应力幅值近似推算加载点的最大荷载值。当加载点上限值为204kN时，相应于上下限疲劳荷载值所关注细节最不利位置的主拉应力之差即为等效试验应力幅值。疲劳加载试验前通过静载试验对横隔板U肋开孔部位的应力幅值进行验证，图6-88为1/2周期内实测值与理论值的对比。根据疲劳验证试验模型的刚度及加载过程中模型面内外的变形大小，疲劳试验机两个作动器的加载频率确定为2.6Hz。

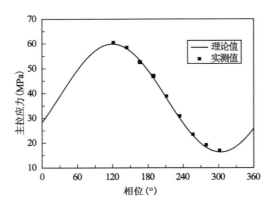

图6-88　横隔板(横肋板)弧形开口部位细节应力幅值验证

与测试方案设定疲劳加载周次对应的静载试验均以无外加荷载作用时的状态作为初始状态，此后对加载点(0.59m，5.2m)按较小荷载增量加载至30kN和50kN，待试验模型受力及变形稳定后，以50kN作为荷载增量逐级加载，当最大荷载值达到400kN时沿加载路径卸载，从而得到特定作用周次下各关键测点在加卸载过程中的主拉应力数据。根据整个疲劳验证试验过程中的实测应变数据，计算出横隔板(横肋板)U肋开孔细节关键测点中单个测点在不同作用次数下的主拉应力数值，并绘制出随荷载的变化，关注部位周围部分关键测点应力荷载曲线如图6-89和图6-90所示。

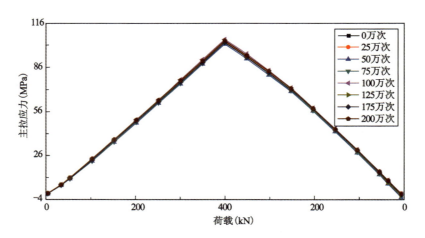

图6-89　H1-4L测点疲劳加载间静载主拉应力

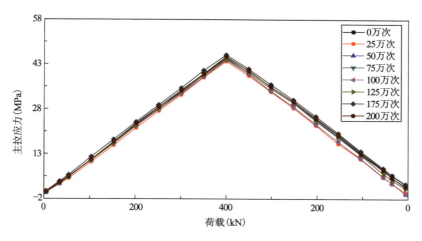

图 6-90 H3-4R 测点疲劳加载间静载主拉应力

试验过程中对各应变测点的数据进行了测试,对于关键测点的试验结果进行了系统的分析。研究结果表明:

(1)静载工况下各疲劳易损部位关键测点的应力荷载曲线基本呈线性关系,且在加载和卸载过程中具有较好的对称性,各次静载工况下应变和应力测试值基本吻合,表明在疲劳荷载循环加载过程中,各疲劳易损部位的力学行为特性未发生显著改变且均处于线弹性范围。

(2)验证试验过程中试验模型未见异常,在各疲劳易损部位疲劳验证试验加载完成后采用多种方式进行了探伤,均未发现疲劳裂纹,表明各疲劳易损部位的疲劳性能满足设计要求。

2)横隔板(横肋板)与 U 肋焊缝部位疲劳性能研究

根据全桥多节段模型的有限元仿真分析结果,采用线性疲劳累积损伤理论获得横隔板(横肋板)与 U 肋焊缝部位所关注细节的等效常幅应力幅值为 93MPa,对应于足尺节段模型一中该细节的最不利加载位置所施加的疲劳荷载幅值为 333.4kN。以试验模型有限元仿真分析计算结果为参考,横隔板(横肋板)与 U 肋焊缝部位所关注细节在疲劳验证试验中的加载荷载数值按下述方法确定:在最不利加载位置施加荷载至 30kN,确定模型受力均匀、稳定且边界条件连接稳固后,以此荷载值为疲劳加载的最小荷载值,逐步增大荷载直至疲劳荷载上下限值之差为荷载幅值。在此基础上根据上下限荷载所对应的实测数据计算横隔板 U 肋焊缝部位所关注细节的应力幅值,当实测应力幅值与等效常幅应力幅值不相等时应适当改变所施加的荷载。经不断计算和调整,最大与最小疲劳荷载值分别为 363.4kN 和 30kN 时,该部位关注细节的应力幅为 93MPa。疲劳加载试验前通过静载试验对横隔板 U 肋焊缝细节的应力幅值进行验证,实测值与理论计算值的对比如图 6-91 所示。同时依据疲劳验证试验开始阶段动载试验频率调整试验中模型的变形及稳定性,确定了试验机两个作动器的加载频率定为 1.5Hz。

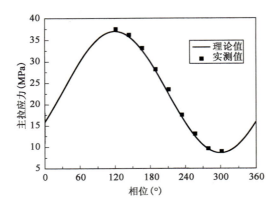

图 6-91　横隔板(横肋板)与 U 肋焊缝部位细节应力幅值验证

疲劳验证试验过程中特定加载次数后静载试验的加卸载过程与横隔板 U 肋开孔部位的静载试验相同。为消除边界条件等客观因素的影响,实测值与理论值对比时,初始荷载为 30kN,为保证所示试验数据的完整性,初始状态对应于无外荷载作用的状态,最大荷载值为 400kN。横隔板 U 肋焊缝细节静载试验的加载点中心坐标为(1.19m,5.2m),根据关键测点的实测应变数据,可得到部分测点在不同作用次数下的主拉应力数值并绘制出随荷载的变化曲线,如图 6-92 和图 6-93 所示。

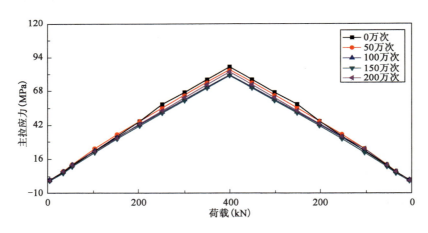

图 6-92　U2-3R 测点疲劳加载间静载主拉应力

对横隔板(横肋板)与 U 肋焊缝部位关键测点的测试结果进行分析,结果表明:

(1)在各疲劳加载作用次数下,该部位关注细节各关键测点的主拉应力在加卸载过程基本呈线性变化且对称,各次静载工况下应力和位移测试值基本吻合,在疲劳荷载循环加载过程中,该疲劳易损部位的力学行为特性未发生显著改变且处于线弹性范围。

(2)当该疲劳易损部位疲劳验证试验累积加载次数达 100 万次后,每累加 50 万次时对其进行一次超声波和磁粉探伤,直至作用次数达 200 万次。探伤结果表明焊缝区域以及模型其余部位均未出现疲劳裂纹,该结论与各测点的荷载应力曲线所得结论吻合,同时验证了横隔板U肋焊缝的抗疲劳设计满足120年长寿命服役的设计要求。

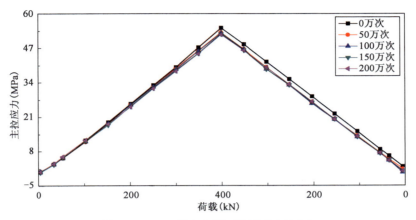

图6-93 H3-3R测点疲劳加载间静载主拉应力

3) U肋与顶板焊缝部位疲劳性能研究

由仿真分析和理论计算可获得U肋与顶板焊缝对应于200万次疲劳加载试验的等效常幅应力幅值为58.8MPa,根据6.1.3节的分析结果可知,当考虑足尺节段模型一中不同疲劳易损部位在疲劳验证试验中的相互影响时,U肋对接(栓接)部位疲劳加载在顶板U肋焊缝所引起的应力幅值大于通过仿真分析获得的理论值(图6-94),因此当其他细节开展疲劳加载试验时,顶板U肋焊缝部位的换算循环加载次数已超过200万次,可对其抗疲劳性能进行充分验证。

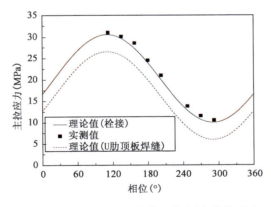

图6-94 U肋与顶板焊缝部位细节应力幅值的验证

U肋与顶板焊缝细节在静载试验中的加卸载过程与前述各疲劳易损部位相同,分别以30kN和400kN作为静载试验中荷载的上下限值,但为保证所示试验数据的完整性和真实性,初始0kN作用下测试结果均列出。此细节疲劳验证试验中,不同加载次数下主拉应力通过U肋纵向对接栓接连接部位疲劳加载间的静载试验获得。根据关键测点的实测数据,绘制对应于不同疲劳加载次数测点主拉应力随荷载加卸载过程的变化曲线,如图6-95~图6-97所示。

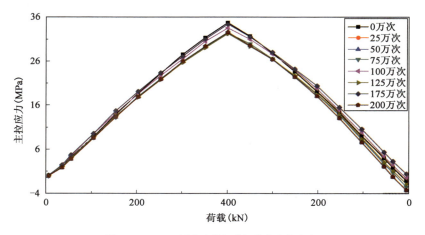

图 6-95　H2-1L 测点疲劳加载间静载主拉应力

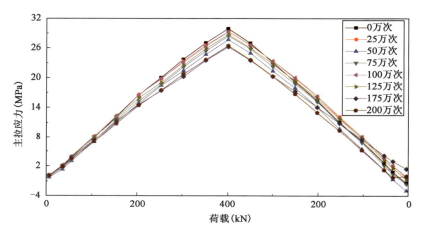

图 6-96　H2-2L 测点疲劳加载间静载主拉应力

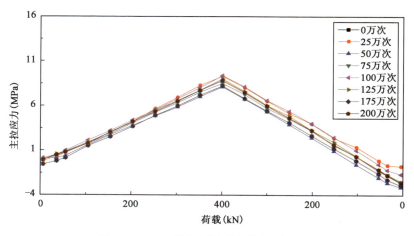

图 6-97　H3-1L 测点疲劳加载间静载主拉应力

U肋与顶板焊缝部位关键测点的测试结果呈现出以下特征:

(1)在不同的疲劳加载次数作用下各关键测点主拉应力随荷载的变化近似呈线性关系,在静载荷载作用下各测点主拉应力均未达到材料的屈服强度,表明疲劳试验中各测点主拉应力仍处于线弹性范围。

(2)各关键测点加载与卸载过程中对应于相同荷载的主拉应力值基本相同,加卸载曲线吻合较好,呈现出对称特征。

(3)同一测点疲劳加载前以及不同疲劳加载次数后加卸载曲线间的变化较小,表明随着疲劳加载次数的增加,各测点的主拉应力仅发生微小改变,所关注细节的疲劳损伤特性未发生显著变化。

(4)当该疲劳易损部位疲劳验证试验累积加载次数达100万次后,每累加50万次时对其进行一次超声波和磁粉探伤,直至作用次数达200万次。结果表明U肋与顶板焊缝部位及模型其余区域未出现疲劳裂纹,此结论与主拉应力的测试结果相一致,表明该构造细节的疲劳性能满足港珠澳大桥抗疲劳设计的要求。

4)U肋纵向对接栓接连接部位疲劳性能研究

基于U肋纵向对接栓接连接部位试件模型的研究成果,采用足尺节段模型对其抗疲劳设计进行综合验证。根据理论计算和仿真分析结果,该细节最大主拉应力幅值位于栓接板与U肋腹板间螺栓连接的部位,对应于200万次疲劳加载试验的换算等效常幅应力幅为113.1MPa。按照前述各疲劳关注细节中加载荷载幅值的确定方法,以有限元仿真分析获得的荷载及其幅值为重要参考,依据疲劳加载前的静载实测数据,经逐步调整确定U肋对接(栓接)部位的荷载幅值为266kN,疲劳试验中的最小与最大荷载值分别为70kN和336kN。此细节疲劳加载试验前应力幅值实测值与理论计算值的对比表明两者吻合较好,如图6-98所示。因该细节等效试验应力幅值较大,与其余各关注细节的疲劳加载过程相比,模型变形逐步增大,局部刚度相对较小,据此将试验中的加载频率确定为1.5Hz。

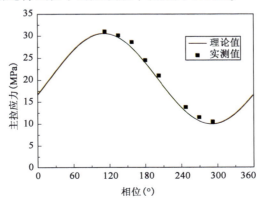

图6-98 U肋纵向对接栓接连接部位细节应力幅值验证

静载试验中 U 肋纵向对接栓接连接部位荷载值和加载级数与前述各关注细节的加卸载过程一致，加载点的中心坐标为(0.89m，5.84m)。因栓接板与 U 肋腹板间的主拉应力难以获得，试验中以栓接板上所布置的测点实测数据对该细节的抗疲劳性能进行间接验证。绘制各关键测点主拉应力随荷载加卸载过程的变化曲线，如图 6-99 ~ 图 6-102 所示。

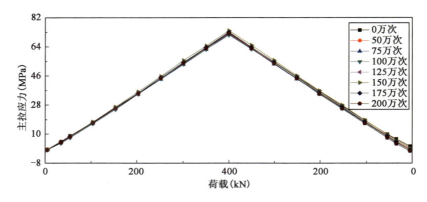

图 6-99　U2-3R5 测点疲劳加载间静载主拉应力

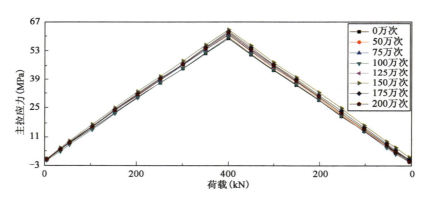

图 6-100　U2-3R8 测点疲劳加载间静载主拉应力

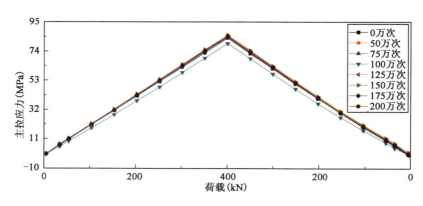

图 6-101　U2-3L5 测点疲劳加载间静载主拉应力

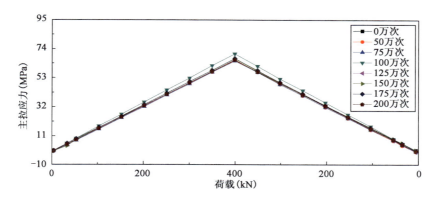

图 6-102 U2-3L8 测点疲劳加载间静载主拉应力

上述试验结果表明：

（1）静载试验中各关键测点的主拉应力均处于线弹性范围，不同的疲劳加载次数下主拉应力随荷载加卸载过程的变化基本呈线性关系，且各测点位移较小，表明试验模型的相对刚度较大，满足试验研究的要求。

（2）加卸载过程中各关键测点的主拉应力、位移数值变化相对较小且具有对称性，表明加载与卸载过程实测数据吻合较好。

（3）对应于试验方案所设定的不同疲劳加载次数，关键测点在加载与卸载过程中的实测主拉应力在较小的范围内波动，反映出 U 肋对接（栓接）部位在 200 万次疲劳加载试验后其疲劳损伤特性未发生显著变化。

（4）疲劳验证试验完成后采用超声波和磁粉探伤，该部位未出现疲劳裂纹，结论与不同加载次数下各测点主拉应力未发生显著变化的实测结果相一致，表明该部位的疲劳性能满足既定使用寿命的抗疲劳设计要求。

5）边腹板与顶板连接焊缝部位疲劳性能研究

通过足尺节段模型二疲劳加载试验对边腹板与顶板连接焊缝部位的抗疲劳性能进行综合研究与验证。经理论分析与有限元数值计算可知，根据线性疲劳累积损伤理论所换算得到的对应于 200 万次疲劳加载试验的等效常幅应力幅为 10.4MPa。同理，依据疲劳试验模型的仿真分析结果初步确定试验中所施加的荷载与荷载幅值，在此基础上根据试验前的静载试验进行荷载的验证和调整，并确定相应的荷载幅为 170kN，荷载循环中的最小与最大加载值分别为 30kN 和 200kN。为确保实测应力幅值与理论值的吻合，疲劳加载试验前通过静载试验对该细节的应力幅值进行验证，如图 6-103 所示。同时由于加载荷载与应力幅值较小，试验模型局部相对刚度较大，可适当提高加载频率以提高疲劳试验的效率，试验实施过程中的疲劳荷载加载频率为 1.75Hz。

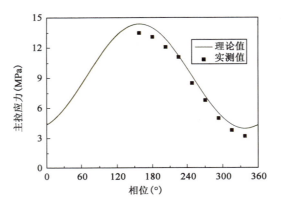

图 6-103 边腹板与顶板连接焊缝部位细节应力幅值验证

边腹板与顶板连接焊缝部位静载试验的加卸载过程与试验模型一中各关注疲劳细节相同，加载点中心坐标为(1.56m，5.84m)。根据实测应变数据计算出各关键测点的主拉应力及其随荷载加卸载过程的变化曲线，如图 6-104 和图 6-105 所示。

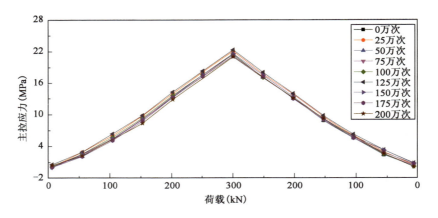

图 6-104 测点 H2-4L 疲劳加载间静载主拉应力

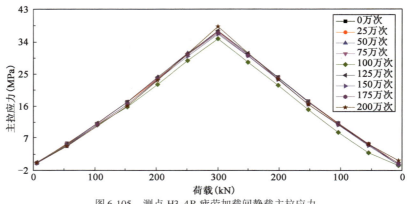

图 6-105 测点 H3-4R 疲劳加载间静载主拉应力

理论分析和试验实测数据研究表明：

（1）静载试验中测点主拉应力随荷载值的变化规律近似呈线性关系。

（2）对应于不同疲劳加载次数下静载试验中的相同荷载值，除个别测点主拉应力相对较大外，其余测点加卸载过程均具有对称特征，加卸载过程吻合较好。

（3）各关键测点的主拉应力和U肋与顶板焊缝部位测点的主拉应力相比数值相差较小，且均处于线弹性阶段。

（4）与足尺节段模型一各关注细节一致，不同疲劳加载次数下所有测点的荷载应力曲线无显著变化，依此可判定所关注细节及其附近区域未出现较大的疲劳损伤。

（5）疲劳试验加载次数为200万次时进行了超声波和磁粉探伤，结果表明边腹板与顶板焊缝细节未出现疲劳裂纹，因此该疲劳易损部位的抗疲劳性能满足设计要求。

6）实测数据与理论数据对比

为验证通过疲劳试验对港珠澳大桥正交异性钢桥面板各关注易损部位的抗疲劳性能进行验证，将各细节对应的应力幅值最大区域关键测点的实测值与足尺节段疲劳试验模型的有限元仿真分析理论值进行对比，如图6-106~图6-110所示，加载方式见表6-9。图中应力等值线图中的 Mea 值为实测值，Cal 值为理论值。限于篇幅，汇总各细节对应的部分测点的理论值和实测值的对比结果，见表6-10~表6-14。其中 σ_{ave} 为测试值的平均值，$\sigma_{ave}/\sigma_{cal}$ 为测试平均值与理论值的比值，σ_{max}、σ_{min} 为测试值的最大值和最小值，Δ 为最大值与最小值之差。

横隔板（横肋板）弧形开口部位细节关键测点理论值与实测值汇总（单位：MPa） 表6-10

测点	H1-4L	H3-4R	H1-2R	H1-1R	H2-2L
计算值	69.30	32.9	18.90	10.10	27.50
0万次	79.42	43.19	19.58	10.15	29.90
25万次	73.57	33.70	20.90	10.67	30.14
50万次	70.00	33.94	20.55	9.10	29.27
75万次	71.22	34.24	18.76	8.44	27.65
100万次	72.22	33.56	19.25	9.39	28.40
125万次	71.16	33.83	19.87	8.42	29.25
175万次	79.42	34.53	19.49	8.22	28.67
200万次	73.57	34.05	21.75	8.09	28.54
σ_{ave}	73.21	35.13	20.02	9.06	28.98
$\sigma_{ave}/\sigma_{cal}$	1.06	1.07	1.06	0.90	1.05
σ_{max}	79.42	43.19	21.75	10.67	29.90
σ_{min}	70.00	33.56	18.76	8.09	27.50
Δ/σ_{max}	0.12	0.22	0.14	0.24	0.08

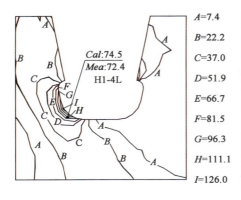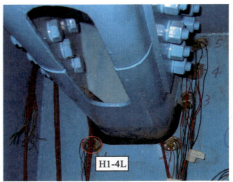

图 6-106 横隔板(横肋板)弧形开口部位细节理论值与实测值比较(单位:MPa)

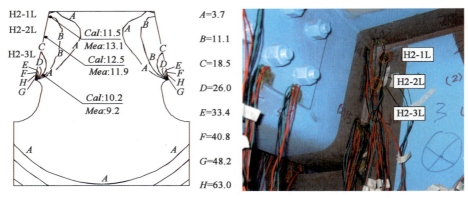

图 6-107 横隔板(横肋板)与 U 肋焊缝部位细节理论值与实测值比较(单位:MPa)

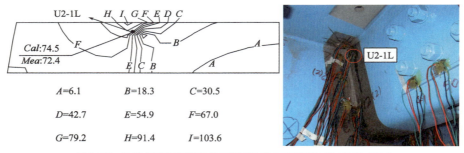

图 6-108 U 肋与顶板焊缝部位细节理论值与实测值比较(单位:MPa)

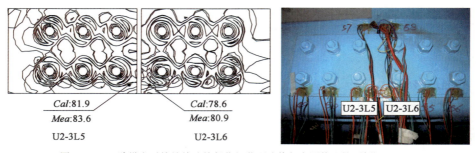

图 6-109 U 肋纵向对接栓接连接部位细节理论值与实测值比较(单位:MPa)

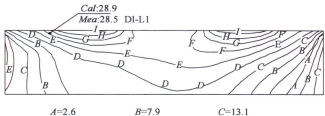

$A=2.6$ $B=7.9$ $C=13.1$
$D=18.4$ $E=23.7$ $F=28.9$
$G=34.2$ $H=39.4$ $I=44.7$

图 6-110　边腹板与顶板连接焊缝部位细节理论值与实测值比较（单位：MPa）

横隔板（横肋板）与 U 肋焊缝部位细节关键测点理论值与实测值汇总（单位：MPa）　表 6-11

测点	H2-4L	H3-4R	H2-3R	H3-1L	H3-2L
计算值	38.50	62.50	10.20	11.50	12.50
0 万次	37.32	62.46	10.47	12.33	12.73
50 万次	38.95	67.36	8.09	13.54	12.02
100 万次	34.22	67.90	7.12	12.23	10.51
150 万次	37.32	64.69	10.56	13.00	11.43
200 万次	45.11	51.68	9.60	14.26	12.73
σ_{ave}	38.58	67.90	9.17	13.07	11.88
$\sigma_{ave}/\sigma_{cal}$	1.00	1.09	0.90	1.14	0.95
σ_{max}	45.11	67.90	10.56	14.26	12.73
σ_{min}	34.22	51.68	7.12	12.23	10.51
Δ/σ_{max}	0.24	0.24	0.33	0.14	0.17

U 肋与顶板焊缝部位细节关键测点理论值与实测值汇总（单位：MPa）　表 6-12

测点	U2-1L	U2-3L1	H1-2R	H1-1R	H2-1L	H2-2L
计算值	75.20	55.60	15.20	20.20	24.10	27.30
0 万次	71.20	50.14	14.78	19.09	20.99	25.80
25 万次	71.19	51.05	12.97	17.81	20.73	23.51
50 万次	71.49	58.45	12.92	16.83	20.84	25.35
75 万次	75.81	63.93	11.95	20.34	20.33	24.56
100 万次	88.43	59.05	12.32	22.67	23.86	26.30
125 万次	74.90	49.52	14.27	18.35	28.96	26.08
150 万次	63.98	50.85	13.41	18.41	26.50	26.27
175 万次	64.86	51.49	13.40	18.16	26.54	26.53
200 万次	65.85	51.10	14.73	18.17	26.74	26.31
σ_{ave}	71.97	53.95	13.42	18.87	23.94	25.63
$\sigma_{ave}/\sigma_{cal}$	0.96	0.97	0.88	0.93	0.99	0.94
σ_{max}	88.43	59.05	14.78	22.67	28.96	26.53
σ_{min}	63.98	49.52	11.95	16.83	20.33	23.51
Δ/σ_{max}	0.28	0.16	0.19	0.26	0.30	0.11

U 肋纵向对接栓接连接部位细节关键测点理论值与实测值汇总（单位：MPa）　　表6-13

测点	U2-3L5	U2-3L6	U2-3L7	U2-3L8	U2-3L2	U2-3L9
计算值	81.30	79.30	54.60	68.90	14.60	30.20
0 万次	83.51	83.62	54.25	65.81	13.01	27.00
25 万次	85.23	—	52.30	65.61	11.02	28.32
50 万次	84.67	80.40	52.42	65.25	13.63	27.17
75 万次	80.81	78.02	46.32	70.38	12.43	29.03
100 万次	79.51	81.55	45.19	69.41	9.37	28.40
125 万次	83.93	80.98	52.39	65.97	12.34	27.46
150 万次	85.37	81.27	54.24	66.91	13.70	28.44
175 万次	84.64	80.82	53.17	67.03	12.47	28.51
200 万次	84.53	79.82	52.97	66.05	12.60	27.29
σ_{ave}	83.58	80.81	51.47	66.93	12.29	27.96
$\sigma_{ave}/\sigma_{cal}$	1.02	1.02	0.94	0.97	0.84	0.93
σ_{max}	85.37	83.62	54.25	70.38	13.63	28.51
σ_{min}	79.51	78.02	45.19	65.25	9.37	27.00
Δ/σ_{max}	0.07	0.07	0.17	0.07	0.31	0.05

边腹板与顶板连接焊缝部位细节关键测点理论值与实测值汇总（单位：MPa）　　表6-14

测点	B-1R1	B-1R2	D-1L1	B-1R3
计算值	23.50	27.60	9.20	16.70
0 万次	25.49	28.94	6.21	13.34
25 万次	24.79	28.19	7.28	15.19
50 万次	24.27	28.12	6.71	13.22
75 万次	24.71	28.01	6.96	13.73
100 万次	24.48	28.01	6.29	13.73
125 万次	24.41	28.03	7.26	16.39
150 万次	24.98	28.32	8.22	15.88
175 万次	24.71	28.61	6.29	18.51
200 万次	25.84	28.95	7.24	14.12
σ_{ave}	24.86	28.35	6.94	14.90
$\sigma_{ave}/\sigma_{cal}$	1.06	1.03	0.75	0.89
σ_{max}	25.84	28.95	8.22	18.51
σ_{min}	24.27	28.01	6.21	13.34
Δ/σ_{max}	0.06	0.03	0.24	0.28

各疲劳易损部位关键测点理论值与实测值的对比表明：

(1)各疲劳易损部位关键测点的仿真分析结果与试验实测结果基本吻合,除个别测点实测值可能由于实际测试位置与理论测点位置的偏离、应变片与钢材表面粘贴不牢固等因素影响与理论值存在一定的偏差外,各疲劳易损部位及其附近区域的应力分布特性和试验结果基本一致,表明所设计的试验模型能够较为准确地模拟实际结构各关键疲劳易损部位的疲劳特性。

(2)不同疲劳加载次数下实测主拉应力值与其平均值以及理论值之间无明显差异,表明各关键测点的疲劳损伤增量处于较小的范围,且探伤结果显示验证试验中各疲劳易损部位均未出现疲劳裂纹,故所关注细节的抗疲劳性能满足港珠澳大桥抗疲劳设计的要求。

6.4 小　　结

以第4章所提出的抗疲劳设计对策及其方案为重要基础,开展足尺试件模型与足尺节段模型疲劳试验,对港珠澳大桥钢箱梁正交异性钢桥面板抗疲劳设计的关键技术问题进行了深入的研究和系统验证,本章通过试验测试研究取得的成果如下：

(1)对顶板与U形纵肋连接焊缝分别采用熔透率为81.25%和87.5%两种典型情况进行疲劳试验验证,试件模型试验结果表明,两种熔透率下的连接焊缝形式均未产生疲劳裂纹,即熔透率保证在81.25%以上时,该细节的疲劳性能即可满足设计要求。

(2)对港珠澳大桥正交异性钢桥面板抗疲劳优化设计所提出的横隔板(横肋板)弧形开口形状进行了试件模型试验验证,结果表明港珠澳大桥该构造形式抗疲劳性能较优,可满足港珠澳大桥120年长设计寿命钢桥面板结构设计要求。

(3)通过试件模型试验和理论研究,针对U肋不同的纵向连接方式(包括对接焊缝连接和栓接连接)进行了正交异性钢桥面板疲劳性能影响的对比研究,通过对比确定合理的U肋纵向连接方式、关键设计参数,试验结果表明,对于该部位疲劳性能的影响,两种连接方式均能满足设计要求,但综合比较实际组装施工质量及其保证的难易程度等人为因素,以及误差的影响等,港珠澳大桥正交异性钢桥面板构造U肋纵向连接选择了栓接方案。

(4)对抗疲劳设计对策、关键部位设计方案及正交异性钢桥面板抗疲劳优化设计方法的理论分析结果、最终确定的构造形式和参数刚度匹配进行了试验验证,结果表明港珠澳大桥各板件间的刚度匹配较好,各构造形式的疲劳性能满足港珠澳大桥的设计要求。

(5)对各疲劳易损部位焊接工艺及焊缝质量进行了试件模型试验验证,结果表明在采用第5章所述制造工艺和焊接工艺的条件下,港珠澳大桥正交异性钢桥面板焊接质量能够得到保证,且该制造工艺及焊接工艺能满足港珠澳大桥正交异性钢桥面板的设计寿命要求。

(6)对各疲劳易损部位焊接工艺及焊缝质量进行了试件模型试验验证,结果表明在采用

第5章所述制造工艺和焊接工艺的前提下,港珠澳大桥正交异性钢桥面板体系焊接质量能够得到保证,且该制造工艺及焊接工艺能满足港珠澳大桥正交异性钢桥面板体系的设计寿命要求。

(7)综合考虑结构抗疲劳设计、关键疲劳易损部位细节设计、制造工艺及焊接工艺,结合整体和局部参数化仿真分析模型,选取钢箱梁疲劳最为关键的控制因素和部位,在试件模型试验研究的基础上,通过足尺节段模型试验就正交异性钢桥面板疲劳特性的关键问题开展了深入系统研究,并对研究成果进行了综合验证。试验结果表明,疲劳特性验证试验完成后,各疲劳易损部位的等效荷载循环次数均超过200万次,各部位均未出现疲劳裂纹且其各关键测点的应力量值基本不随加载次数的增加而发生改变,基本与荷载量值呈线性关系。在加工工艺精度和焊接质量严格控制的条件下,港珠澳大桥正交异性钢桥面板各关键疲劳易损部位的抗疲劳性能设计能够满足120年设计使用寿命的要求,所获得的研究成果可为大桥在设计寿命期限内的安全服役提供科学依据。

本章参考文献

[1] Tsakopoulos, P. A., Fisher, J. W. Full-scale fatigue tests of steel orthotropic decks for the Williamsburg Bridge[J]. Journal of Bridge Engineering, 2003, 8(5): 323-333.

[2] Miki, C., Tateishi, K., Okukawa, A., Fujii, Y. Local stresses and fatigue strength of the joint between longitudinal and transverse ribs in orthotropic steel deck plate[J]. JSSE No. 519/1-32, 127-137.

第 7 章 钢箱梁正交异性钢桥面板质量验收标准

近年来,随着公路、铁路及城市交通工程的快速发展,国内建设了大量的钢桥,正交异性钢桥面板在钢桥中得到了广泛应用,为切实提高我国钢桥的制造水平,迫切需要制定相应的质量验收标准。在查阅了欧洲以及美国、日本等发达国家先进制造标准的前提下,以我国相关标准和规范为依据,参照《港珠澳大桥桥梁工程施工及质量验收标准》及足尺节段模型疲劳验证试验结果,对国内外先进、成熟的规范进行对比分析,经反复分析和研究后编制完成了正交异性钢桥面板质量验收标准。

7.1 国内外现行正交异性钢桥面板质量验收标准对比分析

7.1.1 原材料

1) 钢材及加工缺陷修补要求

钢板表面出现麻点和片状锈蚀会影响使用,严重时会对钢桥面板疲劳性能产生影响。因此,国内外标准对钢板表面缺陷作了规定。

《日本道路桥示方书》中对于钢材及加工缺陷的修补方法见表 7-1。

缺陷的修补方法 表 7-1

序号	缺陷的种类	修 补 方 法
1	麻坑、划痕	原则上砂轮打磨。有局部深缺陷时,规定进行堆焊修补之后砂轮打磨
2	鳞状折叠、裂纹	原则上用砂轮除掉。超过板厚公差下限值深的缺陷时,从钢材种类、清除缺陷后的深度、面积考虑堆焊对杆件的影响,决定是否修补。堆焊修补后,用砂轮打磨
3	端面的层状裂纹	从端面清除裂纹后,可以进行堆焊修补。堆焊修补后用砂轮打磨

《铁路钢桥制造规范》(TB 10212—2009)附录 A.0.1 规定了超标缺陷的修补方法,见表 7-2。

超标缺陷修补方法 表 7-2

序号	缺陷种类	修 补 方 法
1	钢材表面麻坑、划痕等	深度为 0.3~1mm 时,可修磨匀顺;深度超过 1mm 时,应在补焊后修磨匀顺
2	钢材边缘局部的层状裂纹	深度不超过 5mm 时,清除裂纹后补焊并修磨
3	气割边缘的缺口(或崩坑)	深度 2mm 以内的,用砂轮磨顺,超过 2mm 的,磨出坡口补焊后修磨匀顺

续上表

序号	缺陷种类	修补方法
4	焊缝裂纹及弯曲加工产生的边缘裂纹	清除裂纹,按补焊工艺补焊后修磨匀顺
5	电弧擦伤	深度不大于0.5mm的缺陷,用砂轮修磨匀顺;深度大于0.5mm的缺陷,补焊后用砂轮磨平
6	焊瘤	用砂轮磨掉或用气刨清除掉后,修磨匀顺

在加工过程中如发现钢材缺陷,应根据缺陷性质及构件的重要程度,根据《铁路钢桥制造规范》(TB 10212—2009)列出的修补方法进行修补。

2)主要零部件下料方向

《日本道路桥示方书》中对下料规定为:"原则上应使钢材的轧制方向与其主要应力方向一致;但垂直轧制方向下料,满足设计所要求的力学性能时,不受此限制";《铁路钢桥制造规范》(TB 10212—2009)也有此规定。

因此,对于主要零件的下料,应使钢板的轧制方向与其主要应力方向一致,但当钢板纵向、横向力学性能相近,并满足设计要求时,连接板等非焊接件不受此限制。

3)钢板外露边倒角

《英国桥梁规范》(BS 5400-6)中规定"钢板和型钢在其进行防锈处理之前,棱角应该打磨或锉钝。"《日本道路桥示方书》中规定"对构件外露边进行倒棱 $R1mm$"。

《铁路钢桥制造规范》(TB 10212—2009)中规定"对杆件自由边双侧倒弧,半径不小于2.0mm";同时规定"圆角半径不大于0.5mm"改为"圆角半径不大于1mm"。

所以,从各国规范的规定及涂装附着力等方面考虑,外露边进行不小于 $R2.0mm$ 的倒棱是合适的。

4)焊接用二氧化碳气体纯度

二氧化碳气体保护焊广泛应用于钢箱梁的焊接,气体纯度对焊缝质量有一定的影响,《铁路钢桥制造规范》(TB 10212—2009)中规定不小于99.5%;《美国桥梁焊接规范》(D1.5)中规定不小于99.8%;《钢结构焊接规范》(GB 50661—2011)中规定不小于99.9%,并给出了组分含量要求(表7-3)。

国家现行标准《焊接用二氧化碳》(HG/T 2537—1993)中规定,优等品要求二氧化碳含量(V/V)不得低于99.9%,水蒸气与乙醇总含量(m/m)不得高于0.005%;一等品要求二氧化碳含量(V/V)不得低于99.7%,水蒸气与乙醇总含量(m/m)不得高于0.02%;合格品要求二氧化碳含量(V/V)不得低于99.5%,水蒸气与乙醇总含量(m/m)不得高于0.05%。具体分类见表7-3。

焊接用二氧化碳组分含量的要求　　　　表7-3

项　目	组　分　含　量		
	优等品	一等品	合格品
二氧化碳含量,V/V,10^{-2}≥	99.9	99.7	99.5
液态水	不得检出	不得检出	不得检出
油			
水蒸气+乙醇含量,m/m,10^{-2}≤	0.005	0.02	0.05
气味	无异味	无异味	无异味

注:对以非发酵法所得的二氧化碳,乙醇含量不作规定。

目前,国内尚无专门针对焊接用二氧化碳气体的纯度标准,参考应用国家现行行业标准《焊接用二氧化碳》(HG/T 2537—1993)的规定,采用的二氧化碳质量应符合该标准中优等品的要求。同时,混合气体中其他气体的纯度,也应满足相应要求。

7.1.2 零件机加工

1)切割、加工边缘的硬度

国内外大量的实例和试验表明,精密切割面的硬度不超过HV350时,钢材(热轧或正火状态)的疲劳强度及其他力学性能不低于机加工边缘的水平。各规范对此也有不同的规定:

《英国桥梁规范》(BS 5400-6)中关于切割边缘硬度给出了不同使用条件下的处理规定:

(1)切割边缘的硬度不超过 BS EN ISO 6507 内所定的350HV10。

(2)切割边缘不承受作用力。

(3)切割边缘在随后的焊接过程中全部熔入焊缝。

(4)对于切割边缘进行打磨或机械加工,去掉2mm深;或者,虽不到2mm,但能证明边缘的硬度已不超过 BS EN ISO 6507 所定的350HV30。

(5)采用工程师所允许的适当热处理,使边缘硬度降低,并且用渗色法或磁性探测法证明边缘没有裂纹。

《日本道路桥示方书》《铁路钢桥制造规范》(TB 10212—2009)分别规定了"切割、加工边的边缘硬度不超过HV350"。精密切割边缘表面质量要求见表7-4。

精密切割边缘表面质量要求　　　　表7-4

项　目	TB 10212—2009	日本道路桥示方书	AWS D1.5
表面粗糙度	25μm(主要) 50μm(次要)	50μm(主要) 100μm(次要)	25μm(δ≤100) 50μm(δ>100)
塌角	≤1.0	未作说明	未作说明
崩坑	不允许(主要) <1mm,1处/m(次要)	不允许(主要) <1mm(次要)	未作说明
切割面垂直度	不大于0.05t, 且不超过2.0mm	无要求	<0.1t

2) 零件刨(铣)加工深度

英国规范(BS 5400-6)中对于切割边缘进行打磨或机械加工,去掉 2mm 深;《铁路钢桥制造规范》(TB 10212—2009)规定零件边缘的加工深度不得小于 3mm。

3) 不等厚板(宽)的对接头处理

美国《钢结构焊接规范》AWS D1.1 及日本建筑施工标准规范《钢结构工程》JASS 6 规定,承受的拉应力超过了设计容许拉应力的三分之一时,其坡度最大允许值为 1∶2.5;《钢结构焊接规范》(GB 50661—2011)规定坡度≤1∶2.5;TBJZ-85 则规定受拉或拉压接头坡度≤1∶8;对于受压接头坡度≤1∶4,无论是否中心线对齐,均应将厚板削成坡度,然后对齐。

由于钢桥梁正交异性钢桥面板承受车轮的反复交变荷载,对于疲劳设计性能要求高,因此,为了减小材料因截面及外形突变造成的局部应力集中,提高结构使用安全性,钢桥梁正交异性钢桥面板不等厚板(宽)的对接头坡度应≤1∶8。

4) 摩擦型高强度螺栓孔径偏差

日本 JIS 标准与《铁路钢桥制造规范》(TB 10212—2009)关于高强度螺栓孔径及允许偏差均有规定,见表 7-5。

高强度螺栓孔径及允许偏差　　　表 7-5

螺栓直径	螺栓孔径(mm)		允许偏差(mm)	
	JIS	TB 10212—2009	JIS	TB 10212—2009
M20	22.5	22	+0.5	+0.7 0
M22	24.5	24		
M24	26.5	26		
M30	32.5	33		

因此,孔径允许偏差向国家标准靠拢,根据国家现行标准《紧固件公差　螺栓、螺钉、螺栓和螺母》(GB/T 3103.1—2002)和《公差配合新标准》的分级规定,确定高强度螺栓孔精度介于 H14 与 H15 之间。

7.1.3　零件矫正及弯曲

《铁路钢桥制造规范》(TB 10212—2009)、《日本道路桥示方书》、BS 5400 和美国公路桥梁施工标准关于折弯半径及热矫温度均有规定,见表 7-6。

折弯半径及热矫温度要求　　　表 7-6

项　目	TB 10212—2009	日本道路桥示方书	BS 5400	美国公路桥梁施工标准
折弯半径	≥15t	未作说明	≥2t	$t<12.7$mm, $2t$ 12.7mm≤$t<25.4$mm, $2.5t$ 25.4mm≤$t<38.1$mm, $3t$ 38.1mm≤$t<63.5$mm, $3.5t$

续上表

项　目	TB 10212—2009	日本道路桥示方书	BS 5400	美国公路桥梁施工标准
热煨温度	900~1 000℃	<900℃	未作说明	未作说明
热矫温度	600~800℃	<900℃	650℃	648℃
折弯边缘加工	折弯后边缘不得产生裂纹	Min0.1t	未作说明	1.6mm
热矫要求	缓冷不得锤击和水冷	空冷($C_{eq}>0.38$),水冷或空冷($C_{eq}\leq0.38$)	控制冷速不得锤击	未作说明

7.1.4　组装

1）连接引熄弧板要求

（1）《英国桥梁规范》(BS 5400-6)的规定

为了使对接焊缝的端部有完满的焊缝厚度,应采用引弧和熄弧板。引弧和熄弧板应符合下列规定：

①对于所有对接焊,在焊缝两端应分别设置一对引弧和熄弧板,其厚度、形状应与基材一样,且应在焊接之前附连于对接焊缝的起讫处,附连的办法最好是用大钳。

②对接焊缝应该以其全截面延伸到引弧和熄弧板内至少各 25mm。

③用烧割法割除引弧和熄弧板时,烧割线应离开基材至少 3mm,残留的部分应该以打磨法,或工程师所同意的其他方法除尽。

（2）《日本道路桥示方书》的规定

①在坡口焊接及主梁的翼缘板和腹板的角焊缝操作中,原则上要安装和杆件有相同坡口的引板,必须做到焊接的始端和终端不在焊接杆件上。

②焊接结束后气割引板,用砂轮打磨匀顺。

（3）《美国桥梁焊接规范》(D1.5)的规定

①引、熄弧板所使用钢材材质应与基材相同或低于基材。

②在焊接结束,焊缝冷却后,应拆除引、熄弧板,并且焊接件的端部应为平顺的,并与对接零部件的边缘平齐。

（4）《铁路钢桥制造规范》(TB 10212—2009)的规定

①除个别情况无法放引板外,采用埋弧焊焊接的焊缝,应在焊缝的端部连接引、熄板,引、熄板的材质、厚度、坡口应与焊件相同。

②对于T形接头盖板较厚时,其盖板的引板可适当减薄。

③当有产品试板时,只要试板长度足够,可不加引板。

④引板包括引弧板和熄弧板,引板长度应不小于 100mm。

焊道的始端和终端易产生缺陷,必须使用引(熄)板。因此,条件允许时应在焊缝端部设置引、熄弧板,埋弧自动焊必须在距设计焊缝端部80mm外的引(熄)弧板上起、熄弧,手工半自动焊应该距焊缝端部25mm以外起、熄弧。焊后必须将焊缝两端的引(熄)弧板用气割切掉,并磨平切口,不得损伤母材。当不能加引(熄)弧板时,对起、熄弧处打磨后采用手工电弧焊补焊,焊后将焊缝修磨匀顺。

2)U肋组装间隙

考虑到U肋焊缝的特殊性,既要保证一定的熔深,又要避免在焊接过程中的烧穿现象,U肋组装间隙控制尤为重要,国内外标准对U肋组装间隙控制均有规定。

(1)美国新卡奎内兹海峡桥规定U肋组装间隙≤0.6mm。
(2)《欧洲规范3》(ENV 1993-2)规定U肋组装间隙≤2mm。
(3)《铁路钢桥制造规范》(TB 10212—2009)对U肋组装间隙进行规定:≤0.5mm,局部允许1.0mm。

3)焊接接头组装允许偏差

国内外规范关于焊接接头组装允许偏差的相关规定见表7-7。

国内外规范关于焊接接头组装允许偏差的相关规定 表7-7

焊口形状	项目	DB 32/T	JTJ 041	TB 10212—2009	日本道路桥示方书	AWS
	坡口角度 $\alpha(°)$	±5	±3	±5	±10	+10 / −5
	坡口钝边 $P(mm)$	±2	±1.5	未作说明	未作说明	±2
	坡口间隙 $b(mm)$	±2	未作说明	未作说明	±1	+2 / −3
	坡口错边 $s(mm)$	<1	未作说明	未作说明	未作说明	<2
	坡口间隙 $b(mm)$	±2	未作说明	+6 / −2	未作说明	+6 / −2
	坡口错边 $s(mm)$	<1	未作说明	0.5, $t<25$; 1, $t≥25$	未作说明	<2
	衬垫与板间隙 $a(mm)$	<0.5	未作说明	<0.5	<0.5	未作说明

7.1.5 焊接

1)焊工资格要求

凡从事钢结构制作和安装施工的焊工和机械操作工,均应进行理论知识考试和操作技能考试,评定合格者,方可从事与评定资格相符的焊接操作。为了考核焊工在采用适合的焊接工艺参数条件下施焊出合格焊缝的能力,国内外标准对焊工资格要求均有规定,见表7-8。

国内外标准对焊工资格要求 表7-8

项 目	欧洲规范	美国规范	日本道路桥示方书	国内标准
标准号	EN 287-1 手工焊工 EN 1418 焊接操作工	AWS D1.5	JIS Z 3801 JIS Z 3841	GB/T 15169—2003
评定焊工类别	手工焊工 焊接操作工	焊工 自动焊工 定位焊工	定位焊工 焊工	手工焊工 半自动焊工
有效性	两年内有效。雇主的焊接负责人每6个月确认一次,确认焊工在最初的认可范围内持续工作	停焊时间超过6个月或者有特定理由对焊工的能力产生质疑时,需重新考核	有资格进行手工焊接作业(包括临时性焊接作业)的焊工要求具有6个月以上的焊接经验,且在该生产厂的工龄至少为2个月以上	两年内有效。雇主的焊接负责人每6个月确认一次,确认焊工在最初的认可范围内持续工作

2) 焊接环境温度要求

由于低温使钢材脆化,也使焊接过程中母材热影响区的冷却速度加快,易于产生淬硬组织,对于碳当量相对较高的低合金高强钢的焊接是不利的,尤其是在厚板、接头约束度大的情况下影响更大,即使是低碳钢也存在冷裂纹的可能性。为此,各国规范均对低温环境施焊作出了具体规定,见表7-9。

各国规范对低温环境施焊的具体规定 表7-9

项目	EN 1011-2	日本道路桥示方书	AWS D1.5	TB 10212—2009
环境温度要求	不得在低于0℃的母材上进行焊接;降雨、下雪、刮大风时,必须采取必要的措施以保护户外焊接场地;金属表面上有产生冷凝的现象时,应进行加温以消除此种冷凝现象	环境温度0℃以上,湿度80%以下,风速10m/s以下	母材温度低于0℃时,应预热至20℃方可焊接;焊接环境温度低于-20℃时不允许焊接作业	焊接低合金钢的环境温度不应低于5℃;焊接碳素结构钢的环境温度不应低于0℃

3) 焊接预热范围要求

最低预热温度和道间温度要求的主要目的是控制焊缝金属及邻近母材的冷却速度。较高的温度可使氢较快扩散且减少冷裂倾向。在给定条件下,未经预热的待焊焊接接头的冷却速度将高于预热的焊接接头。预热温度越高,冷却速度越低。当冷却速度足够缓慢时,将有效减少硬化和裂纹的发生。为了焊接接头预热温度均匀,冷却时具有平滑的冷却梯度,避免冷却速度较快,国内外相关规范对预热的加热范围作出了具体规定,见表7-10。

国内外相关规范对预热加热范围的具体规定　　　表7-10

项目	BSEN 1011-2	EN ISO 13916	AWS D1.5	日本道路桥示方书
预热范围	执行 EN ISO 13916	$t \leqslant 50mm$，焊缝轴线 $4 \times t$，最大 50mm； $t > 50mm$，焊缝轴线 75mm	预热范围不小于焊缝轴线 75mm 范围	预热焊缝轴线两侧 100mm 以及电弧前方 100mm 范围的母材
测温位置	温度测量点离焊接中心线应不超过 75mm	温度测量点离焊接中心线应不超过 75mm；移开加热源温度均匀后，在加热面测定预热温度；或者可行时，在加热面的背面测温	未作说明	距离焊接位置 50mm 范围处测温

4）定位焊接

定位焊缝因位于坡口或接头焊缝底部且成为底层焊缝的一部分，其焊接质量对整体焊缝质量有直接影响，应从焊前预热要求、焊材选用、焊工资格及施焊工艺要求等方面给予充分重视，避免引发焊缝缺陷而造成焊缝较大的返修。为此，各国规范均对定位焊长度、尺寸及间距作出了具体规定，见表7-11。

各国规范对定位焊长度、尺寸及间距的具体规定　　　表7-11

项目	TB 10212—2009	BS EN 1011-2	日本道路桥示方书
定位焊缝长度	50～100mm	点固焊缝的长度不得小于较厚零件厚度的 4 倍或 50 mm，取其中的较小值	80mm 以上，间隔 400mm 以下
定位焊角尺寸	不得大于设计焊脚尺寸的 1/2	点固焊缝不得小于接头中所采用的根部焊道的焊缝厚度或焊脚高度	定位焊角尺寸应大于 4mm
定位焊间隔距离	400～600mm；焊缝端部 30mm 以上	焊缝端部 30mm 以上	400mm 以下，焊缝端部 30mm 以上

5）焊接起弧、熄弧及引板安装清除的要求

典型规范关于焊接起弧、熄弧及引板安装清除的相关要求见表7-12。

典型规范关于焊接起弧、熄弧及引板安装清除的相关要求　　　表7-12

项目	BS 5400	TB 10212—2009	AWS D1.5
安装要求	所有对接焊应分别设置引熄弧板，其厚度、形状与基材相同	埋弧焊焊缝	焊缝端部应保证完整，尽可能使用引熄弧，安置与被焊接头细节相同
引、熄弧	对接焊缝应以其全截面延伸到引熄弧板内至少各 25mm	埋弧自动焊必须在距设计焊缝端部 80mm 以外的引板上起、熄弧	无
去除方法	用火焰切割引熄弧板时，烧割线应离开基材至少 3mm，残留部分应打磨	两端的引板或产品试板必须用气割切掉，不得损伤杆件	应在焊缝焊接完成并冷却后切除，焊缝端部应光滑并与相邻焊缝平齐

6) U肋与桥面板的纵向焊缝

(1) U肋与桥面板熔深的要求

典型规范关于U肋与桥面板熔深的相关要求见表7-13。

典型规范关于U肋与桥面板熔深的相关要求 表7-13

项目	ENV 1993-2	日本道路桥示方书	美国新卡奎内兹海峡桥	港珠澳大桥
U肋与顶板熔透深度	$\geq t-2mm$	$\geq 0.75t$,且$<t$	$\geq 0.8t$,且$<t$	$\geq 0.8t$

(2) U肋与桥面板的无损检测

由于U肋厚度大多为8mm,少数采用6mm和10mm,而对于超声波探伤标准《焊缝无损检测 超声检测 技术检测等级和评定》(GB/T 11345—2013)的适用范围是板厚≥8mm,对于8mm的U肋坡口焊缝探伤处于边缘板厚,采用超声波探伤方法存在定位困难、缺陷判定困难,对探伤人员的技术水平要求高。

美国新卡奎内兹海峡桥钢箱梁对于U肋焊缝的无损检测要求为:焊缝长度的15%进行UT超声波检测,如UT超声波检测发现不良处时,对有缺陷单元板的全部闭口肋进行100%超声波检测。

港珠澳大桥钢箱梁对于U肋焊缝的无损检测要求采用超声波相控阵检测技术。由于首次采用超声波相控阵检测技术对钢箱梁顶板U肋角焊缝的焊接质量进行检测,并依据国家有关标准规范和技术条件对焊缝熔深和缺陷进行判定,为此,各施工单位前期进行了大量的对比试验,从事检测的人员均经过船级社委托的专业人员进行了相控阵检测培训,编制了内控的《钢箱梁顶板U肋角焊缝相控阵检测工艺规程》,目前使用良好,各制造单位均在实施中积累相关检测经验、收集检测数据。

(3) U肋与顶板无损检测要求

典型规范关于U肋与顶板无损检测的相关要求见表7-14。

典型规范关于U肋与顶板无损检测的相关要求 表7-14

项	目	TB 10212—2009	JTG/T F50—2011	美国新卡奎内兹海峡桥	港珠澳大桥
U肋与顶板探伤	磁粉	两端各1m,Ⅱ级	未作说明	未作说明	两端各2m,Ⅱ级
	超声波	未作说明	两端和中部各1m,Ⅱ级	总长15%	两端各1m,Ⅱ级(超声波相控阵)

7) 单面焊双面成型焊缝的衬垫

(1) 美国规范要求

《美国钢结构焊接规范》D1.1—2008之"5.10 衬垫"中要求:坡口焊缝或角焊缝的根部可用铜、焊剂、玻璃纤维带、陶瓷、铁粉或类似材料作衬垫以防熔穿。

《美国桥梁焊接规范》D1.5—2002 之"3.13 焊接衬垫"中要求：坡口焊接与填角焊接可以通过加铜、熔剂（陶瓷）、玻璃胶、铁粉或类似的材料作为衬垫，以提供适当的背面形状或防止烧穿。

(2) 日本规范要求

日本是国外近 20~30 年建造钢桥最多的国家，建桥技术也被公认是世界领先的，日本规范规定只有在施工空间限制，无法完成粘贴陶质衬垫的情况下，采用钢衬垫。对于钢箱梁环缝等位置，焊后可以清除且不需保留的一般采用陶质衬垫。

(3) 欧洲规范要求

欧洲标准《钢结构和铝结构的施工 第 2 部分：钢结构用技术要求》EN 1090-2（2008 版），第 7.5.9.2 条对于单面全熔透焊缝的衬板规定如下：单面全熔透焊缝使用或不使用金属或非金属垫板材料均可。除非另有规定，否则可以使用永久钢制垫板。

8) CO_2 气保焊在正交异性钢桥面板中的要求

CO_2 气体保护焊选用实芯焊丝时称为 GMAW；选用药芯焊丝时称为 FCAW，均为熔化极的气体保护焊接方法。

(1)《美国桥梁焊接规范》D1.5 之"C12.5.1 认可的焊接方法"要求：可使用 SMAW、SAW、FCAW、GMAW（采用金属芯焊丝、低氢工艺）方法焊接，这些方法一般用于高标准韧度及高质量要求的焊接。

(2) AWS（美国焊接协会）A5 的填充金属委员会组合金属芯焊丝定义为 GMAW（如 A5.18 E70C-6）而非 FCAW，是因为金属填芯焊丝没有残留熔渣层。现承包商采用金属填芯焊丝焊接需经工程师许可（前句中允许的 GMAW 除外），但采用 FCAW 时，无须工程师同意。（来源 D1.5 12.5.1/12.5.2、规范评注 C12.5.1 和 C12.5.2）。

9) 焊缝力学性能试验项目、试样数量

国内外典型规范关于焊缝力学性能试验项目、试样数量等的相关要求见表 7-15。

国内外典型规范关于焊缝力学性能试验项目、试样数量等的相关要求　　表 7-15

标准（规范）	接头形式	接头拉伸	焊缝拉伸	焊缝金属冲击 常温	焊缝金属冲击 低温	热影响区或熔合线冲击 常温	热影响区或熔合线冲击 低温	弯曲 面	弯曲 背	弯曲 侧	硬度（酸蚀）
《铁路钢桥制造规范》（TB 10212—2009）	对接	1	1	—	3	—	3	—	—	1	1
	T形	—	1	—	—	—	—	—	—	—	1
《英国桥梁规范》（BS 5400）	对接	1	—	3	—	3	—	1[①]	1[①]	—	1
	角焊缝	—	—	—	—	—	—	—	—	—	1

续上表

标准(规范)	接头形式	接头拉伸	焊缝拉伸	焊缝金属冲击		热影响区或熔合线冲击		弯曲			硬度(酸蚀)
				常温	低温	常温	低温	面	背	侧	
《日本工业标准》(JIS Z 3040)焊接工艺评定试验方法	对接 $t<19\text{mm}$	2	—	3	—	3	—	2	2	—	—
	$t\geqslant 19\text{mm}$	2	—	3	—	3	—	2 双面焊	2 单面焊	—	—
《美国钢结构焊接规范》(AWS)	坡口焊缝	2	—	5②	—	5②	—	—	—	4	—
	T形	—	—	—	—	—	—	—	—	—	3

注:①当板厚大于10mm时,用一个全截面侧弯代替面背弯;
②合同或技术文件要求时作此项。

10) 焊缝外观质量标准

国内外典型规范关于焊缝外观质量标准的相关要求见表7-16。

国内外典型规范关于焊缝外观质量标准的相关要求(单位:mm) 表7-16

项目	焊缝种类	TB 10212—2009	BS 5400	日本道路桥示方书
气孔	对接焊缝	不容许	不允许纵向和横向焊缝直径2mm的气孔	主要对接焊缝、主角焊缝不允许;其他1条焊缝允许3个或者1m焊缝最多3个
	主要角焊缝	直径小于1mm,每米不多于3个,间距不小于20		
咬边	受拉部件纵向及横向对接焊缝	不允许	不允许	≤0.5
	受压构件横向对接焊缝;熔透角焊缝	≤0.3	角焊缝终止25mm、端部、拐角不允许;其他横向焊缝≤0.5,纵向焊缝≤1.0	
	受压纵向对接焊缝;主要角焊缝	≤0.5		
	其他焊缝	≤1.0		
焊脚尺寸	主要角焊缝	$K_0^{+2.0}$	不允许小于规定焊缝、规定喉厚	不允许小于规定焊角尺寸和焊缝厚度
	其他角焊缝	$K_{-1.0}^{+2.0}$		
焊波	角焊缝	$h\leqslant 2.0$ (任意25mm范围高低差)	无	$h\leqslant 3.0$(任意25mm范围高低差)
余高	未除余高的对接焊缝	$h\leqslant 3.0(b\leqslant 12)$ $h\leqslant 4.0(12<b\leqslant 25)$ $h\leqslant 4b/25(b>25)$	对接焊缝加强高应不超过3mm,且不允许焊缝交叠	$h\leqslant 3.0(b<15)$ $h\leqslant 4.0(15<b\leqslant 25)$ $h\leqslant 4b/25(b>25)$
	除去余高的对接焊缝	$\Delta_1\leqslant 0.5$ $\Delta_2\leqslant 0.3$ 粗糙度 50	$\Delta\leqslant 0.2$	无

11)焊缝无损检测

(1)无损检验人员资质对照表(表7-17)

无损检验人员资质对照表　　　　　表7-17

标准号	BS EN 473:2008	GB/T 9445—2008
标准名称	无损检测无损检验(NDT)人员的鉴定和认证一般原则	《无损检测人员资格鉴定与认证》
认证机构要求	满足 EN ISO/IEC 17024:2003 合格评定人员认证机构通用要求,机构范围包括英国、澳大利亚、比利时等国家	满足 GB/T 27024—2004(等同于 ISO/IEC 17024:2003)的要求,机构应得到 NDT 国家 ISO 成员的公认
人员资格	(1)1 级人员可在 2 级或 3 级人员监督下,按 NDT 作业指导书,实施 NDT; (2)经雇主认可后,2 级人员可实施 NDT 检测,编写 NDT 检测报告; (3)3 级人员对 NDT 检测实施负全部责任,制订和验证 NDT 作业指导书和工艺规程;实施和监督各个等级的全部工作,为 NDT 人员提供指导	

(2)无损检验时间

控制焊缝无损检验时间的目的主要是为了发现焊缝金属的延迟裂纹。国外这方面要求与国内有所区别:

①美国国家标准《桥梁焊接规范》(ANSI/AASHTO/AWS D1.5—96)第9.21.5.1条规定:"当焊缝按9.21.2(注:射线和磁粉检查)、9.21.3(注:超声波检查)和9.21.4(注:液体渗透法检测)的要求进行无损检测时,可以在焊缝冷却至环境温度后立即开始检测"。同时第9.21.5.2条规定:"M270M 690/690W 级别(A709M 690/690W 级别)钢材上焊缝的合格与否必须以在焊缝完工 48h 后进行的无损检测为依据。"

②《英国桥梁规范》(BS 5400)则规定所有焊缝的检查应在焊接 48h 后检查。

③《日本道路桥示方书》关于无损检测时间的要求:通常在焊后 24h 内进行。但因板材、板厚的延迟破坏,应考虑合适的时间后进行无损检验。

可以看出,国外对低强度级别的钢材焊接,其焊后检验时间要求不是很长。而国内《公路桥涵施工技术规范》(JTG/T F50—2011)及《铁路钢桥制造规范》(TB 10212—2009)都规定为24h 后。鉴于港珠澳大桥钢塔主体结构为 Q370qD 级别的钢材,考虑到国内钢材厚板性能与国外同类产品的区别,以及厚板焊接约束度较高的特点,因此对厚度 $t \geqslant 30mm$ 的焊接件要求焊接 48h 后进行无损检验。

12)焊接产品试板

焊接产品试板是检验焊接质量的一种手段,各国规范对力学性能检验项目及试板数量要求均有规定。《英国桥梁规范》(BS 5400-6)规定焊接产品试板力学性能进行横向拉伸、侧弯、焊缝金属及热影响区的低温冲击,试板数量要求"横向受拉对接焊缝每 5 条做 1 组,其他对接焊缝每 10 条做 1 组";《铁路钢桥制造规范》(TB 10212—2009)规定焊接产品试板力学性能进行横向拉伸、侧弯、焊缝金属的低温冲击,桥面板试板数量要求"横向对接焊缝每 10 条做 1 组,纵向对接焊缝每 30 条做 1 组,全断面对接焊缝每 30 条平位、立位、仰位各做 1 组"。焊缝低温冲击性能的好坏取决于焊接材料、工艺参数、操作技能,反映了获得优质焊缝的综合水平,而热影响区冲击性能仅反映工艺参数的执行情况,因此,焊接产品试板低温冲击试验仅针对焊缝金属,对于焊接试板的数量则执行《铁路钢桥制造规范》(TB 10212—2009)的规定;焊接产品试板无损检测要求应按 I 级对接焊缝进行超声波探伤。

7.1.6 正交异性钢桥面板允许偏差

国内外典型规范关于正交异性钢桥面板允许偏差的相关要求见表 7-18。

国内外典型规范关于正交异性钢桥面板允许偏差的相关要求　　表 7-18

项　目	TB 10212—2009	日本道路桥示方书	BS 5400	DB 32/T 947—2005
横桥向 f	$S_1/250$	$S_1/150$	未作说明	横向 f 为 $S/250$
纵桥向 f	未作说明	未作说明	$S_1/250$ 或 3mm 取较大值	纵向 f 为 $S_1/500$

7.1.7 高强度螺栓连接

1) 抗滑移系数

《铁路钢桥栓接板面抗滑移系数试验方法》(TB/T 2137—1990) 和《日本道路桥示方书》关于抗滑移系数的相关要求见表 7-19。

表 7-19

项　目	TB/T 2137—1990	日本道路桥示方书
表面抗滑移系数	0.45	0.40

2) 摩擦型高强度螺栓拼接错台要求

《铁路钢桥高强度螺栓连接施工规定》(TBJ 214—1992) 和《英国桥梁规范》(BS 5400) 关于摩擦型高强度螺栓拼接错台的相关要求见表 7-20。

表 7-20

TBJ 214—1992		BS 5400	
构件错台(mm)	处理措施	构件错台(mm)	处理措施
$\delta \leq 1$	不予处理	$\delta \leq 1$	不予处理
$1 < \delta \leq 3$	厚板侧打磨为 1:10 斜坡	$\delta > 1$	未作说明
$\delta > 3$	加垫板		

3) 高强度螺栓的施拧时间要求

《钢结构高强度螺栓连接技术规程》(JGJ 82—2011) 中规定:扭矩检查应在螺栓终拧 1h

后、24h 前完成;《钢结构工程施工质量验收规范》(GB 50205—2001)中要求终拧完成 1h 后 48h 内应进行终拧扭矩检查,而《铁路钢桥高强度螺栓连接施工规定》(TBJ 214—1992)中规定:终拧扭矩检查应在终拧 4h 以后、24h 之内完成;日本《高强度螺栓接合》一书中,关于螺栓预拉力的变化给出了相关的试验图表,从中可以看出,终拧后到 1h 时,螺栓预拉力损失已基本完成,在 1h 和 4h 之间螺栓预拉力的损失变化是不大的。因此,考虑到施工方便,确定终拧扭矩检查应在终拧 1h 以后、48h 之内完成。

7.2 正交异性桥面板质量验收标准

7.2.1 材料及材料管理

1) 材料

(1) 材料是指构成钢箱梁所用到的材料,包括钢材、螺栓、圆柱头焊钉、焊接材料和涂装材料等。

(2) 钢箱梁制造所用的材料应为检验合格的材料。

(3) Q345qD、Q370qD、Q420qD 钢必须符合《桥梁用结构钢》(GB/T 714—2015)的规定;Q345B、Q345C、Q390D、Q420D 钢必须符合《低合金高强度结构钢》(GB/T 1591—2008)的规定;Q355NHD 钢必须符合《耐候结构钢》(GB/T 4171—2008)的规定;Q235B、Q235C 钢必须符合《碳素结构钢》(GB/T 700—2006)的规定;Q345qD 钢材按正火或控轧状态交货,对于 Z 向钢板及厚度≥30mm 的钢板,性能复验按《厚度方向性能钢板》(GB/T 5313—2010)进行验收,出厂前应按《厚钢板超声波检验方法》(GB/T 2970—2004)对钢板逐张进行检查。仅 4mm 钢板可采用开平卷料,其余钢板不得采用卷料及开平板。钢材的材质及规格,原则上不允许制作厂自行更换,如需变更应征得设计单位及监理工程师的认可后方可实施。

(4) 钢材表面质量除应符合《热轧钢板表面质量的一般要求》(GB/T 14977—2008) B 类 I 级的规定外,尚应符合下列规定:

①当钢材表面有锈蚀、麻点或划痕等缺陷时,其深度不得大于该钢材厚度允许偏差值的 1/2。

②钢材表面锈蚀等级应符合《涂装前钢材表面锈蚀等级和除锈等级》(GB 8923.1—2011)规定的 B 级或 B 级以上。

③钢板厚度允许偏差应符合《热轧钢板和钢带的尺寸、外形、重量及允许偏差》(GB/T 709—2006)的规定。行车道范围内顶板厚度偏差执行 GB/T 709—2006 中 C 级偏差。

(5) U 肋所用钢材必须具有良好的冷弯性能,在冷加工制作时边缘不得有微观裂纹。

(6) 焊接材料应根据焊接工艺评定试验结果确定,并符合相关标准或技术条件的规定。

(7)高强度螺栓连接副应符合 GB/T 1228~1231—2006 的规定。

2)材料管理

(1)材料除有生产厂家的质量证明书外,还应按验收标准进行抽样复验,复验合格方能使用。

(2)钢材应按同一厂家、同一材质、同一板厚、同一出厂状态每 10 个炉(批)抽验一组试件,其中,钢板一个检验批不大于 600t。

(3)对于有探伤要求的钢板,根据《厚钢板超声波检验方法》(GB/T 2970—2004)对钢板数量的 10% 进行抽检,对抽检钢板进行全表面扫查。

(4)焊接材料按其生产批号逐批抽样复验。首次使用的焊接材料应进行化学成分和熔敷金属力学性能检验。连续使用的同一厂家、同一型号的焊接材料,实心焊丝逐批进行化学成分检验,焊剂、药芯焊丝、焊条逐批进行化学成分和熔敷金属力学性能检验。

(5)高强度螺栓连接副在使用前应按《铁路钢桥高强度螺栓连接施工规定》(TBJ 214—1992)进行复验。

(6)加工过程中发现钢材缺陷需要修补时,应按照表 7-21 的要求进行处理。

超标缺陷修补方法 表 7-21

序号	缺陷种类	修补方法
1	钢材表面麻坑、划痕等	深度为 0.3~1mm 时,可修磨匀顺(栓接面位置不可打磨);深度超过 1mm 时,应在补焊后修磨匀顺
2	钢材边缘局部的层状裂纹	深度不超过 5mm 时,可先按验收标准的规定清除裂纹后补焊并修磨
3	气割边缘的缺口(或崩坑)	深度 2mm 以内的,用砂轮磨顺;超过 2mm 的,磨出坡口补焊后修磨匀顺
4	焊缝裂纹及弯曲加工时产生的边缘裂纹	清除裂纹,按补焊工艺补焊后修磨匀顺
5	电弧擦伤	深度不大于 0.5mm 的缺陷,用砂轮修磨匀顺;深度大于 0.5mm 的缺陷,补焊后用砂轮磨平
6	焊瘤	用砂轮磨掉或用气刨清除掉后修磨匀顺

(7)焊接材料的质量管理应执行《焊接材料质量管理规程》(JB/T 3223—1996)的规定。

(8)高强度螺栓连接副进场后应按包装箱上注明的批号、规格分类保管,室内架空存放,堆放不宜超过 5 层。保管期内不得任意开箱,防止生锈或沾染污物。

(9)普通螺栓连接副应由生产厂按批配套供货,在运输、保管过程中应防雨、防潮,并应轻装、轻卸,防止损伤螺纹。

7.2.2 零件制造

1)作样、号料

(1)钢材进行表面预处理后,方可作样、号料。

（2）作样和号料应严格按施工图纸和制造工艺要求进行，并按要求预留工艺量。样板、样杆和样条制作的允许偏差应符合表 7-22 的规定。

样板、样杆、样条制作允许偏差（单位：mm） 表 7-22

序号	项 目	允 许 偏 差
1	两相邻孔中心线距离	±0.5
2	对角线、两极边孔中心距离	±1.0
3	孔中心与孔群中心线的横向距离	≤0.5
4	长度	+0.5 0
5	宽度	0 −1.0
6	加工样板的角度	±10′

（3）号料前应检查钢材的材质、规格、表面质量；钢材不平直、锈蚀、油污等影响号料或切割质量时，应矫正和清理后再号料。

（4）主要零件号料时应使钢板轧制方向与主应力方向一致。

（5）钢材的起吊、搬移、堆放过程中，应注意保持其平直度。

2）切割下料

（1）为了确保切割面的质量，减少对母体金属机械性能的影响，必须进行切割工艺试验。进行焰切工艺评定的试件，应根据各种不同的板厚分档分别评定。当厚度为 20mm 时，其工艺评定的结果亦适用于不大于 20mm 的各种厚度的钢材；厚度为 40mm 时，其工艺评定的结果亦适用于大于 20mm 而小于等于 40mm 的各种厚度的钢材；当厚度大于 40mm 时，应按每 10mm 为一级，分别进行工艺评定。

（2）主要零件原则上应采用数控、自动或半自动切割下料。手工切割只可用于次要零件或切割后还须再行加工的零件。

（3）剪切仅适用于次要零件或剪切后需要再进行加工的零件，剪切边缘应整齐、无毛刺、反口、缺肉等缺陷。

（4）下料后需加工时，加工面粗糙度 R_a 应小于等于 25μm。

（5）精密切割边缘表面质量应符合表 7-23 的规定，切割面硬度应不超过 HV350。

精密切割边缘表面质量要求 表 7-23

序号	项 目	主 要 零 件	次 要 零 件	附 注
1	表面粗糙度	25μm	50μm	按 GB/T 1031—2009 用样板检测
2	崩坑	不允许	1m 长度内允许有 1 处 1.0mm	超限修补，要按焊接修补规定处理
3	塌角	圆角半径不大于 1mm		—
4	切割面垂直度	≤0.05t，且不大于 2.0mm		t 为板厚

（6）横隔板弧形缺口应采用数控精密切割，切割精度要求如图 7-1 所示，同时应对弧形缺口两侧进行倒棱 R2mm，不包括焊接边。

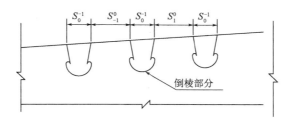

图 7-1 横隔板弧形缺口尺寸精度

3) 零件矫正和弯曲

(1) 零件矫正宜采用冷矫,冷矫正时的环境温度不宜低于 5℃;矫正后的钢料表面不应有明显的凹痕和其他损伤。

(2) 板单元采用反变形制作工艺,原则上不采用热矫。如采用热矫时,热矫温度应控制在 600~800℃ 以内。矫正后钢材温度应缓慢冷却,降至室温以前,不得锤击和用水急冷。

(3) 主要零件冷作弯曲时,环境温度不宜低于 5℃,内侧弯曲半径不宜小于板厚的 15 倍。需要热煨时,温度宜控制在 900~1 000℃ 之间。弯曲后的零件边缘不得产生裂纹。

(4) U 形加劲肋成型后要求圆角外边缘不得有裂纹,手孔切割处要打磨匀顺。

(5) 零件矫正允许偏差应符合表 7-24 规定;U 肋尺寸允许偏差应符合表 7-25 规定。

零件矫正允许偏差(单位:mm)　　　　　　表 7-24

零件	名称	简 图	说 明		允许偏差
钢板	平面度		每米范围		$f \leq 1.0$
	直线度		全长范围	$L \leq 8m$	$f \leq 3.0$
				$L > 8m$	$f \leq 2.0$

U 肋尺寸允许偏差(单位:mm)　　　　　　表 7-25

序号	简 图	说 明	允许偏差
1		上宽 A	+3.0 / 0
2		下宽 B	±1.0
3		高度 H	+2.0 / -1.0
4		两肢高差($H_1 - H_2$)	≤1.5
5		长度	±2.0
6		旁弯	$L/4 000$,且≤2.5
7		竖弯	$L/2 000$,且≤5.0
8		扭转 δ	≤3.0

4)零件机加工

(1)加工面的表面粗糙度不得大于R_a25,零件边缘加工深度不应小于2mm,零件边缘硬度不超过HV350时,加工深度不受此限制。

(2)机加工后零件应磨去边缘飞刺,使断面光滑匀顺。

(3)焊接坡口形状尺寸及允许偏差依据焊接工艺评定确定。

(4)边缘加工允许偏差应符合表7-26的规定。

边缘加工允许偏差(单位:mm) 表7-26

序号	说明	允许偏差
1	U肋坡口钝边	±0.5
2	U肋坡口角度	±2°
3	自由边打磨倒圆角半径	≥2

5)零件基本尺寸

零件尺寸允许偏差应符合表7-27的相关规定。

零件尺寸允许偏差(单位:mm) 表7-27

| 序号 | 名称 | 允许偏差 | | 备注 |
		长度	宽度	
1	顶板、底板、腹板	±2.0	±2.0	—
2	横隔板	外形尺寸 ±2.0	±2.0	
		槽口中心距$S1$、$S2$ ±2.0(任意两槽口间距) ±1.0(相邻两槽口间距)		
		对角线差 5.0		
3	横隔板接板、横肋板	外形尺寸 ±2.0	±2.0	
		槽口中心距$S1$、$S2$ ±2.0(任意两槽口间距) ±1.0(相邻两槽口间距)		

注:长度、宽度预留二次切头量时正差可放宽,下同。

6)制孔

(1)螺栓孔应成正圆柱形,孔壁表面粗糙度不得大于R_a25,孔缘无损伤不平,无刺屑。

(2)螺栓孔的孔径允许偏差应符合表7-28的规定。

螺栓孔允许偏差 表7-28

螺栓直径(mm)	螺栓孔径(mm)	允许偏差(mm)
M20	φ22	+0.7 / 0
M22	φ24	
M24	φ26	

注:U肋和板肋高强度螺栓连接孔的直径为φ26mm。

(3)螺栓孔孔距的允许偏差应符合表7-29的规定;当有特殊要求时,其孔距偏差应符合工艺文件的规定。

螺栓孔距允许偏差(单位:mm) 表7-29

序号	项 目		允许偏差	备 注
1	两相邻孔中心线距离		±0.5	—
2	构件极边孔距		±1.0	—
3	群孔中心线与构件中心线的横向偏移		≤2.0	—
4	两端孔群中心距	$L \leq 10m$	±1.5	—
		$L > 10m$	±2.0	—

(4)使用卡板(卡样)时,必须按施工图检查零件规格尺寸,核对所用钻孔样板无误后,方可钻孔。

(5)对卡固定式样板钻孔的杆件,应检查杆件外形尺寸和制造偏差,并将误差均分。

7.2.3 组装

1)一般要求

(1)组装前必须熟悉施工图和工艺文件,按图纸核对零件编号、外形尺寸、坡口方向及尺寸,确认无误后方可组装。

(2)组装前必须彻底清除待焊区域的铁锈、氧化皮、油污、水分等有害物。清除范围应符合图7-2的规定。

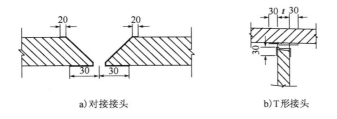

a)对接接头　　b)T形接头

图7-2 清除范围(尺寸单位:mm)

(3)需作产品试板时,应在焊缝端部组装试板(当无法连接在焊缝端部时,应同环境条件施焊)。试板材质、厚度、轧制方向及坡口必须与所代表的对接板件相同。

2)板单元组装

(1)所有板单元应在组装胎架上进行组装,每次组装前应对所使用的组装胎架进行检查,确认合格后方可组装。

(2)组装后应在规定位置写上编号,并填写相应的组装记录以便追溯。

(3)在组装顶、底板单元时,应以板件的边缘和端头(非二次切头端)作为定位基准。

(4)板单元组装时严格控制板条肋、U 肋间距,并使其与面板密贴,其缝隙不得大于 0.5mm(表 7-30)。

U 肋与桥面板组装尺寸允许偏差　　　　　　表 7-30

名　称	简　图	说明	允许偏差
U 肋与桥面板的组装		坡口钝边 p	1.0mm
		组装间隙 b	≤0.5mm
		坡口角度 α	50°±2.0°

(5)顶、底板接板时,以横基线为基准画线组装。

(6)顶板、底板、腹板的接料纵向焊缝与 U 肋焊缝间距不得小于 100mm。

(7)组装前应严格控制钢板的平整度,钢构件首制件必须经检查合格及工程师批准后,方可批量生产。

(8)板单元组装允许偏差应符合表 7-31 的规定。

板单元组装尺寸允许偏差(单位:mm)　　　　　　表 7-31

序号	名称	图　例	项　目		允许偏差
1	顶板		U 肋组装间隙 Δ		≤0.5,局部允许 1.0
			板肋组装间隙 Δ		≤1.0
			S、$S1$	端部及横隔板处	±1.0
				其他部位	±2.0
			板肋垂直度		≤1.0
			横隔板、横肋板接板间距		≤2.0
			横隔板接板垂直度		≤1.0
2	横隔板		板肋垂直度		≤1.0
			板肋组装间隙		≤1.0

(9)焊接接头组装允许偏差应符合表 7-32 的规定。

焊接接头组装允许偏差 表7-32

焊口形状	项目	允许偏差
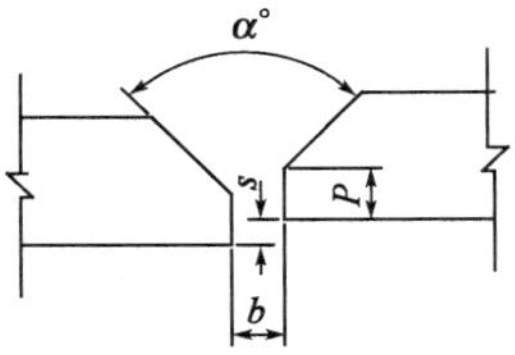	坡口角度 α(°)	±5
	坡口钝边 P(mm)	±2
	坡口间隙 b(mm)	±2
	坡口错边 s(mm)	<1
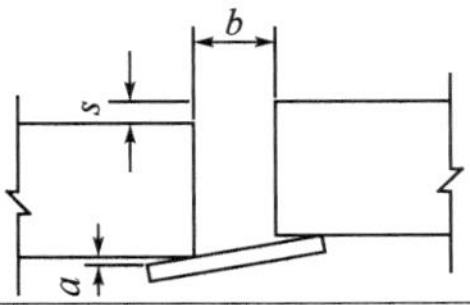	坡口间隙 b(mm)	±2
	坡口错边 s(mm)	<1
	衬垫与板间隙 a(mm)	<0.5
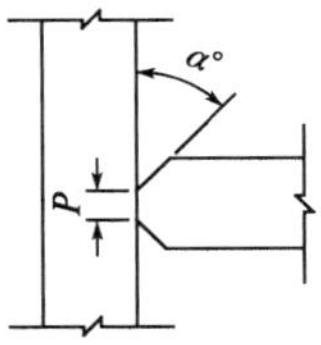	坡口角度 α(°)	±5
	坡口钝边 P(mm)	±2

(10) U 肋与横隔板组装允许偏差应符合表 7-33 的规定。

U 肋与横隔板的组装允许公差(单位:mm)　　表 7-33

名称	简图	说明	允许偏差
U 肋与横隔板的组装	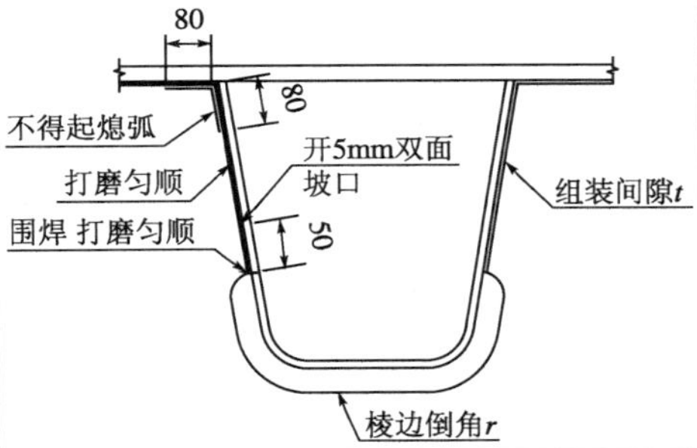 （图示：不得起熄弧、打磨匀顺、围焊打磨匀顺、开5mm双面坡口、组装间隙 t、棱边倒角 r，尺寸 80、80、50）	横隔板与顶板及 U 肋间的组装间隙 t	≤1.0
		横隔板弧形缺口打磨倒圆角半径 r	≥1.0

7.2.4 焊接

1) 焊接要求

(1) 焊工必须取得权威机构签发的资格证书,持证焊工经监理工程师认可后方可上岗,且只能从事证书中认定范围内的工作,如果停焊时间超过 6 个月,应重新培训考核。

(2) 焊接工艺必须根据焊接工艺评定报告编制,施焊时必须严格执行焊接工艺。

(3) 焊接工作宜在室内或防风防雨设施内进行,焊接环境湿度应不大于 80%;焊接低合金钢的环境温度不应低于 5℃,焊接低碳钢的环境温度不应低于 0℃,当环境温度或湿度未满足上述要求时,应在采取必要的工艺措施后方可进行焊接,雨、雪、大风、严寒等恶劣气候条件,不应进行桥上焊接作业。

(4)焊接前必须彻底清除待焊区域内的有害物,焊接时不得随意在母材的非焊接部位引弧,焊接后应清理焊缝表面的熔渣及两侧的飞溅。

(5)焊前应检查并确认所使用设备的工作状态正常,仪表良好,齐全可靠后,方可施焊。

(6)条件允许时应在焊缝端部设置引、熄弧板,埋弧自动焊必须在距设计焊缝端部80mm外的引(熄)弧板上起、熄弧,手工半自动焊应该距焊缝端部25mm以外起、熄弧,焊后必须将焊缝两端的引(熄)弧板用气割切掉,并磨平切口,不得损伤母材,当不能加引(熄)弧板时,对起、熄弧处打磨后采用手工电弧焊补焊,焊后将焊缝修磨匀顺。

(7)焊接材料应通过焊接工艺评定确定。焊剂、焊条必须按表7-34或产品说明书烘干使用,烘干后的焊接材料应随用随取,当从烘干箱取出的焊接材料超过4h后,应重新烘干后使用。

焊材烘干和保存温度   表7-34

焊接材料	烘干温度(℃)	保温时间(h)	保存温度(℃)	说 明
碱性焊条	350~400	2	150±10	烘干的焊接材料从烘干箱取出超过4h应重新烘干
烧结焊剂	350±10	2	150±10	

注:如果某种焊接材料说明书规定的烘干温度与以上规定不同,以该产品说明书为准。

(8)焊剂中的脏物、焊丝上的油锈等必须清除干净,CO_2气体的纯度应大于99.9%。

(9)焊接应按工艺规定的焊接位置、焊接顺序及焊接方向施焊。

(10)主要焊缝焊后应按规定填写施焊记录,以便对其进行追溯。

(11)定位焊缝应按焊接工艺执行。

(12)定位焊缝不得有裂纹、夹渣、焊瘤等缺陷,对于开裂的定位焊缝,必须在保证焊件组装尺寸正确的条件下补充定位焊,并清除开裂的焊缝。

(13)在埋弧自动焊焊接过程中,应待焊缝稍冷却后再敲去熔渣,其中,用细丝或粗丝焊接的焊缝,敲渣部位到熔池的距离应分别大于0.5m和1m。

(14)在埋弧自动焊过程中不宜断弧,如有断弧则必须将停弧处刨成1:5斜坡,并搭接50mm引弧施焊,焊后搭接处应修磨匀顺。

2)焊缝磨修和返修焊

(1)焊接完成后,引熄弧板、产品试板应用气割切掉,并磨平切口,不得损伤母材。

(2)焊脚尺寸、焊波或余高等超出规定上限值的焊缝及小于1mm但超差的咬边必须修磨匀顺,焊缝咬边超过1mm或焊脚尺寸不足时,可采用手弧焊或CO_2气体保护焊进行返修焊。

(3)应采用碳弧气刨或其他机械方法清除焊接缺陷,在清除缺陷时应刨出利于返修焊的坡口,并用砂轮磨掉坡口表面的氧化皮,露出金属光泽。

(4)焊接裂纹的清除范围除应包括裂纹全长外,还应由裂纹端外延50mm。

(5)用自动焊返修焊缝时,必须将焊缝清除部位的两端刨成 1:5 的斜坡。

(6)返修焊缝应按原焊缝质量要求检验,同一部位的返修焊不宜超过两次。

(7)当焊缝表面需要修磨时均应沿主要受力方向进行,使磨痕平行于主要受力方向。

(8)对于施工过程中的工艺孔洞必须在设计指定的位置切割,施工结束后按原状恢复,其焊缝按Ⅰ级熔透焊缝进行超声波检查。

(9)焊缝返修的预热温度应比正常条件下正常焊接的预热温度高 30~50℃,采用低氢焊接材料进行焊接。

(10)焊瘤、凸起或余高过大时,采用砂轮或碳弧气刨清除过量的焊缝金属。

(11)焊接裂纹的返修应通知焊接主管工程师,对裂纹产生原因进行调查和分析,制订专门的焊缝返修工艺方案后按工艺要求进行。

(12)对于不合格的焊缝、返修或重新焊接的焊缝应按照原检测方法和质量标准进行检测验收。

3)关键部位的焊接

(1)桥面板焊接

①桥面板 U 肋焊缝应采用机械化、自动化的多嘴头焊接设备焊接。

②顶板、U 形加劲肋与横隔板间相交角部的焊缝应连续施焊,不得留有间隙。

③角部交叉处,U 肋与横隔板角焊缝 80mm 范围内均不得起熄弧,与横隔板焊缝在弧形缺口端部应围焊,并应打磨匀顺,对弧形缺口 40mm 长度范围内的焊缝进行超声波锤击处理(图 7-3)。

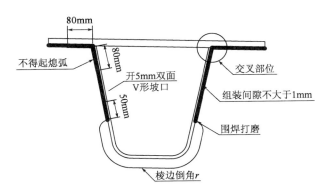

图 7-3 U 肋焊接要求

④U 肋与顶板焊接熔透深度≥0.8t（t 为 U 肋厚度）,焊缝喉厚≥t,且不得焊漏(图 7-4)。

(2)横隔板单元焊接

①横隔板单元应采用自动化设备的焊接。

②加劲肋与隔板端部进行包角绕焊,并对焊缝端部修磨匀顺。

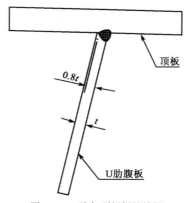

图 7-4　U 肋与顶板焊缝熔深

7.2.5　焊接检验

1) 焊缝的外观检验

所有焊缝必须进行外观检查，不得有裂纹、未熔合、焊瘤、夹渣、未填满及漏焊等缺陷，并应符合表 7-35 的规定。外观检查不合格的焊缝，必须进行修补并打磨匀顺。

焊缝外观质量标准　　　　　　　　　　　　　　　　表 7-35

序号	项目	简　图	质量标准(mm)		
1	咬边		横、纵向受拉对接焊缝	不允许	
			U 肋角焊缝翼板侧受拉区		
			横向受压对接焊缝 Δ≤0.3		
			主要角焊缝 Δ≤0.5		
			其他焊缝 Δ≤1		
2	气孔		对接焊缝	不允许	
			主要角焊缝	直径小于 1.0	每米不多于 3 个，其间距不小于 20mm
			其他焊缝	直径小于 1.5	
3	焊脚尺寸		主要角焊缝 K_0^{+2}，一般角焊缝 K_{-1}^{+2}，手弧焊全长 10% 范围内允许 K_{-1}^{+3}		
4	焊波		$h≤2$(任意 25mm 范围内)		
5	余高(对接)		$b≤15$ 时，$h≤3$；$15<b≤25$ 时，$h≤4$；$b>25$ 时，$h≤4b/25$；单面焊接的横向对接焊缝背面余高 $h≤2$		
6	对接焊缝余高铲磨		$\Delta_1≤0.5$ $\Delta_2≤0.3$ 表面粗糙度 $R_a 50\mu m$		

2)焊缝的无损检验

(1)无损检测人员应通过考试并取得资质证书,且只能从事资格证书中认定范围内的工作。

(2)经外观检查合格的焊缝方能进行无损检验,无损检验应在焊接24h后进行。

(3)焊缝超声波探伤(UT)的距离-波幅曲线灵敏度及缺陷等级评定应符合验收标准的规定;其他要求应符合现行国家标准《焊缝无损检测 超声检测 技术、检测等级和评定》(GB 11345—2013)的规定。

(4)进行局部探伤的焊缝,若发现裂纹,应对焊缝全长进行探伤;若发现较多其他超标缺陷,应扩大探伤范围,必要时对焊缝全长进行探伤。

(5)焊缝的射线探伤(RT)应符合现行国家标准《金属熔化焊焊接接头射线照相》(GB/T 3323—2005)的规定。

(6)焊缝的磁粉探伤(MT)应符合现行国标《焊缝无损检测 磁粉检测》(GB/T 26951—2011)的规定。

3)产品试板检验

(1)用于破坏性检验的产品试板应与产品同时焊接,并应符合下列规定:

①试板数量按以下规定:

a. 桥面板纵向对接焊缝,按每两个梁段做1组焊接试板;桥面板全断面对接焊缝,按每10个断面做顶板、底板、腹板焊缝各1组。

b. 桥面板U肋产品焊接试板每个小节段做1组,取4个宏观试样,位置为:定位焊、中间任意位置,所有宏观断面试样必须进行测量记录,允许1个宏观断面试样的熔深不小于65%,待工艺稳定后,每50块板单元做一组试板。

②焊接试板应满足如下要求:

a. 试板材质应与母材相同,焊接试板长度,自动焊不得小于600mm,手工焊、CO_2气体保护焊不得小于400mm。

b. 产品试板焊接完成后,应先对供取样用的焊接试板做出标记,并记录所在产品部位,然后才能切割,并移送试验部门。

(2)产品试板的焊缝经探伤合格后进行接头拉伸、弯曲和焊缝金属低温冲击试验(3个),试样数量和试验结果应符合产品焊接工艺评定的有关规定。

(3)若产品试板的试验结果不合格,可在原试板上重新取样再试验,如试验结果仍不合格,则应先查明原因,然后对该试板代表的焊缝进行处理。

表 7-36

正交异性板单元无损检验质量等级及探伤范围

序号	焊缝部位	焊缝等级	探伤方法	探伤比例	探伤范围	执行标准			验收等级
						标准号	检验级别		
1	顶板、底板、腹板对接长焊缝	Ⅰ级	超声波	100%	焊缝全长	GB 11345—2013	B		Ⅰ级
			X 射线	10%	焊缝两端各 250~300mm（横向对接焊缝长度大于 6 000mm 时，中部加探 250~300mm）	GB/T 3323—2005	B		Ⅱ级
2	顶板、底板、腹板纵向对接焊缝	Ⅰ级	超声波	100%	焊缝全长	GB 11345—2013	B		Ⅰ级
			X 射线	10%	焊缝中间 250~300mm	GB/T 3323—2005	B		Ⅱ级
3	梁段间横桥向对接焊缝（环焊缝）	Ⅰ级	超声波	100%	焊缝全长	GB 11345—2013	B		Ⅰ级
	梁段间横桥向对接焊缝十字交叉处	Ⅰ级	X 射线	顶板100% 底板30% 腹板100%	纵、横向各 250~300mm 焊缝中间 250~300mm（有纵向对接焊缝时，探T形接头处）	GB/T 3323—2005	B		Ⅱ级
4	U 肋与顶板坡口角焊缝	Ⅱ级	超声波相控阵	100%	焊缝两端各 1m	内控标准			
5	横隔板与顶板角焊缝	Ⅰ级	磁粉	100%	焊缝两端 2m	JB/T 6061—2007			2X
6	横隔板与顶板角焊缝	Ⅰ级	磁粉	100%	焊缝两端各 500mm	JB/T 6061—2007			2X
7	板肋嵌补段顶板对接焊缝	Ⅱ级	超声波	100%	顶板 20%，底板 10%	GB 11345—2013	B		2X
8	U 肋嵌补段对接焊缝	Ⅱ级	磁粉	100%	焊缝全长	JB/T 6061—2007			Ⅱ级
9	板肋嵌补段坡口角焊缝	Ⅱ级	磁粉	100%	焊缝全长	JB/T 6061—2007			2X
10	U 肋嵌补段坡口角焊缝	Ⅱ级	磁粉	100%	焊缝全长	JB/T 6061—2007			2X

注：探伤比例指探伤接头数量与该类类型焊缝全部接头数量之比。

7.2.6 矫正

(1)优先采用先进的焊接工艺或通过预变形、刚性固定等措施控制焊接变形,达到构件焊后不进行矫正或稍许矫正即可。

(2)采用热矫时温度应控制在600~800℃范围内,严禁过烧,不宜在同一部位多次重复加热,温度降至室温前,不得锤击钢材和用水急冷。

(3)矫正后,板单元允许偏差应符合表7-37的规定。

板单元允许偏差(单位:mm) 表7-37

类 别	简 图	项 目		允许偏差	检测方法
U肋板单元		U肋中心距 s	端部、横隔板	±1	用钢卷尺测量
			其他部位	±2	用钢卷尺测量
		长度、宽度		±2	用钢盘尺测量
		对角线差		≤4	用钢盘尺测量
		横隔板间距 S		±2	用钢卷尺测量
		横向平面度 f		≤2	用平尺、塞尺测量
		纵向平面度		≤4/4.0m	用平尺、塞尺测量
		四角不平度		≤5	放置平台上,四角中有三角接触平台,悬空一角与平台间隙
		板边直线度		≤3	用平尺、钢板尺测量
横隔板单元		长度 L		±2	用钢卷尺测量
		高度 H_1、H_2		±2	用钢卷尺测量
		横向平面度 f		$H_2/250$	用平尺、塞尺测量
		纵向平面度		≤4/4.0m	用平尺、塞尺测量
		对角线相对差		≤4	用钢卷尺测量
		板边直线度		≤2	用平尺、钢板尺测量
纵隔板单元		长度 L		±2	用钢卷尺测量
		高度 H		±2	用钢卷尺测量
		横向平面度 f		≤2	用平尺、塞尺测量
		纵向平面度		≤4/4.0m	用平尺、塞尺测量
		对角线相对差		≤4	用钢卷尺测量
横隔板单元		横隔板间距 S		±2	用钢卷尺测量

续上表

类别	简图	项目	允许偏差	检测方法
板肋板单元		长度、宽度	±2	用钢盘尺测量
		对角线差	≤4	用钢盘尺测量
		加劲肋间距 a	±2	用钢卷尺测量
		横向不平度 f	≤2	用平尺、塞尺测量
		加劲肋垂直度 γ	≤2	用直角尺、钢板尺测量
		纵向不平度	≤4(4.0m范围)	用平尺、塞尺测量
		四角不平度	≤5	放置平台上,四角中有三角接触平台,悬空一角与平台间隙
		板边直线度	≤3	用平尺、钢板尺测量

7.2.7 包装、存放与运输

(1)U肋板单元端口应封闭,防止水和杂物进入U肋内部。

(2)存放场地应坚实、平整、有排水设施,存放时,支承处不应产生不均匀沉降,所有支承点均应受力均匀。

(3)运输应符合相应运输方式的有关安全规定,采用船舶运输时,装船前必须进行稳定性验算,其抗倾覆安全系数不应小于1.5。

7.3 小 结

目前国内钢箱梁制造技术尚没有国家标准,仅有江苏省地方标准《公路桥钢箱梁制造规范》(DB 32/T 947—2005)及交通运输部的《分体式钢箱梁》(JT/T 804—2011)。相关技术标准的不完备性,制约了正交异性钢桥面板加工制造技术的发展和技术进步。在对国内外先进、成熟的规范进行对比分析、理论和研究的基础上,编制完成了正交异性钢桥面板质量验收标准。本章主要内容和成果如下:

(1)国内外规范关于钢箱梁加工制造技术和相关技术指标均存在较大差异,在反映相关领域技术进步的前提下,制定符合我国实际情况,具有先进性、前瞻性、完备性等特性的技术标准,对于促进我国钢桥技术水平的发展,是非常必要的。

(2)标准主要涵盖材料及材料管理、零件制造、构件组装、焊接、焊接质量检验、矫正以及包装、存放与运输等钢箱梁制造的全部环节。制定的各项具体技术指标符合当前先进制造技术条件下的生产实际,能够在加工制造质量和生产效率两方面取得合理的平衡,能够为钢箱梁正交异性钢桥面板的制作提供切实可行的依据,可以作为代表当前钢箱梁加工制造技术发展水平、符合生产实际的先进技术规范进行推广应用。

本章参考文献

[1] 日本道路协会.日本道路桥示方书[S].日本东京:丸善株式会社,2002.

[2] 中华人民共和国行业标准.TB 10212—2009 铁路钢桥制造规范[S].北京:中国铁道出版社,2009.

[3] 英国桥梁规范.BS 5400-6 钢桥、混凝土桥及结合桥[S].1999.

[4] ANSI/AASHTO/AWS D1.5—2002 美国桥梁焊接规范[S].2002.

[5] 中华人民共和国国家标准.GB 50661—2011 钢结构焊接规范[S].北京:中国建筑工业出版社,2011.

[6] 日本建筑施工标准规范.JASS 6 钢结构工程[S].1996.

[7] 新卡奎内兹海峡桥钢箱梁的制造和运输[R].

[8] 欧洲规范 3 ENV 1993-2 [S].2006.

[9] 英国规范 第 2 部分 铁素体钢的电弧焊接 EN 1011-2[S].2001.

[10] 欧洲标准 钢结构和铝结构的施工 第 2 部分:钢结构用技术要求 EN 1090-2[S].2009.

[11] 港珠澳大桥主体工程桥梁工程施工及质量验收标准[Z].2015.

[12] 中华人民共和国国家标准.GB/T 11345—2013 焊缝无损检测 超声检测 技术检测等级和评定[S].北京:中国标准出版社,2013.

[13] 中华人民共和国行业推荐性标准.JTG/T F50—2011 公路桥涵施工技术规范[S].北京:人民交通出版社,2011.

[14] BS EN 473—2008 无损检测.无损检验(NDT)人员的鉴定和认证.一般原则[S].2008.

[15] 中华人民共和国国家标准.GB/T 15169—2003 钢熔化焊焊工技能评定[S].北京:中国标准出版社,2003.

[16] 中华人民共和国行业推荐性标准.TB/T 2137—1990 铁路钢桥栓接板面抗滑移系数试验方法[S].北京:中国铁道出版社,1990.

[17] 中华人民共和国行业标准.TBJ 214—1992 铁路钢桥高强度螺栓连接施工规定[S].北京:中国铁道出版社,1992.

第 8 章 工 程 应 用

8.1 工 程 简 介

8.1.1 工程概况

港珠澳大桥跨越珠江口伶仃洋海域,是连接香港特别行政区、珠海市、澳门特别行政区的大型跨海通道,是列入《国家高速公路网规划》的重要交通建设项目,是我国继三峡工程、青藏铁路、京沪高速铁路后又一超级工程,是当今世界上规模最大、标准最高、技术最复杂的桥、岛、隧一体化集群工程。建设内容包括:海中主体工程(粤港分界线至珠澳口岸之间区段)、香港界内跨海桥梁、香港口岸、珠澳口岸、香港连接线、珠海连接线及澳门连接桥。

主体工程范围为粤港分界线至珠澳口岸之间区段,总长 29.6km,其中桥梁长约 22.9km,沉管隧道长 5.99km(不含桥隧过渡段),为实现桥隧转换,设置了两个长度各为 625m 的隧道人工岛。

港珠澳大桥主体工程桥梁工程范围为东自西人工岛结合部非通航孔桥与深水区非通航孔桥的分界墩起(K13+413),西至拱北/明珠附近的海中填筑的珠海/澳门口岸人工岛止(K35+890),以及珠澳口岸人工岛大桥管理区互通立交,全长约 22.5km。包括青州航道桥(主跨 458m 双塔空间索面钢箱梁斜拉桥)、江海直达船航道桥(主跨 2×258m 三塔中央索面钢箱梁斜拉桥)、九洲航道桥(主跨 268m 双塔中央索面组合梁斜拉桥)三座通航孔桥及其余非通航孔桥。非通航孔桥主要包括 110m 跨整幅钢箱连续梁桥和跨崖 13-1 气田管线桥,总吨位近 30 万 t。110m 跨整幅钢箱连续梁桥长 13.9km,采用 110m 跨整幅钢箱连续梁,标准联采用 6×110m 跨径连续布置方案,其桥型布置如图 8-1 所示,部分过渡桥型采用五跨一联。深水区非通航孔桥梁段为等截面钢箱梁结构形式,梁段外形尺寸为 33.1m×4.5m。梁段钢板材质采用 Q345qD 和 Q420qD。跨崖 13-1 气田管线桥采用(110+150+110)m 的钢箱连续梁方案,其桥型布置如图 8-2 所示。跨崖 13-1 气田管线桥 150m 跨钢箱梁为变截面结构形式,边跨梁段和跨中合龙梁段外形尺寸分别为 33.1m×6.5m 和 33.1m×4.5m 两种。墩顶 5m 区段钢箱梁梁高 6.5m,墩顶等高梁段两侧各 37.5m,区段梁高从 6.5m 线性变化至 4.5m,其余区段梁段为 4.5m。梁段钢板材质采用 Q345qD 和 Q420qD。

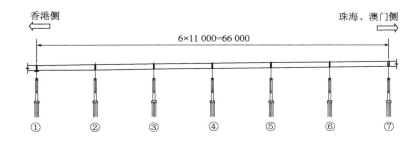

图 8-1　110m 跨整幅钢箱连续梁桥型布置图(尺寸单位:cm)

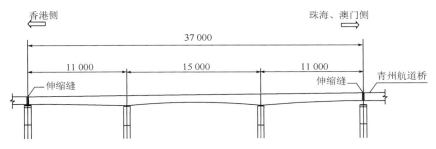

图 8-2　跨崖 13-1 气田管线桥桥型布置图(尺寸单位:cm)

"港珠澳大桥跨海集群工程建设关键技术研究与示范"项目的研究,将形成一大批具有自主知识产权的软件、专利、工法、装备和产品,大幅度提高我国沉管隧道、人工岛和跨海桥梁的建造水平,不仅对国家重点工程——港珠澳大桥的建设具有支撑作用,也必将为后续琼州海峡跨海通道、渤海海峡跨海通道、台湾海峡跨海通道以及其他国际跨海通道工程的实施积累丰富的设计施工经验和技术储备。本项目响应《国家中长期科技发展规划纲要》的发展要求,紧扣交通运输行业的发展思路,符合交通运输业的优先发展主题,是我国交通基础设施建设重点跨越、支撑发展、引领未来的重要体现,对增强交通运输行业的自主创新水平、引领交通基础设施建设与养护行业的产业升级,实现增长方式转变、构建创新型国家、环境友好型和资源节约型社会都具有十分重要的意义。

港珠澳大桥是中国交通建设史上技术最复杂、环保要求最高、建设要求及标准最高的工程之一。主要体现在:桥位区水文、地质条件复杂,珠江口航道众多、航行密度大、对航行安全要求高;工程方案研究中要满足香港及澳门机场航空限高要求;桥轴线穿越珠江口中华白海豚保护区,对环保要求高;水利防洪部门要求尽量减小阻水率;大桥设计使用寿命为 120 年,对桥梁工程的耐久性提出了更高的要求。港珠澳大桥海中桥梁线路长,工程量浩大,如采取常规工艺施工,海上施工现场将投入大量的人员及船机设备,且水上作业时间长,而海中桥梁远离海岸线,施工环境恶劣,安全风险及环保压力极大。因此,大桥建设宜优先选择"大型化、工厂化、标准化、装配化"施工方案,以缩短海上作业时间,提高作业工效,确保工程质量和结构耐久性。

"海上装配化桥梁建设关键技术"将针对海上装配化桥梁建设面临的复杂建设条件特点和结构方面的技术难点,对技术标准和关键结构及特性进行研究和技术攻关,为以后同类型桥梁建设提供参考和借鉴。本课题攻克了海上装配化桥梁建设技术瓶颈问题,形成了具有自主知识产权的海上装配化桥梁建设成套科技成果,完善了海上装配化桥梁建设技术理论。研究成果的应用提高了港珠澳大桥的工程质量,节约了工程投资,对示范工程的建设具有十分重要的支撑作用,并以技术集成与工程示范带动我国交通行业的科技进步,培养参与国际重大桥梁工程竞争的人才队伍,取得良好的社会经济效益。

8.1.2 工程特点和难点

工程位于伶仃洋河口,自然建设条件呈现出近海工程特点:

(1)热带气旋影响十分频繁,且主要集中在 6~10 月,年平均 1.84 个,桥位区重现期 120 年 10min 平均风速达 50.6m/s。

(2)工程区水域宽阔,水下地形具有中、西部宽浅、东部窄深的显著特点,水深 2~18m,桥区滩槽冲淤缓慢,海床稳定性好。

(3)桥区海域为不规则半日潮,水位在一个潮周期内变化相对较平缓。

(4)大桥沿线航道众多,航线复杂、平均每天船舶交通流量可达 4 000 艘次,每年可达 150 万艘次,目前最大通航 10 万 t 级船舶(减载),远期代表船型为 15 万 t 集装箱船和 30 万 t 级油轮。

(5)海相沉积地层覆盖层厚度 30~89m,下伏基岩为花岗岩,基岩面起伏大,软土分布范围广、厚度大,海水和地下水均具有较强的腐蚀性。

工程还面临着水文条件复杂,水动力条件差、航线复杂、船型种类多、通航密度大、通航要求高、航行安全管理要求高,地震设防水准高,地质条件变化大、海水腐蚀性强、机场航空限高严,环保要求高等众多挑战。综合来说,大桥所处的特殊区位、建设条件和具有的多重功能决定了它面对的四大挑战:建设管理的挑战、工程技术的挑战、施工安全的挑战、环境保护的挑战。

为应对工程建设的总体技术挑战,采取的主要应对措施包括:

(1)方案总体布置中尽量减少阻水比,减少对海洋水流动力的长期影响。

(2)确定采用"工厂化、大型化、标准化、装配化"的总体设计、建设思想,研究实施大规模快捷安装的跨海工程综合施工技术。构件设计大型化,采用陆上工厂标准化预制,现场大型设备安装的建设工法,降低现场工作量、减少海中作业时间、以适应工程区热带气旋影响频繁、航运安全管理难、环保要求高的特点,提高工程质量及耐久性、降低风险、加快建设进度。

(3)开展诸多专项研究,解决项目建设面临的关键技术。针对工程中面临的技术挑战,自

2004 年工程筹备以来，开展了近百项专项研究，全面对工程建设条件、设计及施工、工程建设对环境的影响、工程管理等技术进行研究，有力推进了工程进展，为方案决策及工程实施奠定了基础。

8.2 新技术在工程中的应用

8.2.1 动态应变测量和采集技术

静态应变测量是指在恒定荷载或缓慢变化荷载的作用下，对结构或构件进行的应力、应变测量，是应力应变电测技术中最基本和最常用的方法。与之对应的就是动态应变测量，动态应变往往是动应力引起的，而动应力的数值往往比静应力大若干倍，能使构件发生低于屈服极限的疲劳破坏，结构实际承受的绝大部分都是动载引起的动应力。动态应变测量要求采集速度要高，采集时的定时性要好，抗干扰性要强，因此决定了它的难度和造价也相对要高。

在横隔板开孔试件和 U 肋焊缝对接试件疲劳破坏试验中，为实时捕捉试件对应疲劳易损部位在疲劳荷载加载中疲劳裂纹出现的时刻以及疲劳裂纹持续扩展状态，在数据采集手段上补充使用了动态应变采集仪（National Instruments，以下简称"NI"），如图 8-3 所示。

a) 测试主机　　　　　　　　　　　　　　b) 接线箱

图 8-3　动态应变采集仪试验现场图片

NI PXI-1050 是一款 8 插槽 PXI 机箱，带有 4 个用于 SCXI 模块的插槽。NI PXI-1050 是多路复用、滤波、隔离、放大、切换等附加信号调理的 PXI 测量系统的理想之选。PXI 部分可以接受嵌入式或远程控制器以及多种 PXI 模块，比如多功能 I/O、数字 I/O 和模块化仪器。4 个 SCXI 插槽将信号调理模块集成到 PXI 系统中。PXI-1050 非常适用于需在一个机箱内结合高精度测量和信号调理功能的应用，可将附加的 SCXI 机箱通过菊花链（daisy-chain）方式连接至 PXI-1050，以创建通道数极高的应用。

与高速静态数据采集仪 UCAM-60B 相比，PXI-1050 最为突出的优点在于可以设置更高的数据采样频率,以此实时跟踪试件测点受力状态。在横隔板开孔试件疲劳破坏试验期间,NI测试数据设置的采样频率为 50Hz,测试数据显示对应测点主拉应力幅与疲劳荷载加载数值吻合较好,在试件对应疲劳易损细节横隔板 U 肋开孔处出现疲劳裂纹及裂纹扩展期间 NI 测试数据均有显示。从测试数据分析得到,NI 测试数据的准确性和稳定性与 UCAM-60B 相比稍差。此外,连续较长时间使用 NI 测试测点应力变化时生成的数据记录文件占用空间庞大。有记录显示当 NI 测试数据设置的采样频率为 50Hz,同时在连续使用 NI 测量测点应力达 3h,因生成文件数据量较大,NI 测试仪器死机并且需要重新启动才能进一步测量。因此在试件疲劳破坏试验期间,疲劳荷载加载每 1 万次进行一次 NI 测量,每次测量的时长定为 5min 左右。

8.2.2 基于光纤技术的动态应变测量

光纤光栅由于具有独特优点,在光纤通信和传感领域倍受青睐,经过大量传感机理和应用研究后,已经得到了广泛的应用,如桥梁、大坝、隧道、高层建筑和运动场馆等民用工程结构的力学参数监测;光纤传感器作为新型的传感器件,它具有抗电磁干扰、抗电源波动、高精度、寿命长、分布式和绝对测量、物理尺寸小、抗干扰能力强的优点,具有很高的可靠性和稳定性,传感探头的结构简单、尺寸小,适用于各种场合,尤其适用于智能材料和结构,便于构成各种形式的传感网络,进行大面积的多点监测,测量结果具有良好的重复性。

NBX-7000 数据采集系统是用于光纤测量的仪器,如图 8-4 所示。该系统的空间分辨率可达 5cm。NBX-7000 数据采集系统第一次在单台系统中结合采用了布里渊散射和瑞利散射技术,在任何单模光纤中测量任一点的应变和温度,并且可识别和分离应变及温度变化。因为光纤在作为数据传输通道的同时也可作为传感器,所以光纤测量手段的应用提高了空间测试的连续性。传统的应变片测试手段只能测试应变片布置位置的应变等变量,而光纤测量手段可以有效提取测试通道中测试光纤上任一点的应变参量。

图 8-4　光纤测试仪器试验现场图片

8.2.3 焊缝质量和裂纹现代无损检测技术

正交异性钢桥面板各板件间通常以焊接方式进行连接,焊缝众多且存在交叉焊缝是正交异性钢桥面板的重要特点之一。焊缝质量对于保证各组成板件牢固连接、协同受力从而确保正交异性钢桥面板具有足够的承载力至关重要。研究表明,正交异性钢桥面板的疲劳开裂绝大部分出现于焊缝;焊缝质量是正交异性钢桥面板疲劳性能和疲劳寿命的关键影响因素;焊缝质量及焊缝部位的裂纹是决定焊缝疲劳寿命的内因。因此,焊缝检测和裂纹诊断技术既是正交异性钢桥面板疲劳特性研究的基础性关键技术,同时也是确保该类结构制造质量和疲劳性能的重要技术手段。

为对焊接质量和裂纹位置、尺寸以及萌生和扩展全过程进行准确检测,针对不同材料种类以及不同检测部位的焊缝和裂纹类型,国内外已发展的检测技术达数十种。大量的工程应用实践表明,各种检测与评价方法均具有一定的适用性和局限性,目前尚无一种对于所有焊缝和裂纹类型都适用的通用检测方法。在诸多的检测技术中,借助于现代检测手段的无损检测技术因其具有检测的非破坏性、全面性、全程性和可靠性等显著特点而在工程实践中得到广泛的应用。无损检测技术是指在不影响结构或构件性能的前提下,通过测定某些适当的物理量来判断结构或构件某些性能的物理方法。其中,理论基础比较成熟、应用较为广泛的无损检测与评价方法主要有超声波探伤、磁粉探伤、射线诊断、涡流诊断和渗透探伤 5 种常规技术。对于正交异性钢桥面板而言,超声波和磁粉探伤是最为常用的检测手段。通过超声波探伤检测焊缝内部质量与板件内部裂纹,同时结合磁粉探伤检测表面损伤状况是目前通常采用的检测方法。在常规检测技术的基础上,为适应大跨度钢结构建筑对于焊接质量和安全性的更高要求,改善常规方法的检测精度和效率,超声波相控阵、超声波衍射法、红外线热成像、声发射等先进智能的检测方法也已在无损检测领域得到应用,进一步拓展了焊缝质量与裂纹检测的手段。

为适应工程实际发展的需要,无损检测技术正向智能化、快速化、系统化的方向发展,以提高检测的高准确度和高可靠性。国外无损检测技术已逐步从无损探伤和无损检测向无损评价过渡。无损探伤、无损检测和无损评价是无损检测发展的三个阶段。无损检测技术与评价方法的形成旨在从定性和定量的角度对检测对象进行科学合理的评价,形成系统的、成套的无损检测和评价的方法体系。现阶段广泛应用于正交异性钢桥面板焊缝和裂纹检测的超声波和磁粉探伤等常规检测技术具有各自的优点,同时存在明显的局限性,在对焊缝质量和裂纹的定性和定量评价方面具有一定的困难;并且检测结论的正确与否有待于其他检测手段的校验,其可靠性有待提高;对于裂纹萌生与扩展全过程的检测和跟踪缺乏可靠的检测技术;漏检、误判问题和检测手段的单一性对于检测评价产生较大的影响以及国内外相关检测标准与评价方法的差异尚未形成检测技术的规范化。针对无损检测中存在的问题以及正交异性钢桥面板焊缝与裂纹检测的复杂性,为在检测过程中获得准确可靠的基础数据,本研究项目检测方案采用超声波相控阵与磁粉探伤相结合的方法对板件内部与表面的焊缝质量和裂纹进行检测并对其检测结果进行相互校验;同时采用红外线热成像技术对难于检测的裂纹萌生过程进行动态监测,为正交异性钢桥面板的焊接质量及其安全性提供准确可靠的工程实测数据,促进钢结构桥梁检测与评价方法的标准化和规范化。

焊接钢结构检测中通常根据结构构件的质量和安全性要求以及焊缝的结构形状,并兼顾方法的实用性和局限性确定检测方法。焊缝和裂纹均具有表面和内部两种形式,焊缝缺陷和疲劳裂纹的存在均威胁着结构的完整性和安全性。同时,焊接缺陷与疲劳裂纹密切相关,甚至直接导致疲劳裂纹的萌生。因此,对于疲劳裂纹可采用与焊接缺陷相同的方法进行检测和诊断。根据国内外钢结构桥梁的焊缝与裂纹检测实践,无损检测是检验焊接结构焊缝质量最为有效的方法。各种无损检测方法均具有其优点和局限性,超声波探伤与射线诊断适合用于内部缺陷的检测,而磁粉探伤、渗透探伤和涡流诊断法仅限于焊缝表面缺陷和表面裂纹的检测。仅采用同一种检测方法无法实现对于焊接钢桥不同部位所有类型的焊缝与裂纹的准确检测。对于内部缺陷和裂纹的萌生和扩展过程的检测,除常规检测方法外,超声波相控阵、超声波衍射、红外线热成像、声发射等先进的检测方法也逐步在钢桥结构焊缝检测中得到了应用。各方法的主要特点如下:

(1)超声波相控阵:可同时有多种角度的声波扫描显示,扫描速度快;可显示实际深度的扇形扫描图像;数据存储方便,便于存档;重复性好。

(2)超声波衍射:通过时间差确定裂纹的位置和尺寸,不依赖于信号幅度,覆盖方位广,检测所需时间短,可提高裂纹的检出率。

(3)红外线热成像:适用于金属与非金属材料,检测范围大、效率高、非接触式,适用于现场在线检测。

(4)声发射:适用于被检对象缺陷的动态检测,但无法实现工件缺陷的静态检测,检测时受干扰因素多。

研究表明,超声波相控阵方法适用于钢箱梁板件内部的焊缝缺陷和裂纹检测,红外线热成像与声发射方法在疲劳裂纹的检测方面具有较高的精度。

通过裂纹检测跟踪疲劳裂纹在达到临界尺寸前的扩展速率和扩展方式,是进行结构疲劳寿命准确预测的基本前提。因此,应根据疲劳裂纹萌生阶段的特点选取有效的动态无损检测方法对裂纹进行动态监测。目前可用于裂纹动态监测的方法有声振检测、红外线热成像检测及声发射检测技术等。对比研究表明,采用红外线热成像方法可以实现对疲劳裂纹的萌生、裂纹位置及其扩展情况的准确监测。

焊缝检测和裂纹诊断有助于及时发现存在于焊缝中的各种焊接缺陷以及焊缝及其周围疲劳易损部位的疲劳裂纹,并从定性和定量的角度对焊接缺陷和裂纹的形状、位置和大小作出科学的判断,同时能够跟踪裂纹萌生、扩展方式和扩展速率,为采用断裂力学方法对开裂部位的疲劳寿命进行科学合理的预测和评估、确定合理的疲劳裂纹加固和维修对策提供决策依据。对于正交异性钢桥面板的焊缝检测技术进行深入系统的研究,发展焊缝检测和裂纹诊断技术,可为正交异性钢桥面板疲劳研究和焊缝质量评定提供科学依据,对于提供焊接结构的疲劳寿命及其疲劳可靠性具有重要意义。

国内外学者对于正交异性钢桥面板足尺节段模型试验,通常采用每间隔一定的循环加载次数进行一次静载试验,测试关键测点应变和变形并采用传统检测技术对关键疲劳易损部位进行探伤的测试方案。大量研究表明,疲劳裂纹萌生阶段的微小裂纹只使其附近极小区域的应力发生重分布,局部变形基本不受影响;传统的电阻应变片无法测试焊缝部位的应力,且仅在布置在裂纹影响区域的条件下才能够捕捉裂纹所导致的应力微小变化;同时,传统检测技术无法探测裂纹萌生阶段微裂纹发生的具体时刻并获取其准确参数。上述因素共同作用下,传统测试和检测技术难以为疲劳寿命的准确评估和理论研究提供充分的试验数据支撑,且可能导致偏于不安全的试验结果。相关研究中引入光纤等最新传感器技术,以实现包括焊缝在内的关键疲劳易损部位力学特征的准确测试;在试验过程中引入重要试验数据的动态采集技术实时监测裂纹的萌生和扩展过程;在传统检测技术的基础上引入超声波相控阵和红外线热成像等检测技术以获取裂纹发展全过程的重要参数。上述技术代表了疲劳试验测试和检测技术的最新发展水平和未来发展方向,可望获得准确的正交异性钢桥面板疲劳寿命试验结果,并为相关理论研究奠定坚实的基础。

8.2.4 试件模型和足尺节段模型相结合的疲劳试验研究

疲劳试件的疲劳试验一般针对某一个具体的结构构造或疲劳细节进行,可以准确地得到试验细节的受力状态、疲劳性能和抗疲劳的能力,也可以通过对试件做对比试验来确定对于同一细节采用何种构造形式、形状、熔透率、连接方式会使该细节的疲劳性能和抗疲劳能力更优。比如,若采用其他条件完全相同,一个是U肋对接处采用焊接,另一个U肋对接处采用栓接,U肋与顶板焊缝的熔透率是81.2%,另一个对应的熔透率是87.5%。疲劳试件疲劳试验的一个缺点是不能考虑各个疲劳细节在疲劳荷载作用下的相互影响,也不能真实地模拟、反应实桥的受力状态,足尺模型试验可以解决这个问题,但是进行足尺模型试验对场地大小、试验设备、技术条件要求比较高,并且试验周期比较长,试验费用也比较昂贵。

自正交异性钢桥面板诞生以来,由于其受力性能和经济性方面的巨大优势使其得到了广泛的应用和飞速的发展,同时由于其结构体系、受力的复杂性、焊接导致的初始残余应力、局部应力集中等因素决定正交异性桥面板结构疲劳问题突出,国内外进行的疲劳试验大多只是单纯试件的疲劳试验或者只有足尺模型试验,并未将两者结合起来,研究的结果不是非常的系统。本次研究设计了小试件的疲劳试验也有足尺节段模型疲劳试验,如图8-5和图8-6所示。对正交异性桥面板的疲劳性能进行了全面、深入和系统的研究,取得了一定的研究成果,可以为本工程项目的抗疲劳设计提供理论指导,同时也可为之后相关的工程建设提供参考经验。

图 8-5　钢桥面板小试件模型疲劳试验

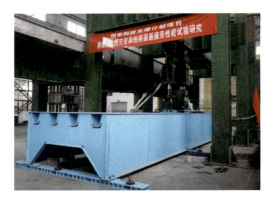

图 8-6　钢桥面板足尺节段模型疲劳试验

8.2.5　采用正交试验法进行抗疲劳设计的优化

1) 正交试验法概述

工程实际以及科学研究中遇到的问题通常受多个因素的共同影响,运用正交试验方法开展多因素试验研究分析将涉及几个重要的基本概念。

(1) 指标:试验需要考查的特性值,与试验目的相对应。

(2) 因素:对试验指标有可能产生影响的要素或原因,是试验需要重点考查的内容;一般用大写的英文字母 A、B、C 等来表示,每个字母代表一个因素。

(3) 水平:试验因素所处的状态和条件,通常用阿拉伯数字 1、2、3 等来表示,一个数字表示一个水平。

(4) 交互作用:因素间通过合理匹配对试验指标产生的影响作用称为交互作用,在多因素试验设计中,因素 A 和因素 B 之间的交互作用为一级交互作用,记作 A×B 或 AB;因素 A、B、C 之间的交互作用为二级交互作用,记作 A×B×C 或 ABC;依此类推。

除了选用合适的局部构造细节外,合理匹配主要设计参数也可以有效降低正交异性钢桥面板的局部高应力,提高其疲劳性能。由于正交异性钢桥面板的主要设计参数包括:面板厚度、纵肋厚度、横肋厚度、纵肋间距、横肋间距等,因此,正交异性钢桥面板设计参数的合理匹配是一个多因素影响试验。过去在研究设计参数对正交异性钢桥面板疲劳性能的影响时所采用的试验方法要么是耗时耗力的全面试验,要么是忽略设计参数间协调作用的单因素多次试验,本次构造细节参数的合理匹配研究首次使用正交试验方法。正交试验方法是以概率论数理统计、实践经验以及专业技术知识为基础,利用正交表安排和分析多因素试验的一种试验设计方法。正交试验通过对试验因素的全面试验组合,合理选择有代表性的组合进行试验研究,通过试验结果分析掌握全面试验的情况,最终实现减少试验次数,缩短试验周期,降低试验成本的目的,从而获得最大效益。

2) 正交试验方案设计

正交试验设计的基本程序包括试验方案设计和试验结果分析两部分。其中,试验方案设计过程如图 8-7 所示。

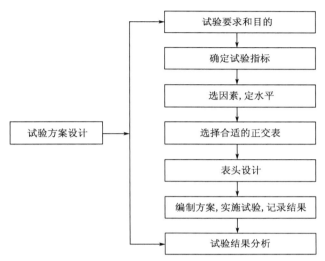

图 8-7　正交试验设计过程

根据上图所示的正交试验设计过程,正交试验方案设计应遵循下述步骤:

(1) 明确试验目的,确定试验指标:在进行试验设计前首先需要明确试验的要求和目的,再针对试验要求和目的确定出便于衡量和评价的试验指标。

(2) 选因素、定水平,建因素水平表:结合以往的研究结论、专业知识和实践经验以及必要的预试验,筛选出对试验指标有影响的因素和交互作用作为试验考查因素。根据已掌握的信息和资料,确定每个因素的变化范围,并从中选取合适的水平。

(3) 选用正交表:正交表决定着试验工作量的大小和试验结果分析的难易程度,因此需要在正确认识正交表特点的基础上选择适合试验内容的正交表来安排试验。

(4) 表头设计:表头设计就是指将各个试验因素和需要考查的交互作用安排到正交表各列中的过程。

(5) 编制方案,实施试验,记录结果:将正交表中各列(不包括交互作用列和空白误差计算列)的水平数字换成该列试验因素所对应的实际水平值,形成最终的正交试验方案。

3) 正交试验结果分析

极差分析和方差分析是正交试验结果分析的两种常用方法。这两种方法的分析过程如图 8-8 所示。

通过对正交试验结果进行极差分析可知:横肋厚度对纵肋贯穿横肋弧形开口边缘处和围

焊下端点处最大主拉应力的影响效果最大；横肋间距对纵肋与面板连接焊缝处最大主拉应力的影响效果最大；纵肋板厚对横肋间U肋跨中腹板处最大主拉应力的影响效果最大。

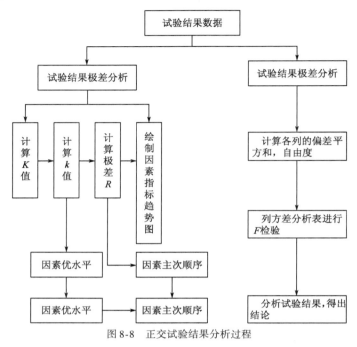

图8-8 正交试验结果分析过程

通过仿真分析试验结果的方差分析可得：面板厚度、纵肋厚度、横肋厚度、纵肋间距以及横肋间距对纵肋贯穿横肋弧形开口边缘处的最大主拉应力的影响效果高度显著；面板厚度、横肋厚度和横肋间距对纵肋贯穿横肋围焊下端点的最大主拉应力的影响效果高度显著；横肋间距对顶板与纵肋连接焊缝处的最大主拉应力的影响效果高度显著；纵肋厚度和横肋间距对横肋间U肋跨中腹板处的最大主拉应力的影响效果高度显著。

根据正交试验设计和计算结果，基于正交试验的正交异性钢桥面板设计参数研究不仅可以通过合理减少试验次数，缩短试验周期和降低试验成本，而且通过极差分析和方差分析，可以判别出各个设计参数及参数间交互作用对正交异性钢桥面板构造细节疲劳性能影响效果的主次顺序和显著程度，得到关注构造细节疲劳性能随各个设计参数取值变化而变化的趋势并获得各个设计参数的较优取值，在综合极差分析和方差分析的基础上可以得到试验取值范围内正交异性钢桥面板设计参数最优的匹配值。

本章参考文献

[1] 刘晓东. 港珠澳大桥总体设计与技术挑战[J]. 第十五届中国海洋(岸)工程学术讨论会论文集. 北京：海洋出版社，2011.

[2] 刘明虎，孟凡超，李国亮. 港珠澳大桥青州航道桥工程特点及关键技术[J]. 桥梁建设，2013，43(4)：

87-93.

[3] 战同领. 结构强度动态应变测量的采集系统[J]. 电子与仪表, 1994, 3: 25-27.

[4] 沈凤霞. 对称恒定电流激励动态应变测量技术的分析与应用研究[J]. 航天器环境工程 ISTIC, 2007, 24(6).

[5] 张剑. 用于动态应变测量的光纤布拉格光栅波长解调技术研究[D]. 哈尔滨: 哈尔滨理工大学, 2007.

[6] 李衍. 超声 TOFD 法原理和标准介绍[J]. 无损探伤, 2003, 27(3): 1-4.

[7] 刘沐宇, 袁卫国. 桥梁无损检测技术的研究现状与发展[J]. 中外公路, 2002, 22(6): 34-37.

[8] 张清华, 崔闯, 卜一之, 等. 港珠澳大桥正交异性钢桥面板疲劳特性研究[J]. 土木工程学报, 2013, 8.

[9] 方开泰, 马长兴. 正交与均匀试验设计[M]. 北京: 科学出版社, 2001.

[10] 张先. 正交异性钢桥面板抗疲劳设计研究[D]. 成都: 西南交通大学, 2013.

索 引

b

标准疲劳车辆荷载模型 Standard fatigue truck model ……………………………… 67

h

荷载谱 Loadspetrum ………………………………………………………………… 29

k

抗疲劳设计 Anti-fatigue design …………………………………………………… 81

m

名义应力法 Nominalstressmethod ………………………………………………… 33
模型试验 Modeltest ………………………………………………………………… 139

p

疲劳 Fatigue ………………………………………………………………………… 1
疲劳荷载 Fatigue load ……………………………………………………………… 54
疲劳累积损伤理论 Fatigue damage accumulation theory ………………………… 17
疲劳强度 Fatigue resistance ………………………………………………………… 24
疲劳损伤 Fatigue damage …………………………………………………………… 15

r

热点应力法 Hot-spotstressmethod ………………………………………………… 35

y

应力谱 Stress spetrum ……………………………………………………………… 29

z

正交异性钢桥面板 Orthotropic steel bridge deck ………………………………… 1
质量验收标准 Fabrication quality acceptance criteria …………………………… 219
制造工艺 Manufacturing process …………………………………………………… 108
制造技术 Fabrication technology …………………………………………………… 246

图书在版编目(CIP)数据

钢桥面板抗疲劳关键技术 / 孟凡超等著. — 北京：人民交通出版社股份有限公司, 2018.3
ISBN 978-7-114-14617-6

Ⅰ.①钢… Ⅱ.①孟… Ⅲ.①钢桥—桥面板—疲劳理论—研究 Ⅳ.①U448.36

中国版本图书馆 CIP 数据核字(2018)第 057860 号

"十三五"国家重点图书出版规划项目
交通运输科技丛书·公路基础设施建设与养护
港珠澳大桥跨海集群工程建设关键技术与创新成果书系
国家科技支撑计划资助项目(2011BAG07B03)

书　　名：	**钢桥面板抗疲劳关键技术**
著 作 者：	孟凡超　张清华　谢红兵　张　梁　李军平　等
责任编辑：	周　宇　牛家鸣　等
责任校对：	宿秀英
责任印制：	张　凯
出版发行：	人民交通出版社股份有限公司
地　　址：	(100011)北京市朝阳区安定门外外馆斜街 3 号
网　　址：	http://www.ccpress.com.cn
销售电话：	(010)59757973
总 经 销：	人民交通出版社股份有限公司发行部
经　　销：	各地新华书店
印　　刷：	北京雅昌艺术印刷有限公司
开　　本：	787×1092　1/16
印　　张：	17.5
字　　数：	350 千
版　　次：	2018 年 3 月　第 1 版
印　　次：	2018 年 3 月　第 1 次印刷
书　　号：	ISBN 978-7-114-14617-6
定　　价：	120.00 元

(有印刷、装订质量问题的图书,由本公司负责调换)